PABLO, CORINTO
Y
EL IMPERIO ROMANO

Panayotis Coutsoumpos

Editorial CLIE
www.clie.es

EDITORIAL CLIE
C/ Ferrocarril, 8
08232 VILADECAVALLS
(Barcelona) ESPAÑA
E-mail: clie@clie.es
http://www.clie.es

PABLO, CORINTO Y EL IMPERIO ROMANO
ISBN: 978-84-8267-283-0
Depósito Legal: B 19026-2019
Estudio bíblico
Cartas de Pablo
Referencia: 225079

Impreso en EE.UU. / *Printed in USA*
HB 02.19.2024

SOBRE EL AUTOR

Panayotis Coutsoumpos, MA Ph.D. por la Universidad de Sheffield, Inglaterra, escritor e investigador estadounidense de larga experiencia. Obtuvo su maestría en religión (MA) en la Universidad de Andrew, Michigan, y maestría en divinidades (MDiv) en el seminario teológico de Fuller, en Pasadena, California. Doctorado en estudios bíblicos y Nuevo Testamento, en Inglaterra. Miembro de varias sociedades académicas: SBL (Society of Biblical Literature), EABS (European Association of Biblical Studies) y BAS (Biblical Archaeology Society). Ha ejercido como profesor en varias universidades, por espacio de más de 25 años. Ha escrito varios libros y ha publicado varios artículos en revistas de carácter académico. Además, es un colaborador en distintos ensayos. Su último artículo en inglés fue publicado en el 2017, por la revista Bíblica. Sus investigaciones y libros han sido publicados –en inglés y castellano– por diferentes editoriales en los Estados Unidos y España. Ha colaborado con varios artículos en el *Gran diccionario enciclopédico de la Biblia*, editado por Alfonso Ropero, CLIE.

A Stanley E. Porter
en admiración, amistad y gratitud.

CONTENIDO

PRÓLOGO

Periódicamente recibo una cantidad de revistas y libros orientados al conocimiento de los asuntos que conciernen al bienestar del alma, la mente y el cuerpo. De alguna forma, los escritores tratan de entregar a un número de sus lectores lo que bulle en sus mentes respecto al desarrollo y funcionamiento adecuados de esa maravillosa trilogía que el Creador instaló en los humanos. Por eso, cada escritor tiene algo que llena su corazón y que desea comunicar, porque con ello, cumple con alguna visión y misión que se ha propuesto y que, de alguna forma, él mismo ha sido beneficiado. Con igual intención, dedicación y esmero profesional, el doctor Panayotis Coutsoumpos se tomó el tiempo para visitar los sitios y ciudades mencionados, para investigar y plasmar en esta, sin igual obra literaria, el resultado de su visitación, estudio e investigación.

Pablo, Corinto y el Imperio romano, es un libro muy singular en su contenido y propósito. En él, el lector va a encontrar una información que, difícilmente, encontrará en la literatura corriente respecto a los temas presentados por el doctor Coutsoumpos, además de una exhaustiva referencia a los asuntos tratados.

En este texto, tanto educativo como de amena lectura corriente y de enriquecimiento intelectual, el estudiante, el maestro profesional, el ministro, el laico, así como el miembro de iglesia regular —hombre o mujer y aún el joven o la joven— de cualquier orientación religiosa, será inmerso en los asuntos que dieron origen, en primer lugar, a que el apóstol Pablo escribiera la Primera Epístola a los miembros de la iglesia de la ciudad de Corinto bajo el gobierno del Imperio romano, aún con una influencia griega difícil de erradicar.

Tuve el privilegio de traducir este tratado al español y por eso debí leerlo de tapa a tapa, tres veces, más una revisión de afinación. Por esa razón, puedo dar fe de un material extraordinario, exquisito y de un alto valor educacional, académico, estratégico y espiritual. El lector encontrará una cantidad de respuestas a preguntas que rodean la vida del apóstol Pablo: su fundamento religioso, educación, conversión al cristianismo de sus días, su influencia judía y griega, su llamado como apóstol de los gentiles y su ministerio, especialmente en la ciudad de Corinto y las razones de su carta a la iglesia cristiana de esa antigua ciudad. También encontrará muchas de las razones del comportamiento de algunos miembros de la iglesia cristiana de Corinto romana, al tratar de asimilar la pureza del evangelio presentado a ellos por el apóstol Pablo, el cual recibió de los discípulos originales de Jesús y que fue propagado por los que se dispersaron por todo el Imperio romano durante la Diáspora.

Debo mencionar que, en el material, el doctor Coutsoumpos ofrece un cuadro que podría semejarse al que, de alguna forma, las iglesias cristianas de nuestros tiempos podrían enfrentar: el entorno pluralista de nuestras sociedades y culturas y, tal vez, cómo manejarlo, copiando de Pablo, a fin de registrar algún éxito en la predicación del evangelio de Cristo encarnado, su vida pura, sus enseñanzas, su muerte, resurrección, ascensión y pronto regreso: nuestra visión y misión en relación con ellas.

BEN ROMERO OZUNA, BS, MBA

PREFACIO

Por mucho tiempo, la correspondencia de Corinto ha sido foco de interés de los eruditos y ha llevado a un número de ellos a muchos intentos de construir la situación en Corinto y ver el carácter de la comunidad. La investigación reciente en el campo de los estudios paulinos, ha creado un significativo análisis de Pablo y sus epístolas, al considerar a él y a sus epístolas en el contexto más amplio de la sociedad, cultura y mundo del Imperio romano.

Las comunidades de la iglesia a las cuales él dirigió su carta en Corinto y otras epístolas, apenas comenzaban a forjar las relaciones de la congregación, las celebraciones, creencias y actitudes hacia la sociedad imperial romana más amplia, que daría alguna base para la expansión del movimiento social que, más tarde, se convirtió en la iglesia cristiana. La carta a los corintios nos ofrece una ventana a las primeras luchas en una comunidad, a menudo controversial, de ese movimiento en una de las más asequibles ciudades cosmopolitas del Imperio romano: la congregación que el apóstol Pablo había fundado en Corinto. Su epístola a los corintios, en particular 1 Corintios, ofrece un panorama global de la vida en las primeras comunidades cristianas.

Finalmente, con gran gratitud reconozco la ayuda profesional de mi amigo Stanley E. Porter, que me animó y sugirió muchas formas de mejorar la publicación de este libro. Es nuestro deseo que el estudio aquí reviva el trasfondo del Imperio romano del cristianismo del primer siglo en la Corinto romana y que ayude a explicar al lector el texto de la epístola a los Corintios.

Panayotis Coutsoumpos

TABLA DE GRABADOS

ABREVIATURAS

ABD	Anchor Bible Dictionary, ed. D. N. Freedman, 6 vols, New York, 1992
AnBib	Analecta Biblica
ANEW	Aufstieg und Niedergang der römischen Welt
ANTC	Abingdon New Testament Commentaries
BECNT	Baker Exegetical Commentary on the New Testament
BA	Biblical Archaeologist
BAR	Biblical Archaeology Review
BBR	Bulletin for Biblical Research
BTB	Biblical Theology Bulletin
BZ	Biblische Zeitschrift
CBQ	Catholic Biblical Quarterly
CBQMS	CBQ Monograph Series
CRBS	Current Research in Biblical Studies
EDNT	Exegetical Dictionary of the New Testament
DPL	Dictionary of Paul and His Letters
DNTB	Dictionary of New Testament Background
HTR	Harvard Theological Review
ICC	International Critical Commentary
INT	Interpretation
JBL	Journal of Biblical Literature
JGRCh	Journal of Greco-Roman Christianity and Judaism
JSNT	Journal for the Study of the New Testament
JSNT	Sup Journal for the Study of the New Testament: Supplement Series

JSPL	Journal for the Study of Paul and his Letters
JTS	Journal of Theological Studies
LNTS	Library of New Testament Studies
LPS	Library of Pauline Studies
LCL	Loeb Classical Library
LXX	Septuaginta
NTTS	New Testament Theology Series
NICNT	New International Commentary on the New Testament
NIGTC	New International Greek Testament Commentary
Nov T	Novum Testamentum
NovT	Sup Supplements to Novum Testamentum
NTL	New Testament Library
NTS	New Testament Studies
NTTS	New Testament Tools and Studies
NTTh	New Testament Theology
SP	Sacra Pagina
SBL	Society of Biblical Literature
SBibL	Studies in Biblical Literature
SBL	Society of Biblical Literature Resources for Biblical Study
SBL	Society of Biblical Literature Symposium Series
SNTSMS	Society for New Testament Studies Monograph Series
SNTW	Studies of the New Testament and Its World
SE	Studia Evangelica
The	Themelios
TDNT	Theological Dictionary of the New Testament
TynBul	Tyndale Bulletin
WBC	Word Biblical Commentary
WGRW	Sup Writings from the Greco-Roman World Supplement Series
WUNT	Wissenschaftliche Untersuchungen zum Neuen Testament
ZNW	Zietschrift für die neutestamentliche Wissenschaft

INTRODUCCIÓN

Últimamente, el área de los estudios paulinos ha creado nuevos análisis significativos de Pablo y de sus epístolas al considerar a él y a estas en el contexto más amplio de la sociedad grecorromana, la cultura y el mundo.[1] En este sentido, los eruditos están demostrando una nueva preocupación en la cultura, alfabetismo y educación en el mundo del antiguo Mediterráneo. La investigación, sin embargo, ha aumentado en las últimas dos décadas y el énfasis de estos estudios es sobre aspectos sociales, históricos, retóricos y culturales en el Nuevo Testamento y el Imperio romano.[2] Este libro tan singular, ofrece una importante contribución a tales estudios y es también una guía al contexto y a varios asuntos relacionados con Pablo, la Corinto romana y el Imperio romano en el primer siglo.

El foco será sobre las formas con las cuales Pablo y la comunidad de Corinto interactuaron y llegaron a acuerdos con el mundo imperial romano, reconociendo que el Imperio romano nos es solo un "asunto de contexto", sino uninfluencia principal en el estilo de vida, cultura y contexto en la Corinto romana.

De hecho, el Imperio romano regía sobre el territorio y la gente en la región del Mar Mediterráneo.[3] Además, la congregación de Corinto,

---

1 James J. Jeffers, *The Greco-Roman of the New Testament Era: Exploring the Background of Early Christianity* (Downers Grove: InterVarsity Press, 1999), 15- 17.

2 Ben Wihterington, *The Paul Quest: The Renewed Search for the Jew of Tarsus* (Downers Grove: InterVarsity Press, 1998), 90. "La alfabetización y la capacidad literaria se consideran indicadores significativos para el nivel social de tal o cual persona o grupo. Al trabajo de los clasicistas, del historiador antiguo y de los eruditos literarios, finalmente algunos eruditos del Nuevo Testamento les están dando indicadores clave".

3 Richard A. Horley, *Paul and Empire: Religion and Power in Roman Imperial Society* (Harrisburg: Trinity Press International, 1997), 34. Warren Carter, *The Roman Empire and the New Testament: An Essential Guide* (Nashville: Abingdon Press, 2006), 3. "El imperio era muy jerárquico, con grandes disparidades de poder y riqueza".

particularmente en 1 Corintios, ofrece un cuadro único, detallado y vívido de la vida de esta comunidad cristiana y su relación con el Imperio.[4] Como se sabe, el Imperio romano dispuso la estructura política, económica, social y el contexto religioso, (incluyendo el culto imperial),[5] para la mayoría de la población del mundo grecorromano en el primer siglo.[6]

En este estudio, pido al lector que considere el trasfondo completo y exacto que respalda la interacción social de Pablo y la comunidad de creyentes en la Corinto romana.[7] Esta obra es una introducción esencial a todos los asuntos que envuelven y exploran lo que podría saberse de Pablo, Corinto y el Imperio romano y por qué tal conocimiento es fundamental para los lectores de 1 Corintios.

Aunque el informe que se encuentra en el libro de Hechos nos dio un buen cuadro de Corinto, *"la más fascinante ventana sobre el ministerio de Pablo allí viene de sus epístolas a la congregación de 1 y 2 Corintios"*.[8] A este respecto, la razón que llevó al apóstol Pablo a escribir 1 Corintios es obviamente visible en la epístola.[9] Por lo tanto, también está claro que, antes de escribir 1 Corintios, él había escrito a la congregación en Corinto, al menos, en una ocasión. Hay varios asuntos que podemos considerar en

4 Edward Adams and David G. Horrell, *The Scholarly Quest for Paul's Church at Corinth: A Critical Survey*, in Christianity at Corinth: The Quest for the Pauline Church. Edited by E. Adams and David G. Horrell (Louisville: Westminster John Knox Press, 2004), 1. "Las preocupaciones particulares de los eruditos y las formas en que han intentado explicar el carácter y la disputa de los primeros cristianos de Corintios, han variado muy ampliamente con el tiempo".

5 Stanley Spaeth, *Imperial Cult in Roman Corinth: A Response to Karl Galinsky's 'The Cult of the Roman Emperor: Uniter or Divider?* in Rome and Religion: A Cross- Disciplinary Dialogue on the Imperial Cult. WGRWSS. Edited by J. Brodd and J. Reed (Atlanta: Society of Biblical Literature, 2011), 63.

6 Benjamin W. Millis, *Social and Ethnic Origins of the Colonists in Early Roman Corinth* in Corinth in Context: Comparative Studies on Religion and Society (Leiden: Brill, 2010), 31.

7 Robert M. Grant. *Paul in the Roman World: The Conflict at Corinth* (Louisville: Westminster John Knox Press, 2001), 14. "Al igual que Cartago, Corinto fue una colonia romana establecida por Julio César poco antes de su asesinato en 44 a.C. Tanto Corinto como Cartago se erigían sobre las ruinas de las ciudades devastadas por los ejércitos romanos en el año 146 a.C. Fueron casi fundamento único y sirvieron para avanzar los intereses comerciales de Roma y sus desempleados pobres". Warren Carter, *The Roman Empire and the New Testament: An Essential Guide* (Nashville: Abingdon Press, 2006), 56. James S. Jeffers, *The Greco-Roman World of the New Testament Era: Exploring the Background of Early Christianity* (Downers Grove: InterVarsity Press, 1999), 84. John Fotopoulos. *Food Offered to Idols in Roman Corinth: A Social-Rhetorical Reconsideration of 1 Corinthians 8:11:1.* WUNT (Tübingen: Mohr Siebeck, 2003), 158.

8 Victor Paul Furnish, *Corinth in Paul's Time: What Can Archaeology Tell Us?* Biblical Archaeology Review Vol. XV (1988): 15.

9 John C. Hurd, *The Origin of 1 Corinthians* (Macon: Mercer University Press, 1983), 47. "Por lo tanto, 1 Corintios da evidencia de dos acontecimientos que precedieron a su composición: a) una triple llegada de noticias de Corinto y b) una carta anterior de Pablo a los Corintios".

nuestro estudio: ¿Cuál era la situación detrás de 1 Corintios? ¿Cómo se asociaba Pablo con la iglesia? ¿Cómo fue recibido por la comunidad de Corinto al momento de escribir 1 Corintios?

Todas las preguntas anteriores han surgido en la investigación socio-histórica sobre la congregación en la Corinto romana.[10] Estas preguntas conciernen mayormente a problemas en la iglesia; son preguntas que, en un sentido, están asociadas a los asuntos teológicos y sociales en Corinto.[11] Theissen, sin embargo, observa que *"el análisis sociológico de las contenciones, en mi opinión, significa reducirlo al factor social".*[12]

Las cartas de Pablo a los corintios proveen información importante para el estudio de los asuntos sociales y teológicos de las primeras enseñanzas cristianas bajo la influencia del Imperio romano. En los tiempos del apóstol Pablo, la bien conocida ciudad de Atenas decaía en influencia cuando se compara con la nueva ciudad romana de Corinto.[13] La ciudad era étnica y religiosamente diversa.[14] Su base sociopolítica era clásicamente jerárquica, con un número reducido de familias élites que controlaban el poder y la riqueza de la ciudad. También hay bastantes inscripciones sobre muchos artesanos y dueños de negocios que se sentían orgullosos de su trabajo.[15] Pero el apóstol Pablo, algunas veces trabajó con sus manos y habría sido considerado como un artesano común por muchos.[16]

De forma particular, esta era la impresión errónea que algunos miembros de la iglesia de Corinto tenían de él. Este libro esboza cómo las cartas a los corintios revelan el papel del apóstol en moldear la relación dentro de la comunidad cristiana y provee un cuadro particular de una nueva y creciente iglesia en un entorno social grecorromano.

Es claro, sin embargo, que hay un aspecto social y económico en cualquier comunidad religiosa, y la cristiana en Corinto romana no es una excepción.[17] Desde los años de 1960, varios libros han discutido este

10 John K. Chow, *Patronage and Power: A Study of Social Networks in Corinth* (Sheffield Academic Press, 1992), 11.

11 Victor Paul Furnish, *The Theology of the First Letter to the Corinthians* (Cambridge: Cambridge University Press, 1999), 12. See also Gerd Theissen, *The Social Setting of Pauline Christianity* (Philadelphia: Fortress Press, 1982). 56.

12 Theissen, *The Social Setting*, 123.

13 Grant, *Paul in the Roman*, 13.

14 Carter, *The Roman Empire*, 56.

15 Petronius, *Sat. 29;* CIL. 11. 741.

16 Ronald F. Hock, *The Social Context of Paul's Ministry: Tentmaking and Apostleship* (Philadelphia: Fortress Press, 1980), 37ss.

17 David G. Horrell, *The Social Ethos of the Corinthian Correspondence: Interest and Ideology from 1 Corinthians to 1 Clement. SNTW* (Edinburgh: T & T Clark, 1996), 64.-73.

aspecto de la vida social en la iglesia primitiva.[18] Desde entonces, se han escrito muchos libros sobre el tema, los cuales nos iluminan y nos han dado un mejor cuadro de la composición, la estructura social de algunas de las iglesias y su posición en el cristianismo primitivo. De hecho, hubo algunos miembros de la iglesia en Corinto que fueron hacendados.

Es significativo notar que E. A. Judge rechazó la identificación de las iglesias, en especial la de Corinto, con los pobres, pero trató de establecerlas en un entorno real de la vida en el primer siglo.[19] Como era corriente, una iglesia, particularmente las congregaciones de los cristianos, eran estructuradas de la misma forma que las familias grecorromanas.[20] La congregación de Corinto era un ejemplo clásico de cómo los ricos y los pobres interactuaban en la sociedad grecorromana.[21] Por lo tanto, la comunidad de la iglesia allí actuaba y se comportaba como cualquier ciudadano romano corriente de la época.

Corinto era conocida como una ciudad rica y lujuriosa entre las ciudades del Imperio romano.[22] Según Estrabo, a *"Corinto se la llamaba 'acaudalada' debido a su comercio, ya que estaba situada en el istmo y era dueña de dos puertos, uno de los cuales la llevaba directo a Asia, y el otro a Italia, y facilitaba el intercambio de mercancías de ambos países que, hasta ahora, son distantes el uno del otro".[23]* Este fue el escenario social de algunos de los miembros de la iglesia en Corinto. Además, en la década de 1970, el erudito alemán Gerd Theissen en una serie de artículos, concentró sus estudios sobre la correspondencia de Corinto, en la cual está la mayor parte de la información y los criterios para los niveles sociales más exigentes en la comunidad.[24] Theissen proporcionó evidencia que

18 Michael D. Goulder, *Paul and the Competing Mission in Corinth* (Peabody: Hendrickson Publishers, 2001), 268-70. Ver también David G. Horrell, *An Introduction to the Study of Paul* (London: T & T Clark, 2006), 106-112. Señala que "hasta hace poco, el tema de la relación de Pablo con el Imperio romano fue algo descuidado, especialmente en comparación con el tema dominante (e importante) de la relación de Pablo con el judaísmo". Ver también John K. Chow, *Patronage and Power*, 12-14.

19 E. A. Judge, *Social Distinctive of the Christians in the First Century*. Ed. David Scholer. (Peabody: Hendrickson Publishers, 2008), 117-135.

20 Roger, W. Gehring, *House Church and Mission: The Importance of Household Structures in Early Christianity* (Peabody: Hendrickson Publishes, 2004), 135.

21 Wendell Lee Willis, *Idol Meat in Corinth: The Pauline Argument in 1 Corinthians 8 and 10* (Chico: Scholars Press, 1985), 104.

22 Charles B. Puskas and Mark Reasoner, *The Letters of Paul: An Introduction* (Collegeville: Liturgical Press, 2013), 89-90.

23 Strabo, *Geography* 8.6.20-23.

24 Theissen, *The Social Setting*, 15.

sugiere que la comunidad de Corinto, incluía ricos, educados, así como a pobres y analfabetos.

También sugirió que habrían sido los acaudalados los que causaron las molestias con las cuales Pablo tuvo que lidiar en 1 Corintios: ir a la corte por dinero, participar en comidas de negocios con socios paganos y unirse en oración a ídolos paganos sobre la comida.[25] Estas transacciones comerciales eran comunes entre los ciudadanos del mundo grecorromano y se hicieron comunes en parte de algunos de los miembros de la iglesia en Corinto. El trabajo de Theissen fue original y creativo y generó mucha discusión. Wayne Meeks hizo algunas críticas; por ejemplo, él dice que hay prueba de que los agricultores pobres acudían a la ley por sus derechos.[26]

No es sorprendente si más personas independientes habrían sido las primeras en adoptar una nueva fe, pero surge una duda significativa sobre la opinión de Theissen de los débiles (los pobres) y los fuertes (los ricos). Hay varios estudiosos que no concuerdan con su descripción de la realidad social de la congregación de los corintios. La década de 1990 tuvo más estudios sobre el contexto social de la misión paulina en la Corinto romana. Además, J. Chow, A.D. Clarke y, más recientemente, J. Rice, han examinado el sistema romano de patrocinio como característica del hombre de la comunidad de Corinto.[27] Hombres ricos como Erasto y Gayo eran patrocinadores de la congregación, proporcionando apoyo financiero y un lugar de reunión para que la comunidad de Corinto se reuniera.[28]

Por otra parte, A. C. Mitchell alega que no hay evidencia de que el rico demandara al pobre.[29] Además, Justin Meggitt ha cuestionado una serie de conclusiones ampliamente sostenidas, tales como el consumo

---

25 David E. Garland, *1 Corinthians*, Baker Exegetical Commentary on the New Testament (Grand Rapids: Baker Academic, 2003), 365. "Sacrificio era la forma acostumbrada de, tanto la adoración pública como privada en el mundo antiguo". Ver también Dennis E. Smith, *From Symposium to Eucharist: The Banquet in the Early Christian World* (Minneapolis: Fortress Press, 2003), 173-217.

26 W. A. Meeks, *The First Urban Christians: The Social World of the Apostle Paul* (New Haven: Yale University Press, 1983), 27.

27 Chow. *Patronage and Power*, 38ss. Ver también A. D. Clarke, *Secular and Christian Leadership in Corinth: A Socio-historical and Exegetical Study of 1 Corinthians 1-6* (Leiden: Brill, 1993). 5-15. Joshua Rice, *Paul and Patronage: The Dynamics of Power in 1 Corinthians* (Eugene: Pickwick Publications, 2013), 91-156.

28 Jerome Murphy-O'Connor, *Keys to First Corinthians: Revisiting the Major Issues* (Oxford: Oxford University Press, 2009), 184-185.

29 A. C. Mitchell. *Rich and Poor in the Courts of Corinth: Litigiousness and Status in 1 Cor. 6:1-11*. New Testament Studies, 39 (1993): 562-86.

de carnes entre los miembros pobres de la iglesia en Corinto y también respecto a la condición social en la comunidad de la ciudad.[30] El último asunto (consumo de carnes) es uno muy importante, porque es parte del argumento principal con el cual el apóstol Pablo estaba bregando en su carta a los corintios. Debemos ser cuidadosos cuando examinamos el trasfondo social grecorromano, aún más que acerca de la cultura judía, que está más directamente reflejada en nuestro texto.

Vamos a considerar en este libro los siguientes capítulos: el capítulo 1, que describe una visión general de la Corinto romana; el capítulo 2 que analiza la relación de esta ciudad y cómo tal relación la afectó respecto al Imperio romano. Es evidente que el apóstol Pablo se ocupa de la relación de los cristianos (especialmente la iglesia) con el pagano Imperio romano.[31] Lo más probable es que, para los cristianos de Corinto, era fácil adaptarse libremente a las leyes romanas, las costumbres y la sociedad; el capítulo 3, que identifica la interacción de la ciudad de Corinto y el poderoso Imperio; el capítulo 4, que examina la comunidad, al apóstol y el entorno social; el capítulo 5, que trata del ministerio de Pablo y su misión en la Corinto romana; el capítulo 6 que considera los asuntos más importantes y trata de responder a algunas de las preguntas difíciles que rodean la carta y el capítulo 7, en el que se examinan las principales cuestiones teológicas y las contribuciones de 1 Corintios.

Aunque soy consciente de que hay mucho más que se habría podido incluir en este estudio, me gustaría que proporcionara a los estudiantes y otros interesados en Pablo, Corinto y el Imperio romano, algunos entresijos en la serie de aspectos, estudios actuales y temas que subrayan las discusiones corrientes.

El propósito principal del libro, es introducir al lector a esas áreas que, algunas veces parecen difíciles de aproximar, porque normalmente algo de esta información aparece solo en estudios avanzados y en monografías que tratan de la cultura grecorromana y la sociedad en el primer siglo.

---

30 Justin Meggitt, *Meat Consumption and Social Conflict in Corinth*. Journal of Theological Studies 45 (1994): 137-141.

31 Udo Schnelle, *Apostle Paul: His Life and Theology*. Translated by M. Eugene Boring (Grand Rapids: Baker Academic, 2005), 356. "Los romanos empiezan a percibir a los cristianos como un grupo que adora a un criminal ejecutado como un dios y que proclama el fin inminente del mundo. La persecución neriana que se produjo solo ocho años después de escribir Romanos, muestra que debe haber habido tensiones crecientes entre los cristianos por un lado y las autoridades y la población de Roma por el otro".

Sin duda, hay una necesidad en los seminarios y universidades de aprender más sobre el mundo (grecorromano) del Nuevo Testamento para evitar interpretaciones erróneas del texto, en particular, 1 Corintios. La motivación para este libro vino de los estudiantes y el fin, es beneficiar a los que estudian la Biblia para una mejor comprensión de la influencia de la cultura y sociedad grecorromanas en el cristianismo primitivo.

Capítulo I

LA CORINTO ROMANA: UNA PERSPECTIVA GENERAL

Grabado 1. Corinto romana, su arquitectura y administración.

Introducción

Hay ahora un supuesto bien concreto entre los estudios del Nuevo Testamento de que el apóstol Pablo escribió la primera epístola a los Corintios y que esta fue escrita en Éfeso.[1] Los eruditos están casi unánimes en que el progreso importante de Pablo tuvo lugar al comienzo de su ministerio[2] y que las epístolas corresponden a la última parte

1 Udo Schnelle, *The History and Theology of the New Testament Writings* (Minneapolis: Fortress Press, 1998), 57. Ver también *Apostle Paul: His Life and Theology* (Grand Rapids: Baker Academic, 2005), 47-56. "No estamos despreciando el valor histórico de Hechos, pero cuando Hechos y las indiscutibles cartas paulinas se contradicen entre sí, debemos seguir las cartas. Por otra parte, cuando se pueden combinar la información de Hechos y las cartas de Pablo, obtenemos una base sólida para la cronología paulina".

2 Hurd, *The Origin,* 11.

de su carrera. Además, que fue impresionado para escribir 1 Corintios en respuesta a las noticias alarmantes de la iglesia.[3] No hay indicación de que fuera expulsado de Atenas por una turba (de agitadores judíos) o por las autoridades. Sencillamente, dejó la ciudad y se fue a Corinto, que era la capital de la provincia romana de Grecia, conocida como Acaya.[4] Había judíos en Corinto (como Aquila y Priscila) que fueron expulsados de Roma. Vale la pena señalar que los judíos en Roma se distribuyeron entre algunas sinagogas de distrito, en lugar de reunirse en una misma comunidad. La más antigua y, casi seguramente la más grande de las congregaciones, estaba en la zona llamada transtiberiana, en el oeste del Tíber.[5]

Los judíos, mayormente, mantuvieron sus antiguas tradiciones e instituciones en la Diáspora y algunos fueron lentos para integrarse a la forma de vida secular grecorromana.[6] Hay un desacuerdo acerca de la fecha de expulsión de los judíos de Roma y el arribo de Pablo a Corinto, según Hechos 18:2. El relato en la cita anterior dice que Claudio expulsó a todos los judíos de Roma; esto es difícil aceptarlo. El relato de su visita inicial a Corinto en Hechos 18, ofrece algunas evidencias históricas;[7] sin embargo, algunos intérpretes vinculan la expulsión con el esfuerzo del emperador de pacificar la comunidad judía durante el primer año de su reinado.[8]

Visita de Pablo a Corinto

Lucas también menciona un edicto imperial del año 49 d.C. cuando Claudio expulsó un número de judíos de Roma.[9] Dio Cassius también

3 Roy E. Ciampa and Brian S. Rosner, *The First Letter to the Corinthians* (Grand Rapids: Baker Academic, 2010), 3. "Esto incluyó ambos informes orales, de los de Cloé (1:11) y Estáfanos, Fortunato, y Acaico (16:17), y una carta de la iglesia que Pablo menciona en 7:1 que consiste de una serie de preguntas planteadas por la congregación".

4 Panayotis Coutsoumpos, *Paul and the Lord's Supper: A Socio-Historical Investigation*. SBL (New York: Peter Lang, 2005), 64-65.

5 Philo, *Legatio ad Gaium,* 155.

6 G. La Piana, *Foreign Groups in Rome during the First Centuries of the Empire*, HTR 20 (1927):190-97.

7 P. Perkins, *First Corinthians. Paideia Commentaries on the New Testament* (Grand Rapids: Baker Academic, 2012), 16. "A pesar de los esfuerzos de algunos eruditos de fechar el edicto más temprano, al año 41, la fecha generalmente aceptada del año 49 se sostiene. Por lo tanto, la misión de Pablo en Corinto comenzó cerca del año 50".

8 P. Perkins, *First Corinthians.* 3. "El destierro de personas responsables de disturbios cívicos era rutinario".

9 Andrew D. Clarke, *Rome and Italy* in *The Book of Acts in Its First Century Setting: Greco-Roman Setting.* vol 2. Edited by David W. J. Gill and Conrad Gempf (Grand Rapids: Eerdmans, 1994), 469.

menciona un edicto relativo a los judíos en Roma, temprano en el reinado de Claudio (año d.C.)[10] Pero esto no se refiere, específicamente, a ninguna expulsión de la ciudad. La indagación surge sobre, si los informes de los suetonios y Dio Casius, son dos edictos disímiles o si son reportajes diferentes del mismo incidente histórico.

Grabado 2: Cabeza de Tiberio Claudio Cesar Augustos.

"Tiberio Claudio César Augustos Germanicus, Pontifex Maximus, sosteniendo el poder tribunicio, proclama: ... 'Por lo tanto, es justo que también los judíos que están en todo el mundo bajo nosotros, mantengan sus costumbres ancestrales sin obstáculos y a ellos también ordeno usar esta mi bondad de manera muy razonable y no despreciar los ritos religiosos de las otras naciones, sino observar sus propias leyes'. Edicto de Claudio sobre los derechos judíos" 41 d.C.

Suetonius registra una expulsión de agitadores judíos (confundidos con cristianos), pero no ofrece fecha.[11] Por lo tanto, la fecha en Hechos parece ser la más confiable sobre la expulsión de los judíos de Roma. En oposición, Lüdermann argumenta de una fecha más temprana y ubica el encuentro del apóstol Pablo con Priscila en Corinto en el año 41.[12]

Algunos intérpretes, sin embargo, favorecen la fecha más tardía, considerando que Aquila y Priscila llegaron poco antes que el apóstol Pablo, alrededor de los años 49 y 50 d.C.[13] Lucas empieza su reportaje de la visita de Pablo a la Corinto romana con las expresiones: *"Después de esto, él dejó Atenas y se fue a Corinto. Y encontró un judío llamado Aquila y a su esposa Priscila, nativos del Ponto"*.[14] En otras palabras, Lucas registra que el arribo de Pablo a Corinto fue pronto, después de Aquila y Priscila y el edicto de Claudio. Lucas también menciona solo dos visitas del apóstol Pablo a Corinto.

10 Dio Cassious, *Roman History* 60.6.6.

11 Suetonius, *Divus Claudius* 25.4.

12 Gerd Lüderman, *Paul, Apostle to the Gentiles: Studies in Chronology* (London: SCM, 1984), 157-75.

13 L.C.A. Alexander, *Chronology of Paul* in *Dictionary of Paul and His Letters*. Editors: G. F. Hawthorne, R. P. Martin, and D. G. Reid (Downers Grove: InterVarsity Press, 1993), 120.

14 Acts 18: 1-2.

Pablo y el Edicto de Claudio

Como se mencionó antes, Lucas dice que Aquila y Priscila llegaron un poco antes que Pablo,[15] cuya presencia en Corinto se hace clara en el decreto de Claudio. Es interesante observar que Suetonius menciona que el emperador promulgó el siguiente decreto: *"Iudeaos impulsore Chresto assidue tumultuantis Roma expulit"*.[16] Según Claudio, los judíos fueron expulsados de Roma porque estaban creando disturbios en el nombre de Chrestus.

Grabado 3. Mural sobre la expulsión de los judíos de Roma por Claudio.

También, Orosius menciona claramente que la expulsión ocurrió en el noveno año de Claudio.[17] Según las costumbres romanas, los años del régimen de un emperador se contaban a partir del momento en que asumía el poder. De allí, que Claudio fuera proclamado emperador por la Guardia Pretoriana el 25 de enero del año 41 d.C. Su noveno año caería, entonces, entre el 25 de enero del año 49 d.C. y el 24 de enero del año 50.[18]

En contraste, Suetonius es citado acertadamente, pero la explicación que da Orosius está matizada por sus mismas suposiciones.[19] Tales reservas sobre la confiabilidad de Orosius son reforzadas por el silencio de Tácito. Él

---

15 Jerome Murphy-O'Connor. *St. Paul's Corinth: Texts and Archaeology* (Collegeville: The Liturgical Press, 2002), 152.

16 Suetonius, *Divus Claudius* 25.4.

17 Orosius, *Historia adversun pagana* 7.6.15

18 Murphy-O'Connor, *St Paul in Corinth*, 153.

19 Tacitus, *Annals* 2.85.

menciona el año 49 d.C., pero no hay una sola referencia a ninguna acción[20] tomada contra los judíos de Roma en ese tiempo. Cuando el emperador murió en octubre del año 54 d.C., el edicto no tenía valor y estaba anulado.[21] Según Dio Cassius, Claudio pensó expulsar los judíos de Roma, sin embargo, era bastante imposible porque sumaban cerca de 50.000 solo en la ciudad.[22] Los judíos, sin embargo, eran igual en número cuando Tiberio los expulsó de Roma en el año 19 d.C., y habría sido preferible, desde el punto de vista administrativo, expulsarlos otra vez sin problemas.[23]

En otras palabras, la medida reportada por Dio Cassius habría empeorado, en lugar de resolver el dilema. La idea de que Claudio tenía conflicto con los judíos ha sido rechazada, porque lo que se conoce de su actitud hacia los judíos es que fue muy positiva desde el comienzo de su reinado.[24] El problema, entonces, es la fecha en que hizo la decisión contra los judíos de Roma. Aún más, las epístolas de Pablo carecen de información de una fecha como, por ejemplo, una referencia a los gobernantes romanos o al calendario nacional;[25] sin embargo, les restauró todos los privilegios que les fueron abolidos por su predecesor Gaius.[26] La inscripción de Gaius podría iluminar algunos de los asuntos con respecto a la llegada de Pablo a Corinto romana:

> El tiempo que Lucius Gaius, hermano de Séneca, estuvo como procónsul de Acaya, puede determinarse con un grado de certeza por una inscripción que documenta una carta del emperador Claudio a la ciudad de Delfos. El texto correlaciona la fecha de su composición con la aclamación vigésima sexta de Claudio como emperador. Aunque la vigésima sexta aclamación, en sí misma no puede fecharse, existe información de que fue dirigida al sucesor de Lucius Gaius y debe, por lo tanto, haber sido escrita en el verano del año 52. Puesto que los procónsules de las provincias senatoriales generalmente ocupaban sus puestos por un año, podemos inferir

---

20 Schnelle, *Apostle Paul*, 48.

21 Suetonius, *Nero* 33.1. Mencionó que Nerón canceló las decisiones y decretos de Claudio.

22 Lüderman, *Paul, Apostle to the Gentiles*, 186.

23 Murphy-O'Connor, *St Paul's Corinth*, 155.

24 Josephus, *Antiquities of the Jews* 19.287-91. 288. "A petición de los reyes Agripa y Herodes, personas muy queridas para mí, debo conceder los mismos derechos y privilegios a los judíos que están en todo el Imperio romano, lo que he concedido a los de Alejandría, estoy muy dispuesto a cumplirlo".

25 Perkins, *First Corinthians*, 16.

26 Murphy-O'Connor, *Keys to First Corinthians*, 183.

que Lucius Gaius fue procónsul de Acaya desde el comienzo del verano del año 51 hasta principios del verano del año 52.[27]

Pablo estuvo en Corinto un año y medio. Dando por sentado que los judíos habrían presentado quejas contra él poco después de que el nuevo procónsul asumiera su cargo, podemos establecer la fecha en que Gaius entró en escena en el verano del año 51.[28] J. A. Fitzmyer afirma que, asumir que el emperador Claudio envió el edicto relativo a Delfos al mismo tiempo que Gaius aún estaba en su cargo, reduce la fecha de la aparición del apóstol antes de Gaius, al verano o a principios del otoño del año 52.[29] Pablo pudo haber dejado Corinto para dirigirse a Asia Menor desde su puerto oriental alrededor del mismo tiempo que el procónsul decidió navegar de nuevo a Roma desde el occidente del país.

Sin embargo, N. Watson observa que Hechos 18:2 menciona al apóstol Pablo siendo obligado a salir de Corinto poco tiempo después de la llegada de Gaius, procónsul en Corinto, lo cual debió ser en la primavera de los años 51 o 52 d.C.[30] Hechos 17:5-15 dice que el apóstol ya enfrentaba dificultades con la congregación judía de Tesalónica. En la ciudad de Corinto también fue donde se quedó con los judíos y discutió en la sinagoga antes de irse a los gentiles.[31]

Tomando en consideración las muchas cosas que ocurrieron en Corinto entre el tiempo de la partida de Pablo y de cuando escribió 1 Corintios, como es evidente en la epístola, estimamos que estos eventos debieron haber ocurrido en casi dos años. B. Witherington afirma que la fecha de 1 Corintios sería entonces la primavera de los años 53 o 54 d.C.[32] Esta es la fecha aceptada por la mayoría de los eruditos. Además, la epístola en sí misma nos informa, como se mencionó antes, que Éfeso fue el lugar desde donde se escribió. En su primera visita, el apóstol Pablo vino a Corinto desde

---

27 Séneca, Ep. 104.1. Gallo estaba enfermo con fiebre cuando estuvo en Acaya. Así que es probable que no estuviera su año completo en el cargo.

28 Schnelle, *Apostle Paul*, 49. "El arribo de Pablo a Corinto a principios del año 50 proporciona un punto sólido desde el cual la cronología relativa de su actividad puede ser calculada tanto más tarde como más temprano".

29 Joseph A. Fitzmyer, *First Corinthians. Anchor Yale Bible* 32 (New Haven: Yale University Press, 2008), 40-42.

30 Nigel Watson, *The First Epistle to the Corinthians* (London: Epworth Press, 1992), xx.

31 Acts 18:1-8.

32 Ben Witherington, *Conflict & Community in Corinth: A Socio-Rhetorical Commentary on 1 and 2 Corinthians* (Grand Rapids: Eerdmans, 1995), 73.

la capital, Atenas. J. Murphy-O'Connor da una fecha precisa (52-56 d. C.) de cuando vivió en la ciudad de Corinto, enseñando y predicando el evangelio y bautizando a los primeros creyentes en la iglesia (Hechos 18:1, 8).[33]

Después de su salida de Corinto, Éfeso se convirtió en el principal centro de sus ministerios y actividades (Hechos 18:23). Según Perkins, hizo su último viaje a través de Asia Menor y Macedonia de regreso a Corinto alrededor de los años 57 y 58.[34] El itinerario de viaje en Romanos 15:14-33 muestra que consideró terminada su misión en Asia Menor y Grecia.

La predicación y enseñanza de Pablo en Corinto

La predicación de Pablo a la Corinto romana fue el mensaje del evangelio de Jesús el Mesías, el Señor del universo, afirmando que, a través de este mensaje, la justicia de Dios era revelada de una vez por todas. Vale la pena notar que Roma se enorgullecía de ser, por así decirlo, la capital de la justicia, fuente de la cual la justicia fluiría a todo el mundo.[35] Según el libro de Hechos, fue en Corinto que el apóstol Pablo, después de su predicación, fue rechazado por el pueblo judío, y luego se volvió a predicar a los gentiles (Hechos 18:6). El relato de su visita inicial a la Corinto romana en Hechos, es más o menos confiable;[36] la ventana más interesante sobre sus ministerios de predicación y enseñanza en Corinto proviene de sus propias cartas.[37] Fue considerado el mentor de muchos de los miembros de la iglesia en Corinto.

E. P. Sanders observa que es interesante ver que el apóstol Pablo describe a los conversos (algunos de ellos cuestionaban sus credenciales)[38] de segmentos extremadamente diversos de la población, que a menudo, diferían en su opinión y prácticas en asuntos como el comportamiento sexual, la comida ofrecida a ídolos, comer carne en un templo pagano y la participación en las prácticas sociales de la ciudad. Obviamente, estos

---

33 Murphy-O'Connor. *St. Paul's Corinth,* 151. Grant, *Paul in the Roman,* 9. Ver también Victor P. Furnish, *Corinth in Paul's Time: What Can Archaeology Tell Us?* Biblical Archaeology Review Vol. XV (1988): 14-27. Ver también D. W. J. Gill and Conrad Gemph, *The Books of Acts in its First Century Setting* (Grand Rapids: Eerdmans, 1994), 448.

34 Perkins, *First Corinthians,* 18.

35 Norman T. Wright, *Paul's Gospel and Casear's Empire* in *Paul and Politics: Ekklesia, Israel, Imperium, Interpretation. Edited by Richard A. Horsley* (Harrisburgh: Trinity Press International, 2000), 166.

36 Ciampa and Rosner, *The First Letter,* 11-12.

37 Perkins, *First Corinthians,* 18-19.

38 E.P. Sanders, *Paul* (Oxford: Oxford University Press, 1991), 6-7.

miembros eran parte de la comunidad corintia y de la sociedad pagana grecorromana.[39] En otras palabras: algunos de los miembros de la iglesia en Corinto venían de un segmento de la sociedad pagana grecorromana y se portaban e interactuaban como cualquier ciudadano normal del mundo romano.[40] Es obvio que Pablo estuviera preocupado y ansioso por la forma en que actuaban algunos miembros de la iglesia.

R. Grant menciona que alrededor del año 51, Pablo mismo fue expulsado de Corinto y navegó desde Cencreas en el oriente a Éfeso, antes de partir a Antioquia de Siria y más tarde regresar a Éfeso (Hechos 18:18-22; 19:1).[41] Durante su ausencia, la iglesia en Corinto fue ministrada por Apolos, un judío de Alejandría. Cuando el apóstol Pablo llegó a Corinto había una comunidad judía presente, una sinagoga (Hechos 18:8) y personas temerosas de Dios.[42] De hecho, el descubrimiento de la inscripción *"sinagoga de los hebreos"* confirma la existencia de judíos en Corinto, mencionada también en el libro de los Hechos 18:4-8.[43]

Filón notó la presencia de judíos en Corinto y a través de la provincia: Thessaly, Boetia, Aetolia, Attica, Argos, Corinto y la mayor parte de la Peloponesia.[44] Es evidente que judíos y creyentes judío-cristianos se encontraban en todas las ciudades principales en el mundo grecorromano.

Grabado 4. Evidencia de una comunidad judía y sinagoga en Corinto (Hechos 18:8).

39 Coutsoumpos, *Paul and the Lord's Supper,* 72.
40 Ciampa and Rosner, *The First Letter,* 5.
41 Grant, *Paul in the Roman World,* 10.
42 Gill and Gemph, *The Books of Acts,* 450.
43 Puskas and Reasoner, *The Letters,* 91.
44 Philo, *Legatio ad Gaium* 281-82.

Tal vez, fue la presencia de una congregación judía y posiblemente, la naturaleza de una creciente ciudad, lo que atrajo a Aquila y Priscila a Corinto, después de la expulsión de los judíos de Roma.[45] Fue en Corinto donde conoció a Aquila y Priscila, les predicó el evangelio y donde llegaron a ser creyentes cristianos.[46] Es de valor notar que Hechos 18:24 y 19:1 nos informa que Aquila y Priscila fueron los que le dieron a Apolo su más avanzada capacitación en principios cristianos y lo enviaron a Acaya y Corinto.

Pablo, fundador de la iglesia de Corinto

Pablo había estado evangelizando por algún tiempo, antes de que los judíos se opusieran a su mensaje. Es bien sabido que estableció una congregación en la ciudad romana de Corinto. U. Schnelle declara que allí fundó la iglesia después de su trabajo en Filipo, Tesalónica, Berea y Atenas. Así que Corinto llegó a ser el centro de trabajo de Pablo junto con Éfeso.[47] La vida religiosa, cultural y social de la ciudad también se refleja en la composición de los miembros de la iglesia. La mayoría de los miembros en Corinto eran gentiles cristianos; también incluía una pequeña minoría de judíos.[48] La comunidad judía de Corinto, probablemente, incluía unos pocos ciudadanos romanos, dueños de barcos, marineros, artesanos, comerciantes y esclavos.[49]

La primera epístola a los Corintios no es estrictamente la primera que fue escrita por Pablo a ellos. 1 Corintios 5:9 habla de una carta anterior, parte de la cual fue malentendida. Pablo está tratando de superar ese malentendido. ¿Cómo veía Pablo a los gentiles y, en particular, a los convertidos? Según él, la iglesia tenía la responsabilidad de llegar a los gentiles para llevarlos a Cristo. Es obvio que sentía una responsabilidad por la misión a los gentiles. En la carta anterior, había advertido contra el contacto con ellos.[50] Ahora explicaba que no quiso incluir a todos los gentiles, sino solo a los que eran creyentes cristianos. La asociación con paganos en general no era prohibida.

---

45 Coutsoumpos, *Paul and the Lord's Supper,* 73-75.
46 Hechos 18:2.
47 Schnelle, *The History and Theology,* 58.
48 Grant, *Paul in the Roman,* 6-7.
49 Wintherington, *"Conflict & Community",* 26.
50 Schnelle, *Apostle Paul,* 124. "La misión de los gentiles de la iglesia de Antioquía no fue la única en el cristianismo primitivo, como lo demuestra la fundación de la iglesia romana y la aparición de Apolos de Alejandría en Corinto (1 Corintios 3: 4 y Hechos 18: 24-38)".

Esto muestra algo de las condiciones en la Corinto romana. La ciudad era un puerto marítimo y tenía sus problemas particulares y cuestiones teológicas. Además, John Fotopoulos señala que había mucha gente de todas partes del Imperio, especialmente marineros y comerciantes que llegaban. La mayoría de ellos eran gentiles idólatras (que mencionaremos en la siguiente sección, el culto a Asclepios, conocido como el dios sanador,[51] en el mundo grecorromano, especialmente en Corinto)[52] y también empleaban tiempo en la inmoralidad y la embriaguez.

Los cristianos en Corinto, que antes fueron paganos, ahora eran influidos por todo esto. Esa es la razón por la que Pablo fue forzado a trabajar, especialmente, con la conducta de los gentiles que tuvo una gran influencia sobre los cristianos en Corinto. La conducta de la mayoría de los cristianos lo obligó a escribir una carta pastoral y de preocupación a la congregación.[53] Es obvio que la epístola nos informa de todo este problema allí. La iglesia envió una carta a Pablo haciéndole muchas preguntas con respecto a la vida cristiana (1 Co. 7: 1ss).

Obviamente, esta mezcla de personas provenientes de los diferentes antecedentes sociales y culturales en la congregación de Corinto creó tensión social y cultural y partidos de facción entre los creyentes en la iglesia. Podemos suponer que el apóstol Pablo fue el fundador y el consejero de la congregación de los corintios, sin embargo, ¿cómo se explican las deterioradas relaciones (división y faccionalismo) con el apóstol y la comunidad de la iglesia en Corinto?[54]

En contraste, se sigue investigando cómo y por qué se produjo tal desorden de la comunidad. Lo más probable es que la ciudad habría quedado atrapada en el modo de conducirse que elevaba a los que tenían una excepcionalidad en la locución (retórica).[55] Entonces, parece más probable que algunos de los miembros de la congregación de Corinto fueran capaces

---

51 Fotopoulos, *Food Offered to Idols*, 51.

52 Panayotis Coutsoumpos, *The Social Implication of Idolatry in Revelation* 2:14: *Christ or Caesar?* Biblical Theology Bulletin 23 (1997): 23-27. Ver también *Fotopoulos, Food Offered to Idols,* 49.

53 Anthony C. Thiselton, *1 Corinthians: A Shorter Exegetical & Pastoral Commentary* (Grand Rapids: Eerdmans, 2006), 77-81.

54 Mark T. Finney, *Honor, Rhetoric and Factionalism in the Ancient World: 1 Corinthians 1-4 in Its Social Context.* Biblical Theology Bulletin 40 (2010): 27-36.

55 Perkins, *First Corinthians,* 11. "La competencia retórica no solo sirvió para avanzar en la carrera pública de quienes podían permitirse este tipo de formación, sino también para proporcionar capacitación. La audiencia de Pablo en Corinto parecía estar enamorada de tal vultuosidad verbal de 'sabiduría de palabras'". (1 Corintios 1: 20-21, 2: 1-5).

y buenos oradores en el arte de la persuasión. Aparentemente, este fue uno de los principales problemas y asuntos (*porneia*, idolatría y comida ofrecida a los ídolos), que creó división y faccionalismo en la comunidad romana de Corinto. Es interesante notar que Pablo recibió una carta de algunos de los miembros de la iglesia sobre la facción y los partidos.

Pablo y las facciones partidistas en Corinto

El principal problema que enfrentó el apóstol Pablo en Corinto fue la división de la comunidad y el faccionalismo.[56] Supo primero del problema de los "partidos de facción" de Apolos y otro partido rival, por una carta enviada por los de Cloé (1 Corintios 1:4-21).[57] Además, Pablo se refiere al informe (la carta de Cloé) de que toda la iglesia de Corinto se había dividido en facciones, una de las cuales declaró su adhesión a Pedro, contra los seguidores del apóstol Pablo y Apolo.[58] Pablo, claramente anuncia al principio de su carta a los Corintios, que había un problema importante y que él oyó hablar del *schismata* dentro de la iglesia, todavía unificada en Corinto (1 Corintios 11:18).[59]

Esta carta le informó de lo que ocurría en la iglesia. Pablo escribió en primer lugar sobre las facciones y divisiones que afectaban la vida social y la comida en la iglesia de Corinto. Desde su perspectiva, los diferentes partidos de facción parecían estar más preocupados por el nivel característico de los líderes que tenían en la más alta estima.[60] La reacción normal de Pablo ante el faccionalismo y la división en Corinto fue desaprobarlos. Muchos creen que estos problemas no eran cuestiones doctrinales o teológicas, sino asuntos (como diferentes clases de huéspedes y tipos de alimentos)[61] que

---

56 Richard A. Horsley, *1 Corinthians, Abingdon New Testament Commentary* (Nashville: Abingdon Press, 1998), 43-44.

57 F.F. Bruce, *1 & II Corinthians. The New Century Bible Commentary* (Grand Rapids: Eerdmans, 1980), 32. "Cloé no es conocida, pero probablemente era una mujer de sustancia con una 'familia' de sirvientes, algunos de los cuales, miembros de la iglesia de Corinto, habían visitado recientemente a Pablo o le habían enviado una carta y le habían dado informes de la iglesia".

58 Ian J. Elmer, *Paul, Jerusalem and the Judaisers* (Tübingen: Mohr Siebeck, 2009), 4. También observa que "el partido de Cristo y el partido de Cefas formaron una facción que se opuso al Partido Paulino representado por una inflación similar en las lealtades a Pablo y su compañero de trabajo, Apolos".

59 Wintherington, *Conflict & Community*, 95. "El grupo estaba en peligro de fragmentarse debido a diferentes clases de divisiones sociales y comportamientos no unificadores".

60 Finney, *Honor, Rhetoric*, 30.

61 Murphy-O'Connor, *St. Paul's Corinth*, 184-185.

trataban y afectaban el bienestar social de la iglesia. Como se señala a continuación, los diferentes grupos estaban más preocupados por el estatus de los líderes que tenían en la más alta consideración. Sin embargo, L.L. Welborn sostiene que el verdadero problema mencionado en la carta de 1 Corintio era una lucha por el poder.[62] Sin duda, él está correcto, pero "mientras lo describe adecuadamente en términos del lenguaje de la política antigua, no logra ubicar su base subyacente en las intensas rivalidades por el estatus y el honor.[63] La competencia por el honor era una característica singular de la antigua cultura griega, tal como la percibieron los clasicistas. En la Ilíada, Glauco muestra esta manera típica: *"Hijo de Hippolochus I; y él, declaro yo, fue mi padre. Él, a Ilicum me envió y me encargó instancia y a menudo. Siempre ser el mejor, preeminente sobre otros".*[64]

Como se señaló antes, la competencia por la reputación y el honor en todos los niveles era muy común en la educación, la oratoria, la política, la poesía, la música, el atletismo y la guerra.[65] Desde la perspectiva de Pablo, él no estaba compitiendo con nadie en la iglesia de Corinto, pero para él, cada uno tenía una parte en el desarrollo de la congregación para el honor de Cristo.

En cualquier caso, para el apóstol Pablo, todos estos problemas individuales afectaban la unidad y el bienestar de la iglesia cristiana. Más recientemente, Mark Finney ha observado que uno de los problemas en Corinto era el faccionalismo entre los miembros y el conocido tema del honor.[66] El honor era un elemento muy valioso en la vida cotidiana de cualquier ciudadano del Imperio romano. Dio Crisóstomo dice que, incluso los esclavos, hablan de su "gloria y preeminencia".[67] Obviamente, podemos decir que los miembros de la iglesia en Corinto habrían vivido alrededor del mismo contexto social (similar a la práctica romana) y también lucharían por la reputación y el honor. Pero para Pablo, había algo más importante para la iglesia que el honor: la unidad en Cristo.

---

62 L.L. Welborn, *"On the Discord"* en *Corinth: 1 Corinthians 1-4 and Ancient Politics,* Journal of Biblical Literature 106 (1987): 87.

63 Finney, *Honor, Rhetoric,* 31ss.

64 Homero, *Ilíada,* bk 6, 206-10.

65 Robert Jewett, *Paul, Shame and Honor* in *Paul in the Greco-Roman World: A Handbook.* Edited by J. Paul Sampley (Harrisburg: Trinity Press International, 2003), 552.

66 Finney, *Honor, Rhetoric,* 28.

67 Dio Chrysostom, *Orations* 35.41.

¿Qué hay detrás de las facciones?[68] Probablemente la información acerca de los problemas (división y facción) en las asambleas de Corinto vino de aquellos que trajeron la carta a Pablo estando en Éfeso (1 Corintios 16:17).

Respuesta de Pablo a la división y súplica por la unidad

Hay pruebas de que, incluso, en tales circunstancias como en el caso de la división y la tensión en Corinto, el apóstol Pablo pidió la unidad en la iglesia. Curiosamente, Marcel Simon afirma que la razón de la división y la tensión no fue por ningún desacuerdo doctrinal, sino que pudo ser simplemente una cuestión de celos personales y asuntos de reputación y honor.[69]

Después de que el apóstol Pablo habló de la división, trató de la sabiduría mundana que era honor en Corinto y fue sobrestimada por los corintios. Escribió de la manera en que él mismo cumplía su oficio apostólico. De acuerdo con Finney en toda discusión sobre el honor, *"tal competencia podría llegar a ser muy divisiva y un sentido profundo de partidismo, podría surgir con frecuencia"*.[70] Además, Plutarco menciona que el hombre sabio tiene la superioridad y la influencia tan deseables por otros, y esta superioridad en la reputación y el honor provoca envidia en los hombres de carácter ambicioso.[71] No es que los corintios rechazaran completamente la autoridad del apóstol, pero no la consideraban en su verdadero valor (1 Cor. 9). Pablo amonestó severamente la conducta del corintio, el faccionalismo y su orgullo espiritual.

A primera vista, 1 Corintios parece discutir una serie de cuestiones sin ninguna lógica. Sin embargo, un pensamiento principal fluye a lo largo de toda la carta. Los males de Corinto fueron la lascivia, el orgullo espiritual (reputación y honor) y el abuso de la libertad cristiana en varias áreas.[72] Los corintios tomaron como tema y lema de inicio, la regla de que al cristiano todas las cosas son permisibles. Para el apóstol Pablo esta posición y

---

68 Perkins, *First Corinthians,* 49.

69 Marcel Simon, *From Greek Hairesis to Christian Heresy* in *Early Christian Literature and the Classical Intellectual Tradition.* Edited by W. Schroedel & R. Wilken (Paris: Editions Beauchesne, 1979), 109.

70 Finney, *Honor, Rhetoric,* 32.

71 Plutarch, *Moralia* 485A-486D.

72 Coutsoumpos, *Paul and the Lord's Supper,* 73.

comportamiento eran muy peligrosos y podían dañar la unidad social y la comunión cristiana de la iglesia.

Por el contrario, él expone el carácter del comportamiento cristiano y la libertad. El comportamiento cristiano y la libertad no descartan el amor.[73] Este amor, tanto hacia Dios como al prójimo, muestra cómo el cristiano debe usar la libertad. El apóstol reconoce esa libertad, pero desaprueba la forma en que los corintios la usaban. En su conjunto, la primera epístola a los Corintios puede resumirse como una advertencia contra los diferentes peligros a los que se enfrentaban todos los días los miembros de la iglesia allí.[74]

Claramente, los problemas principales eran la actitud y comportamiento incorrectos (división de liderazgo por el honor) de algunos de los creyentes en Corinto. Pablo les advirtió contra los peligros de las facciones del poder, la inmoralidad sexual, el comportamiento incorrecto (especialmente cuando participaban de la cena del Señor)[75] y la idolatría que podía destruir la unidad de la iglesia. Siempre fue consciente en mantener la unidad del cuerpo de Cristo, la iglesia. Y este fue uno de los principales objetivos que tuvo para el miembro de la iglesia de Corinto, sin división, sin disputas y sin partidos de facción. Su preocupación pastoral, teológica y social es clara a lo largo de toda la carta. No se debe pasar por alto el hecho de que él envió su primera epístola a los corintios, una comunidad que consistía en personas reales con problemas reales y necesidades sociales reales.[76] Su preocupación principal era unir la iglesia en Cristo y no alrededor de líderes o partidos políticos. En los siguientes capítulos estudiaremos la importancia de la ciudad de Corinto y su relación con el Imperio romano, la ciudad y su gente, y especialmente, sus contextos -social y cultural- en el mundo grecorromano.

---

73 Witherington, *Conflict & Community*, 83.

74 Fotopoulos, *Food Offered to Idols*, 185-87.

75 Coutsoumpos, *Paul and the Lord's Supper*, 105.

76 Thiselton, *1 Corinthians*, 78. Pablo revela su cuidado pastoral y su sensibilidad de varias maneras en su carta en 1 Corintios.

Capítulo II

CORINTO Y EL IMPERIO ROMANO

Grabado 5. Mapa del Imperio romano.

Introducción

Las sociedades antiguas del mundo grecorromano se estructuraban alrededor de sus ciudades. Es interesante observar que varias de las ciudades principales y las más grandes del imperio estaban situadas en carreteras, cauces de ríos y cerca de puertos.

40

El Imperio romano dominaba el territorio y la gente alrededor del área mediterránea.[1] D.F. Watson afirma que *"Roma era una ciudad en la zona costera centro-occidental de Italia, que surgió de un pequeño asentamiento agrícola en el siglo VIII a.c. para convertirse en una potencia mundial dominando el Mediterráneo y más allá, próximo al nacimiento de Cristo".*[2]

La sociedad romana, sin embargo, se dividió en grupos legales en el primer siglo a.c. En la parte superior estaba el Senado que consistía en unos seiscientos miembros extraídos de, quizás, cientos de familias. Los hombres de este grupo llevaban a cabo las más altas magistraturas en Roma.[3] El otro gran mérito dentro del Imperio romano era la obtención de la ciudadanía. Aelius Aristides observa que Antonino Pío no permitió fácilmente la ciudadanía *"porque habéis dividido a todos los pueblos del Imperio... en dos clases: más cultos, mejor nacidos y más influyentes en todas partes; habéis declarado ciudadanos romanos, e incluso, de la misma población, los demás, vasallos y súbditos".*[4]

La ciudadanía podría ser concedida a personas de ciudades específicas. El apóstol Pablo mismo fue un ciudadano a través de esta medida. La ciudadanía romana también trajo sus beneficios, tales como penas más ligeras en los casos judiciales. Como se sabe, la ciudadanía romana de Pablo le permitió apelar a César y llevarlo a juicio en Roma. El imperio era muy jerárquico con inmensas disparidades de poder y riqueza. El emperador estaba a cargo de todo el imperio. Se centraba en lo financiero y asuntos militares, los cuales eran vitales para la preservación de las leyes y costumbres del poder romano.[5] Las leyes romanas eran adoptadas por la mayoría de las ciudades (especialmente Corinto) y ciudadanos de todo el Imperio.

Corinto romana y el imperio

La antigua ciudad romana de Corinto estaba estratégicamente situada al sur y al oeste del estrecho istmo que une la parte septentrional del continente

---

1 Jeffers, *The Greco-Roman,* 48-70.

2 D. F. Watson, *Roman Empire* in *Dictionary of New Testament Background.* Editors: C. A. Evans & S. E. Porter (Downers Grove: InterVarsity Press, 2000), 974.

3 David W. J. Gill, *Acts and the Urban Elites* in *The Book of Acts in Its First Century Setting* (Grand Rapids: Eerdmans, 1994), 106.

4 Aelius Aristides, *To Rome,* 59-60.

5 Carter, *The Roman Empire,* 4-6.

con el Peloponeso.[6] Corinto era un cruce natural por tierra y mar. Fue una ciudad que se convirtió en una provincia senatorial independiente. Durante los años 15-44 d.C. se volvió a unir a la provincia imperial de Macedonia.[7] En su época fue una metrópoli internacional, conocida por su comercio, industria, lujo e inmoralidad.

Era una de las ciudades comerciales más grandes y más importantes del Imperio romano, clasificada por algunos como la que seguía después de Roma y Alejandría.[8] Strabo, el historiador griego, escribió que *"la ciudad de Corinto siempre fue grande y rica"*.[9]

Grabado 6. Reconstrucción de la ciudad de Corinto en el año 44 a.C. por el general romano Julio César.

Cuando fue fundada en el año 44 a.C., todo el sitio fue edificado de acuerdo con el ingenio urbano de planificación llamado centuriación.[10] Era la costumbre romana en la mayoría de las ciudades (las fundadas por el emperador), reconstruir según el modelo romano.

6 Victor Paul Furnish, *The Theology of the First Letter to the Corinthians. New Testament Theology* (Cambridge: Cambridge University Press, 1999), 1. "Corinto no solo era importante como centro de negocio y comercio, pero en los días de Pablo era también la capital de la provincia romana de Acaya. Por lo tanto, era el lugar de residencia del procónsul romano, nombrado anualmente". Ver también Puskas y Reasoner, *The Letters,* 90. "Situada en un estrecho istmo que conecta los mares Egeo y Adriático, Corinto se beneficiaba tanto del comercio marítimo como terrestre".

7 Bo Reicke, *The New Testament Era: The World of the Bible from 500 B.C. to A. D. 100* (Philadelphia: Fortress Press, 1968), 232.

8 John. R. McRay, *Corinth* in *Dictionary of New Testament Background.* Edited by Craig A. Evans and S. E. Porter (Downers Grove: InterVarsity Press, 2000), 228.

9 Strabo, *Geography.* 8.6.23.

10 Bruce W. Winter, *After Paul Left Corinth: The Influence of Secular Ethics and Social Change* (Grand Rapids: Eerdmans, 2001), 8. Ver también Spaeth, *Imperial Cult in Roman Corinth*, 63.

A pesar del hecho de que la mayoría de las colonias romanas estaban colonizadas casi por completo por veteranos del ejército, varios de los enviados a Corinto eran tomados de entre los pobres de las zonas urbanas de Roma y muchos de ellos eran exesclavos.[11] La filosofía del Imperio romano era fundar colonias en tierras conquistadas, otorgando tierras a veteranos y exportando a los pobres urbanos y esclavos liberados.

R. A. Horsley observa, sin embargo, que la mayoría de los que enviaban a Corinto no eran realmente romanos.[12] Los esclavos liberados fueron traídos de otros países conquistados por Roma, en su mayoría del área del Mediterráneo. Los emperadores romanos dominaban todo el imperio.

Corinto y la influencia de los romanos

Además, el Imperio romano era legionario, los emperadores necesitaban legiones leales. El principal trabajo del ejército era hacer cumplir el sometimiento e intimidar a los que consideraban rebelarse.[13] Los emperadores gobernaban en vínculo con los ricos, tanto en Roma como en las principales ciudades provinciales. El Imperio romano firmaba pactos con reyes-clientes, como Herodes que gobernaba con la autorización de Roma y promovía sus intereses.

Cuando el apóstol Pablo llegó a la ciudad romana de Corinto para empezar su labor misionera, la ciudad se colmó de comercio como la principal conexión entre Roma y sus provincias orientales, atrayendo a comerciantes de todo el imperio. Muchos residentes de Corinto eran tan ricos que sus riquezas y ostentaciones se convirtieron en característica de la ciudad.[14] La ciudad se elevó en estatus como colonia romana mientras que las otras en Grecia permanecían como ciudades griegas normales.

La nueva ciudad de Corinto, hasta cierto punto, se modeló como las de Roma propiamente. El gobierno municipal consistía en un consejo en el que los esclavos libres podían servir con dos magistrados elegidos presidentes anualmente. Puesto que la ciudad pronto se convirtió en la capital de la

---

11 Strabo, *Geography*. 8.6.26.

12 Horsley, *1 Corinthians*, 24.

13 Carter, *The Roman Empire*, 24-5. "En Roma, el poder se concentraba en el Senado, que incluía a unos seiscientos miembros muy ricos. Tenía la responsabilidad de la legislación y supervisaba el gobierno de sus miembros ejercido a través de diversas posiciones cívicas y militares. El Senado incluía tanto a los romanos como a los provinciales de élite nombrados por el emperador".

14 Gill and Gemph, *The Books of Acts*, 434-435.

provincia romana de Acaya, también se convirtió en la base administrativa para el gobernador de toda la provincia.[15]

El romano mantenía un personal administrativo mínimo y ningún ejército permanente en Grecia. En Corinto, y especialmente en toda la región de Grecia, el Imperio romano parece haber estado unido por una combinación de conexiones de clientelismo y el culto al emperador que se apoderó rápidamente bajo Augusto y sus sucesores.[16]

El poder imperial fue planeado por relaciones patronales y rituales en honor al emperador. El rol principal en el sistema patrono-cliente era conducido por los privilegiados locales y provinciales. En la Corinto romana, la riqueza contaba para más puesto que, incluso las familias ricas, podían tener puestos públicos y competían con el linaje más estable para los varios honores de la ciudad.[17]

En otras ciudades provinciales y en Corinto, las redes directas de poder e influencias eran controladas por familias patrocinadoras y prósperas.[18] Por lo tanto, el fenómeno patronazgo-cliente era una realidad presente en la congregación corintia y en muchas otras iglesias alrededor del antiguo mundo mediterráneo. ¿Qué era el mecenazgo?[19] ¿Era una de las organizaciones más importantes del mundo grecorromano y, en particular, del imperio?

El patronazgo en la Corinto romana

Un factor socioeconómico adicional en las misiones cristianas del comienzo era el patronazgo.[20] ¿Cómo se establecía una relación de clientelismo? En esencia, era iniciada por el partido que necesitaba algo. Las relaciones entre patrono y cliente habían existido durante mucho tiempo en muchas ciudades del antiguo mundo mediterráneo. Normalmente, era costumbre que una persona libre naciera de una relación de dependencia

15 Carter, *The Roman Empire*, 25.

16 Carter, *The Roman Empire*, 25-28.

17 Horsley, *1 Corinthians*, 26. "El patrono aristocrático daba protección, recursos, influencia y otros beneficios. A cambio, los clientes proporcionaban un apoyo popular leal al patrono, reforzando su estatus social acercándose a su puerta para la 'salutación' de la mañana y formando una multitud a su alrededor mientras recorría sus rondas de negocios públicos durante el día".

18 Gehring, *House Church*, 173.

19 Chow, *Patronage and Power*, 38. "Significativamente, un historiador antiguo sugiere que el patrocinio era el secreto para la integración del Imperio romano".

20 Gehring, *House Church*, 292. Ver también Rice, *Paul and Patronage*, 10.

con una persona influyente. Las dos partes firmaban un contrato basado en la confianza mutua y la lealtad (*fides*).

Se esperaba que el cliente demostrara respeto y gratitud al patrono, que le rindiera ciertos servicios (*operae* y *obsequium*) y cuidara de sus actividades políticas, económicas y sociales. La obediencia voluntaria y el servicio de un cliente que buscaba protección se llamaba *aplicatio ad patronum*.[21] Significaba que el cliente podía decidir por sí mismo a cuyo poder (*potestas*), protección y lealtad (*fides*) quería someterse.

Según Dionysius de Halicarnassus, en la Roma temprana, había una situación única en el hogar que definía los derechos y deberes de clientes y protegía su estatus en relación con los patronos; esto se registró en el siglo quinto a.C.[22] Añade que *"debido a que ambas partes en el contrato voluntario y privado podían ser ciudadanos romanos, y porque el cliente conservaba su libertad y responsabilidad legal, el aspecto del poder (potestas) sobre un cliente inferior y obediente, desvanecía cada vez más en el fondo, mientras que el aspecto moral de la lealtad recíproca (fides) aumentaba"*.[23]

¿Cómo sabemos que los lazos patrono-cliente eran reales en la Corinto romana?[24] De hecho, la mayoría de las iglesias primitivas en el primer siglo se reunían en hogares grecorromanos.[25] Es interesante observar que las familias de Estáfanos y Cloé también eran conversos de Pablo y, por lo tanto, miembros originales de la comunidad de la iglesia en Corinto romana (1 Corintios 1:11,16; 16:15).[26] Pablo escribiendo desde Éfeso envía saludos de Aquila y Priscila *"junto con la iglesia en su casa"*, la iglesia de Corinto.[27] Los cristianos de la Corinto romana, como la mayoría de los primeros creyentes del primer siglo, adoraban en hogares-iglesias (Romanos 16:5, 1 Corintios 16:19). Stambaugh y Balch afirman que *"los sermones misioneros y apologéticos eran predicados en público, pero la vida de la iglesia empezaba en los hogares"*.[28]

---

21 Cicero, *De Or.* 1.177.

22 Dionysius of Halic, *Ant. Rom.* 2.9.2.

23 Dionysius of Halic, *Ant. Rom.* 2.10.1.

24 Rice, *Paul and Patronage,* 102. Afirma que "hemos visto que las relaciones personales del clientelismo en el mundo antiguo se caracterizaban por asimetría y reciprocidad".

25 John E. Stambaugh and David L. Balch, *The New Testament in Its Social Environment* (Philadelphia: The Westminster Press, 1986), 138.

26 Puskas and Reasoner, *The Letters,* 92.

27 *1 Corinthians* 16:19.

28 Stambaugh and Balch, *The New Testament,* 139. "Como converso y misionero, Pablo aceptó la hospitalidad en casa de Judas en Damasco (Hechos 9:11.17), en la de Jasón en Tesalónica (Hechos 17:5), en varias casas en Éfeso (Hechos 20:20), otra vez en Troas (Hechos 20:8), en la de Felipe en Cesarea (Hechos 21:8) y en la de Manson en Jerusalén (Hechos 21:16).

La República de Roma era una sociedad bien estructurada, controlada por unas pocas familias ricas y patronos.[29] En sus hogares, los romanos llevaban a cabo algunas actividades socio-religiosas (tales como banquetes, cumpleaños, bodas y sacrificios religiosos). Es probable, sin embargo, que algunas de las divisiones de la Corinto romana surgieran de las divisiones entre las congregaciones de hogar.[30] Es muy probable que las congregaciones de hogar corintias se hubieran presentado a los extraños como clubes o sociedades que se reunían en hogares. Este mismo fenómeno se puede ver en la comunidad de la iglesia en Corinto. El concepto de relaciones personales y amistades era mucho más importante para el funcionamiento de la sociedad antigua en el mundo grecorromano que para la sociedad moderna.

El privilegiado patrono-cliente voluntario no perdía su libertad personal ni su capacidad jurídica, sino que se veía obligado a prestarle su lealtad y servicios al patrono.[31] Estos servicios se daban de acuerdo con las necesidades de este. La estructura de patrocinio en Corinto estaba bien desarrollada y muchos miembros de la iglesia pertenecían a aquellos hogares que les patrocinaban el bienestar y la protección necesarios.[32] Al poner sus hogares a disposición para la reunión cristiana, estos daban y garantizaban el material y el establecimiento organizacional para que la iglesia creciera y para su alcance misionero.

Las familias ricas romanas normalmente desarrollaban una estrecha relación de amistad.[33] Amigos de similar estatus social recibían hospitalidad, préstamos y la ayuda que necesitaban. Las clases sociales inferiores estaban guiadas por la costumbre de la relación patrono-cliente. Es interesante observar que el patrono era visto, en cierto sentido, como el guardián del cliente.[34]

---

29 Jeffers, *The Greco-Roman World*, 298. "No es sorprendente que aquellos en la cima creyeran que la estabilidad social se basaba en que todos sabían y aceptaban su lugar en el orden social. Este gran énfasis en el orden afectó a todas las instituciones de Roma, llevando a una disciplina estricta en el ejército romano, poderes inusuales otorgados al jefe de la familia romana y estrictas barreras entre las clases sociales".

30 Witherington, *Conflict & Community*, 30.

31 Perter Lampe, *Paul, Patrons, and Clients* in *Paul in the Greco-Roman World*. Edited by J. Paul Sampley (Harrisburg: Trinity Press International, 2003), 490. "Fortaleció el prestigio social del patrono y apoyó sus objetivos políticos. El patrono, a cambio, se comprometía a proteger y ayudar al cliente en todas sus necesidades, brindaba asesoramiento legal gratuito y representación, y ofrecía ventajas económicas".

32 Winter, *After Paul Left Corinth*, 188.

33 Horsley, *1 Corinthians*, 192.

34 Horsley, *1 Corinthians*, 192ss. "Un cliente podía ser invitado a la mesa de banquete de un patrono simplemente para presenciar su riqueza y poder, no por amistad genuina. En tales casos, el cliente podía esperar bromas fuertes y recibir comida y vino muy inferior al de los invitados de honor, como lamenta Juvenal".

Sin embargo, las preguntas son: ¿era quizás la antigua relación patrono-cliente la matriz de la nueva comunidad cristiana?, ¿se puede deducir que los lazos patrono-cliente constituían una parte significativa de la relación social en la Corinto romana del primer siglo?[35] Esta comunidad cristiana se encontraba, en su mayor parte, en la casa (*oikos*) del patrono. Es muy probable que el Imperio romano, con todo su territorio, fuera un lugar ideal para el patrono-cliente. Además, el patrono y el cliente en la sociedad romana tenían una relación de amistad, pero no compartían poderes iguales.

J. K. Chow describe claramente la situación: *"En una relación patrono-cliente, el patrono le daba al cliente lo que necesitaba y, a su vez, obtenía del cliente lo que quería"*.[36] En otras palabras, la relación patrono-cliente era simplemente beneficiosa para el jefe de la familia (el patrono) en casi todos los negocios que hacían juntos. La organización del patrono-cliente ha ayudado a dilucidar cómo el Imperio romano fue capaz de gobernar un imperio tan grande con el número mínimo de administradores.[37] Por ejemplo: la Corinto romana ya estaba influida por Roma en el lenguaje, la arquitectura y la administración de la ciudad.

Grabado 7. Corinto romana, su arquitectura y administración de la ciudad.

Si la relación romana patrono-cliente era un acontecimiento importante en el Imperio romano de los comienzos, sería comprensible anticipar

---

35 Gehring, *House Church,* 192-194.

36 Chow, *Patronage and Power,* 31. "Los clientes generalmente devolvían más bienes intangibles. Podían, por ejemplo, divulgar el buen nombre del patrono a la gente en la comunidad. Podían apoyar al patrono en el proceso político, por ejemplo, votando a su favor. También podían servir como informantes al patrono".

37 Chow, *Patronage and Power,* 40.

que la Corinto sería influida por la vida social y costumbres romanas.[38] La organización socioeconómica del antiguo patronazgo sirvió también para mantener las relaciones locales e interregionales en Corinto.[39] Parece claro que el apóstol Pablo favoreció este tipo de patrocinio en la iglesia de Corinto.

El patrocinio y la misión de los corintios

La mayoría de los eruditos concuerdan en que el papel que desempeñó (la relación patrono-cliente) en el cumplimiento de la misión y el desarrollo de la iglesia no puede exagerarse.[40] Era la práctica normal entre los políticos y patronos cuidar los intereses de los menos afortunados (los miembros débiles de la comunidad) en el mundo grecorromano.[41]

Los patrocinadores, al poner sus casas a disposición de las reuniones de la iglesia, proporcionaban y aseguraban la base material y organizativa para el desarrollo de la iglesia. La mayoría de estos hogares-iglesias se desarrollaban y se convertían en bases para las iglesias más estructuradas en el segundo siglo.[42] Además, las estrategias de misión y de la predicación de Pablo dependían, en la mayor parte del tiempo, del apoyo de algunos de estos hogares-iglesias y su patrocinador. En otras palabras: los hogares-iglesias eran la plataforma que el apóstol Pablo utilizaba para su ministerio en todo el mundo grecorromano.

La misión de la iglesia romana de Corinto dependía de la ayuda económica de sus patrocinadores más ricos. D. A. De Silva observa, que en un mundo en el que la riqueza y la propiedad se concentraban en manos de un grupo muy pequeño de personas, la mayoría de la gente se veía, a menudo, necesitada de ayuda por parte de las familias ricas y del patrocinador.[43] Es interesante observar que, en este contexto, patrono-

38 Winter, *After Paul Left Corinth,* 190.

39 Horsley, *1 Corinthians,* 148. "Habría sido extremadamente difícil para cualquiera en la antigua Corinto, particularmente, una persona dependiente de una parroquia o red de patrocinio constituida en las fiestas de sacrificio, quitar y ser quitado de tal red".

40 Gehring, *House Church,* 292. "Los primeros cristianos se aprovechaban de la red social en el hogar, la profesión, la culpabilidad y la asociación del jefe de familia para promover la evangelización misional y el desarrollo de la congregación".

41 Coutsoumpos, *Paul and the Lord's Supper,* 89.

42 Eckhard J. Schnabel, *Paul the Missionary: Realities, Strategies and Methods* (Downers Grove: InterVarsity Press, 2008), 304.

43 D. A. D. Silva, *Patronage* in *Dictionary of New Testament Background.* Eds. C. A. Evans & S. E. Porter (Downers Grove: InterVarsity Press, 2000), 767.

cliente, la iglesia primitiva crecía en una comunidad fuerte alrededor del mundo grecorromano, especialmente en el caso de la ciudad de la Corinto romana.[44] También se convirtió en el patrón normal en muchas ciudades en el mundo del antiguo Mediterráneo. Además, estos hogares-iglesias eran las células básicas de las iglesias en crecimiento, en un momento en que tensiones sociales significativas rodeaban a la familia en la sociedad romana.

La principal diferencia entre las reuniones de hogar de la iglesia cristiana y esas sociedades es que la comunidad cristiana era esencialmente para el culto religioso y la comunión, no la socialización ordinaria con un elemento religioso.[45] Sin embargo, había también algún tipo de comunión entre los creyentes cristianos en Corinto, que el apóstol Pablo deseaba que siguiera. El compañerismo (*koinonia*) era su principal objetivo para la comunidad de la iglesia en Cristo; la división y el faccionalismo no eran aceptables en la iglesia de Cristo. No es de extrañar, por lo tanto, que mucha admonición ética cristiana primitiva se dirigiera a los hogares.[46] Pablo, sin embargo, utilizó el hogar-iglesia para las exhortaciones y las cartas que envió a las diferentes iglesias alrededor de todas las ciudades grecorromanas en el primer siglo.

44 Witherington, *The Paul Quest*, 48.
45 Witherington, *Conflict & Community*, 32.
46 Grant, *Paul in the Roman*, 36-38.

Capítulo III

LA CIUDAD Y SU GENTE: LA CORINTO ROMANA

Grabado 8. Restos de la ciudad romana de Corinto. Corinto era la capital de
Acaya, mitad meridional de Grecia.

La ubicación de la Corinto romana había permanecido desolada desde la
destrucción de la ciudad por Mummicus en el año 146 a.C.[1] La ciudad da
la impresión de haber florecido durante el período de Augusto; pruebas
de inscripciones demuestran que un cierto número de edificios públicos,
fueron construidos durante este período.[2] Corinto era la capital de Acaya,
la mitad meridional de Grecia. Era una ciudad de casi medio millón de

---

1 D. W. J. Gill, *Corinth a Roman Colony in Achaea,* BZ 37 (1993): 259-64.
2 D. W. j. Gill, *Achaia* in *The Book of Acts in Its First Century Setting: Greco- Roman Setting*
(Grand Rapids: Eerdmans, 1994), 448.

personas situada en el estrecho istmo que unía la parte principal de Grecia con lo que se conoce como el Peloponeso, extremo sur de la nación.[3]

Al igual que Cartago, la Corinto romana fue una colonia fundada por Julio César poco antes de su asesinato en el año 44 a.C.[4] John R. McRay, entre muchos otros, menciona que su ubicación la hizo estratégica para las vías marítimas este-oeste del Mar Mediterráneo.[5] Era un puerto estratégicamente situado y muy conveniente para el comercio de la ciudad.

Corinto, ciudad de la riqueza y del comercio

CORINTO
HECHOS IMPORTANTES

- **Población:** Cerca de 100.000 (colonia 80.000, territorio 20.000)
- **Religión:** Afrodita, Poseidón y la Familia Imperial adorada, junto con muchas otras deidades.
- **Sociedad:** Cosmopolita, étnicamente diversa, relativamente próspera.
- **Política:** Forma romana de gobierno, ciudad capital de la provincia de Acaya.
- **Cultura:** Competitiva, consciente de su estatus.
- **Economía:** Ciudad portuaria; anfitriona de los juegos Ístmicos, centro importante de comercio y turismo.

En el momento en que Pablo visitó Corinto, esta se convirtió en una ciudad próspera con una población que había subido acerca de 70.000[6], muy grande para su época. Cuando el apóstol llegó a la ciudad romana de Corinto, esta no había llegado a su apogeo como centro manufacturero, pero ya reemplazaba algunos productos extranjeros con locales de fabricación similar.[7]

Hay pruebas de que a finales del siglo primero, ya había ganado la reputación de ser la más competitiva de todas las ciudades. Sin embargo, Apuleius afirma que era una ciudad de compradores sin principios, que se detenían a poco o nada para superar a sus competidores.[8] Según Dio Crisóstomo, el despiadado

---

3 F. F. Bruce, *I & II Corinthians. The New Century Bible Commentary* (Grand Rapids: Eerdmans, 1971), 18.

4 Grant, *Paul in the Roman,* 14.

5 John R. McRay, *Corinth* in *Dictionary of New Testament Background.* Edited by C. A. Evans & Stanley. E. Porter (Downers Grove: InterVarsity Press, 2000), 227-229.

6 Strabo, *Geography,* 8.6.20a.

7 Witherington, *Conflicts & Community,* 10. "Durante su estada en Corinto, Pablo pudo haber estado entre los artesanos que proporcionaban esos bienes locales y, probablemente, tuvo amplia oportunidad de trabajar en su oficio de hacer tiendas de cuero (Hechos 18: 1-3)".

espíritu competitivo de Corinto es, tal vez, mejor representado por su posición como la primera ciudad griega en tener gladiadores romanos.[9]

La ciudad tenía un puerto al este (Cencreas) y otro al oeste (Lechaeon) que se unían en el punto más estrecho del istmo por solamente 4.82 kilómetros por tierra. Corinto era una ciudad portuaria y, como resultado, tenía una población internacional e intercultural. Gracias a su comercio marítimo, gozó de gran prosperidad.[10] Uno de los primeros escritores en dar una descripción de la nueva colonia romana, fue el geógrafo griego Estrabón de Amasia en Pontos, que vivió en el primer siglo antes de Cristo.[11] Él menciona, entre otras cosas, que:

"Corinto es llamada 'rica' por su comercio, ya que se encuentra en el Istmo y controla dos puertos, uno de los cuales está cerca de Asia y el otro de Italia... pero otros beneficios también se acumularon para el pueblo después, para la celebración de los Juegos Ístmicos que trajo multitudes... El santuario de Afrodita era tan rico que poseía como esclavos del templo a más de mil cortesanos, tanto hombres como mujeres, que estaban dedicados a la diosa. Y por eso la ciudad estaba llena y próspera, porque los marineros gastaban su dinero fácilmente y por eso el proverbio dice: "No por cada hombre se viaja a Corinto".[12]

En 1992, J. Murphy-O'Connor sugirió que Corinto era también un centro importante para el comercio, la banca, viajes y turismo. Había bodegas, posadas, tabernas, restaurantes de comida extranjera, tiendas de souvenirs, salones de diversiones y templos para adorar a todos los dioses que el corintio quisiera.[13] De hecho, Corinto tenía también culto imperial, tanto a nivel municipal como provincial.[14]

---

8 Apuleius, *Met.* 10.19,25.
9 Dio Chrysostom, 31.121.
10 McRay, *Corinth* in *Dictionary of New Testament,* 227.
11 Murphy-O'Connor. *St. Paul's Corinth,* 52.
12 Strabo, *Geography* 8.6.20-23.
13 Jerome Murphy-O'Connor, *Corinth. Anchor Bible Dictionary. Vol. 1* (New York: Doubleday, 1992), 1136. "Una vez que la colonia tenía una base segura, atraía a empresarios de Grecia y los principales países comerciales del Mediterráneo del este. Tales infusiones de nuevo capital en una situación comercial privilegiada, generaban inevitablemente, más riqueza; y dentro de 50 años de su fundación, a muchos ciudadanos".
14 Sparth, *Imperial Cult in Roman Corinth,* 77.

De Atenas, el apóstol Pablo fue, tal vez por tierra a Corinto, donde al comienzo discutió y enseñó en la sinagoga.[15] Corinto rápidamente se convirtió en el centro comercial romano y de cultura cosmopolita que encontró cuando comenzó su ministerio en esa ciudad por dieciocho meses.

Por ejemplo, había gimnasios y campos de atletismo, testimonio no solo del amor romano por los deportes de espectadores, sino también del amor griego por los participantes en los juegos de pista y campo. Muchos de los corintios participaban en estos juegos regionales como parte de sus deberes civiles. Los Juegos Ístmicos, un paralelo anterior a los Juegos Olímpicos, se habían realizado en la Corinto griega antes de su destrucción y fueron restablecidos por la ciudadanía de la Corinto romana. Había dos teatros interiores y exteriores para dramas y otros espectáculos.[16] El apóstol Pablo encontró cosas hechas en Corinto que eran típicamente de la sociedad grecorromana y del mundo, como se mencionó antes, particularmente, los Juegos Ístmicos.

Corinto y los colonos romanos

¿Quiénes eran los colonos? Roma formó colonias para resolver el problema de la superpoblación de las ciudades y, especialmente, para difundir la civilización romana y sus costumbres en todo el mundo grecorromano en el primer siglo. Según D. E. Garland *"este reasentamiento creó una nueva herencia romana para Corinto y le dio un aspecto diferente de su período griego. La nueva ciudad fue establecida con un nueva división sobre la antigua ciudad griega".*[17] Strabo afirma que Julio César colonizó la ciudad con gente predominantemente de la clase liberta.[18] En otras palabras: el Imperio romano envió a la ciudad romana de Corinto muchos de sus ciudadanos pobres, libertos, esclavos e incluso algunos de sus veteranos del ejército.

En los días de Pablo, la ciudad romana de Corinto había mezclado habitantes étnicos libertos, indígenas griegos e inmigrantes de todo el mundo. A la vez, como Atenas conservaba de alguna forma su imagen helenista en los griegos romanos de Corinto, los judíos y los orientales se

15 Grant, *Paul in the Roman*, 9.
16 Murphy-O'Connor, *St. Paul's Corinth*, 34.
17 Garland, *1 Corinthians*. 2-3.
18 Strabo,. *Geography* 8.6.23.

mezclaron (incluyendo el uso de la lengua latina)[19] con los colonos militares romanos. Es interesante observar que los judíos eran parte de los colonos originales y que una comunidad judía fuerte estaba bien integrada como parte de la comunidad de la ciudad. Sin embargo, la afirmación de Pausanias de que la ciudad se formó, sobre todo de gente griega, ha sido reevaluada.[20] Bruce Winter comenta: *"Mientras Pausanias proporciona información importante sobre la topografía y sitios religiosos de Corinto desde una época posterior, su relectura de Corinto desde la perspectiva de moda del renacimiento clásico griego en la Roma de sus días no proporciona evidencia de fondo de la cultura de mediados de siglo".*[21]

Cuando el apóstol Pablo fue a Corinto, la ciudad estaba geográficamente en Grecia, pero culturalmente en Roma. Además, Anthony C. Thiselton,[22] en su comentario, señala que la evidencia de la influencia romana, en lugar de la griega, se puede ver alrededor de la ciudad. Strabo también menciona que la ciudad permaneció desolada y deshabitada por casi 102 años después de la destrucción por Lucius Mummius, general romano que saqueó y quemó la ciudad.[23] P. Coutsoumpos afirma que la ciudad romana de Corinto fue reconstruida por Julio César en el año 44 d.C., y se llegó a conocer como Laus Julia Corinthiensis.[24]

No era una ciudad provinciana griega, sino la capital de una provincia romana, una metrópolis ocupada que floreció como centro comercial debido a su ubicación geográfica ventajosa.[25] Sin embargo, la ciudad fue transformada de una ruina en una ciudad rica. Sus ciudadanos en la época de Pablo eran conocidos por su riqueza y orgullo.[26] También es interesante observar que, mientras Corinto carecía de una aristocracia que desembarcó sin dinero, pronto se desarrolló, junto con un espíritu independientemente leal.[27] Pero no todos se enriquecerían, por eso miles de artesanos y esclavos constituían la mayoría de la población. Cuando el apóstol Pablo llegó para iniciar su labor misionera, la ciudad se colmó de comercio como la conexión

---

19 Murphy-O'Connor, *St. Paul's Corinth*, 8.
20 Pausanias, *Description of Greece* 2.13.
21 Winter., *After Paul Left Corinth* 16.
22 Anthony C. Thiselton, *The First Epistle to the Corinthians*. NIGTC (Grand Rapids: Eerdmans, 2000), 5.
23 Strabo, *Geography,* 8.6.23.
24 Coutsoumpos, *Paul and the Lord's Supper,* 64-65.
25 Coutsoumpos, *Paul and the Lord's Supper,* 64.
26 Schnelle, *Apostle Paul,* 156. "Poseían casas, algunos de ellos tenían esclavos y —lo más importante— proporcionaban apoyo financiero a la iglesia y a sus patrocinadores".
27 Murphy-O'Connor, *St. Paul's Corinth,* 65.

vital entre Roma y su provincia oriental, atrayendo a comerciantes de todo el imperio grecorromano.[28]Como ocurre frecuentemente en estos centros urbanos, en el mundo grecorromano, el vicio y la religión (adoración de ídolos), florecieron lado a lado.

Ídolos e idolatría en la Corinto romana

A modo de introducción, hemos visto que los ídolos y la idolatría estaban presentes en todo el mundo grecorromano, y Pausanias, escritor viajero de finales del siglo II mencionó claramente que la ciudad estaba llena de ellos.[29] Además, era un centro religioso con templos para los cultos más antiguos y los nuevos, floreciendo lado a lado.[30] En esta ciudad, llena de ídolos, era muy difícil para algunos miembros de la iglesia vivir y practicar su religión. De acuerdo con Puskas y Reasoner, *"la excavación en los sitios del templo ha revelado diversas prácticas religiosas que implican comidas idólatras y ofrendas sacrificiales"*.[31] Además, se encontraron templos de Apolo, Poseidón, Deméter y Asclepios, un teatro, un gimnasio y una bema o corte de justicia.

La situación religiosa de Corinto era tan diferente como su población. La extensión y la diversidad de las prácticas religiosas allí debieron haber fascinado al apóstol Pablo.[32] Había un templo en cada esquina, por así decirlo. Los templos habían sido construidos, los sacerdotes ordenados y los adoradores asegurados para los muchos diferentes cultos religiosos en la ciudad. También se practicaban cultos de misterio egipcios, tal como la adoración de Isis.[33] Los miembros del asentamiento griego original parecen haber incluido devotos de Apolo. Raymond F. Collins en su comentario sobre 1 Corintios observa que siete de los treinta y ocho pilares del templo de Apolo construido por los griegos en el año 550 d.C., siguen en pie alrededor del mercado viejo.[34] Era el centro (como Strabo menciona)

---

28 Garland, 1 *Corinthians*, 4.

29 Pausanias, *Description of Greece*, 2.2-5.

30 Panayotis Coutsoumpos, *Paul, the Cults in Corinth, and the Corinthians Correspondence*, in *Paul's World, Edited by Stanley E. Porter* (Leiden: Brill, 2008), 171.

31 Puskas and Reasoner, *The Letters*, 91.

32 Gordon Fee, *The First Epistle to the Corinthians* (Grand Rapids: Erdmans, 1987), 2ss.

33 Apuleuis, *Metam.* 11. "Presenta una buena explicación de su iniciación en el culto de Isis en Corinto".

34 Raymond F. Collins, *First Corinthians, Sacra Pagina Series* (Collegeville: The Liturgical Press, 1999), 22. "Una considerable evidencia arqueológica atestigua la existencia de varios cultos paganos en Corinto".

del culto de Afrodita, cuyo templo estaba en la cumbre del Acrocorinto. Antes y después que el apóstol Pablo visitara la ciudad, las monedas eran acuñadas con imágenes del templo de Afrodita, en parte como una forma de publicidad y propaganda para el culto mismo.[35]

Cuando los colonos llegaron en el año 44 a.C., restauraron la adoración de la mayor parte de los dioses antiguos, incluyendo el culto imperial. En el centro de la ciudad estaba el templo arcaico de Apolo que, incluso en los días del apóstol Pablo, debió haber sido uno de los monumentos más llamativos. Este era el tipo de ambiente con el que los cristianos de la ciudad romana de Corinto tenían que lidiar: una ciudad llena de templos y actividades religiosas como parte de la costumbre social.[36] El templo de Atena Chalinitis estaba en la vertiente norte, mientras que el ágora tenía un santuario y una fuente dedicados a Poseidón.[37] Entre los muchos *"cultos de misterio"* que involucraban a la gente en rituales secretos y en el ejercicio de *"dones espirituales"* como la profecía, la necromancia (comunicación con los muertos), la curación espiritual y el espíritu-posesión; el más prominente en Corinto era el culto a Dionisio. Pausanias describe que se habían erigido dos estatuas de Dionisio en el ágora, una conocida como Dionisio el Lisiano y la otra como Dionisio el Revelador.[38] Dionisio, a veces llamado Bacchus en las ciudades romanas y alrededor, era el dios del éxtasis y de muchas orgías idólatras. El culto de misterio en el que Dionisio era adorado en Corinto estaba compuesto por mujeres.[39] La Corinto romana era también un centro importante para el culto de Isis, la diosa egipcia.[40] Los romanos restablecieron el santuario de Deméter y Perséfone con la orientación hacia el mundo oculto y los muertos.

Dentro de la ciudad había varios santuarios de Apolo y en el ágora había templos dedicados a Heracles, Poseidón, Apolo y Hermes. Para sus propios cultos, los colonos construyeron un templo para Venus-Fortuna, y a su lado, un templo dedicado a *"todos los dioses"* en el extremo occidental

---

35 Witherington, *Conflict & Community,* 12.

36 Coutsoumpos, *Paul, The Cults,* 173.

37 Murphy-O'Connor, *St. Paul's Corinth,* 10-16.

38 Pausanias, *Description of Greece,* 2.2.

39 Fotopoulos, *Food Offered to Idols,* 134. Ver también Willis, *Idol Meat in Corinth,* 23ss. "El carácter y el significado de la adoración dionisíaca temprana es muy debatido, especialmente el significado de la omofagia (comida de carne cruda)". Es un hecho conocido que tienen una comida donde el dios mismo se encarna en un animal salvaje y los devotos comen la carne del animal.

40 Collins, *First Corinthians,* 22ss. "En el mismo período, los templos dedicados a Asclepios y Poseidón fueron reformados y construidos en honor de las deidades griegas tradicionales como Apolo y Hermes".

del ágora. Lejos del ágora, en el extremo norte de la antigua ciudad, se alzaba el famoso templo dedicado a Asclepios, el dios de la curación y a su hija Hygieia.[41] Los enfermos de cerca y de lejos solían venir a la Corinto romana para recibir tratamiento. Más famoso aún era el templo de Afrodita. Estaba situado en el pico más alto de Acrocorinto. Sus criadas le dieron a la Corinto romana su reputación de inmoralidad, a la que el apóstol Pablo alude repetidamente en 1 Corintios 6:9-20 y 2 Corintios 12:20-21. No solo aludió a estos problemas, sino que también advirtió a los corintios que no participaran en tales prácticas.[42]

Según Pausanias, *"Su imagen representa a la diosa armada y hay imágenes de los dioses Sol y Amor, este último lleva un arco"*.[43] El templo de Afrodita que existía en los días de Pablo era dórico, construido en el siglo V d.C. También, Pausanias dice que en la cima del Acrocorinto había un templo de Afrodita que tenía su imagen.[44] Afrodita parece haber alentado a sus seguidores a abandonar las prácticas bélicas en favor del disfrute doméstico.

Otras deidades, además de Apolo, Helios y Afrodita, fueron adoradas en Corinto. Naturalmente Poseidón, el dios del mar, tenía por lo menos un santuario allí que era visitado por los marinos que venían de un viaje largo o que se preparaban para embarcarse en un nuevo viaje.[45] Las preguntas son: ¿cómo entonces los creyentes gentiles trataban los requisitos para adorar a los dioses imperiales mientras el apóstol Pablo estaba en Corinto? ¿Cómo reaccionaron los cristianos ante el culto imperial? ¿Qué significaba el mundo romano para Pablo y sus Iglesias? Parece claro que el miembro de la congregación corintia enfrentaba varios problemas difíciles, particularmente, el dilema del culto al emperador.[46] Así, Pablo y otros judíos tuvieron que buscar formas de vivir como judíos bajo un gobierno que lo hacía difícil. Esta era, exactamente, la situación de la mayoría de los cristianos que vivió bajo el dominio del Imperio romano.

---

41 Fotopoulos, *Food Offered to Idols,* 49. "Asklepios era conocido como uno de los dioses sanadores más populares y eficaces en el mundo grecorromano. Asclepios no era un miembro del panteón olímpico, pero, según la tradición de Epidaurian de los orígenes de Asklepios que se convirtieron en el mito más extendido del culto, Asklepios era el hijo del dios Apolo y de una mujer mortal con el nombre de Koronis. Se decía que Asklepios había aprendido su arte de curar del centauro Quirón. Asklepios empleó sus habilidades curativas para curar a muchas personas de la enfermedad, e incluso resucitar un muerto".

42 Horsley, *1 Corinthians,* 92.
43 Pausanias, *Description of Greece* 2.1.1-5.5.
44 Pausanias, *Description of Greece,* 2.5.1.
45 Fotopoulos, *Food Offered to Idols,* 150.
46 Puskas and Reasoner, *The Letters,* 24.

El culto imperial en la Corinto romana

Grabado 9. Imágenes de los emperadores adorados en la Corinto romana

El culto imperial romano era una parte importante de los diferentes cultos en la ciudad romana de Corinto. Entre los emperadores romanos, Julio César se permitió ser adorado como dios, pero su sucesor Augusto solo permitió el culto al emperador fuera de la ciudad de Roma. Augusto es conocido en algunas inscripciones como CAESAR DIVI FILIUS, Hijo de Dios, es decir, Hijo del César eterno.[47] Los juramentos fueron tomados sobre el espíritu divino del emperador. Su imagen era públicamente adorada. La adoración de la imagen era un deber militar regular. Si esto es cierto, entonces necesitamos saber cuándo la adoración al emperador se convirtió en un fenómeno de todo el imperio.

El culto federal o provincial era diferente al imperial de una ciudad individual a través del hombre imperial.[48] S. R. Price asegura que su creación fue iniciada por la provincia y aceptada por el emperador y el Senado romano.[49] Coutsoumpos observa que *"el ciudadano romano adoraba al divinizado Julio César y a Roma. En la provincia también*

---

47 Panayotis Coutsoumpos, *Comunidad, Conflicto y Eucaristía en La Corinto Romana: Entorno Social de la Carta de Pablo* (Barcelona: Editorial Clie, 2010), 105-106. Ver también Horsley, 1 Corinthians, 25-26.

48 Winter, *After Paul left Corinth,* 269.

49 S. R. F. Price, *The Imperial Cult and Asia Minor* (Cambridge: Cambridge University Press, 1984), 66-67. "Como evento anual era una forma importante de una provincia demostrar al emperador y al Imperio romano su lealtad y apoyo a los romanitas. Era un acontecimiento de enorme importancia para la provincia y su capital y traía consigo un gran prestigio".

adoraban a 'Augusto y a Roma', como era parte de la costumbre exigida a todos los ciudadanos del Imperio romano".[50] En este respecto, la influencia religiosa más significativa en Corinto en este período fue el culto imperial que adoraba al poder político como divino. El culto del emperador se difundió a través del espacio público.[51] En la provincia de Acaya normalmente —y en Corinto en específico— también hay evidencia de su presencia y crecimiento.

El culto imperial podría haber significado algo diferente para los diversos participantes y espectadores, pero fue el rasgo más reconocible para viajeros como el apóstol Pablo en las varias ciudades que se esparcían por el mundo mediterráneo. Por ejemplo: la participación urbana de los pobres en el culto imperial era normal; y si alguna reticencia parecía irrazonable, siempre se acomodaba a los dioses locales y a las tradiciones regionales.[52] Para los esclavos liberados y los artesanos urbanos estaban Augusto, Tiberio, Calígula o Claudio. Es interesante que, con frecuencia, los arqueólogos encuentran inscripciones para el culto imperial; también, estatuas de la familia imperial, rostros de emperadores acuñados en monedas la mayor parte del tiempo.[53] Se sabe también que el culto a los emperadores creció rápidamente en todo el Imperio romano, desde la época de Augusto a lo largo de los principados de Claudio y Nerón. El culto de Augusto y de otro miembro de su familia se extendió rápido, casi al instante, en oriente y alrededor de Asia Menor.[54]

Dio Cassayo explica que, desde el principio existían dos cultos principales imperiales en las provincias: "Roma y el Julio Deificado", que era para los ciudadanos romanos que vivían allí, y *"Roma y Agusto"* para los provincianos no romanos.[55] Además, el culto imperial (culto a algunos de los emperadores) formaba parte de la práctica común de la sociedad pagana en la época grecorromana en el primer siglo. Por ejemplo: en la provincia de Asia, el culto imperial y el templo de Aphrodisias se establecieron a partir de la deificación formal de Agusto en el año 14 d.C., habiendo sido precedido por el culto de Thea Rhoma de la segunda mitad

---

50 Coutsoumpos, *Paul and the Lord's Supper,* 85.

51 Walter Wink, *Engaging the Power: Discernment and Resistances in a World of Domination* (Minneapolis: Fortress Press, 1992), 300.

52 J. D. Crossan and J. L. Reed, *In Search of Paul: A New Vision of Paul Words & World* (New York: HarperCollins Publishers, 2004), 142.

53 Crossan and Reed, *In Search of Paul,* 143.

54 Price, *The Imperial Cult,* 100.

55 Dio Cassius, 51.20.6-7.

del siglo I a.C.[56] El Templo de Octavia, que era el sitio del culto imperial en la Corinto romana, estaba dedicado a la hermana de Augusto y ella era la segunda mujer a la que se le habían otorgado honores divinos.[57] Generalmente, en Corinto, podemos encontrar algo de la existencia y crecimiento del culto imperial.

Por otro lado, Seyoon Kim afirma que en ese contexto, Pablo no se refiere al culto imperial en absoluto.[58] Se ha localizado una estatua, quizás, del deificado Julio César.[59] Además, la evidencia literaria demuestra que se trataba de un culto imperial provincial para las ciudades miembros de la Liga Aquea fundada en la Corinto romana en el año 54 d.C., poco después de la llegada de la iglesia cristiana a la capital.[60] Winter afirma que *"el culto imperial creció más espectacularmente en todo el imperio durante el período Julio-Claudio-Flavio, de lo que el movimiento cristiano primitivo nunca hizo, y el establecimiento de un culto federal en Corinto fue una cuestión de gran importancia política, social y financiera para la colonia"*.[61] No solo el emperador fallecido, sino también el reinante, e incluso los miembros vivos de la familia imperial, fueron venerados en la era Julio-Claudina.[62] El culto era la encarnación de la ideología y el vestuario romanos en territorio griego y tendía a elevar la importancia de la ciudad en Corinto. Parece que Gaius siguió la política de Claudio y simplemente desterró a los alborotadores de la ciudad.[63] Saber cuándo sirvió Gaius nos ayudaría a encontrar una fecha para la expulsión del apóstol Pablo de la ciudad.

El otro evento, cuya aparición parece haber sido poco después de que Pablo salió, fue el cambio de sitio de los Juegos de Corinto a la cercana Istmia. Los juegos también se establecieron en honor al héroe Palaimon (Melikertes), aunque no hay evidencia de su adoración en Istmia anterior a la actividad romana en el sitio entre los años 50-60.[64] Sin embargo,

---

56 Winter, *The Imperial Cult*, 94.

57 Pausanius, 2.3.1. Señala que fue construido cuando se convirtió en la cuarta esposa de Marco Antonio. El primero en ser deificado fue para Fulvia, su esposa anterior.

58 Seyoon Kim, *Christ and Caesar: The Gospel and the Roman Empire in the Writings of Paul and Luke* (Grand Rapids: Eerdmans, 2008), 26.

59 J. H. Kent, *The Inscriptions, 1926-1950* (Princeton: American School of Classical Studies, 1966), 50.

60 Winter, *The Imperial Cult*, 95.

61 Winter, *After Paul Lef Corinth*, 270-71.

62 Winter, *After Paul Left Corinth*, 273.

63 Perkins, *First Corinthians*, 16-17.

64 Fotopoulos, *Food Offered to Idols*, 150.

hay pruebas de la conexión de los juegos, el culto a Poseidón y el imperial romano.

Siete millas al este de la ciudad de Corinto, aproximadamente, estaba Istmia. Los juegos del festival panhelénico eran parte de Istmia y celebrados allí.[65] Los juegos y su localización en Istmia eran sagrados para su patrón y jefe, Poseidón, que era el dios del mar y de los terremotos.[66] Oscar Broneer afirma que el primer templo a Poseidón fue construido a principios del siglo VII d.C. Sin embargo, su *"templo restaurado funcionó hasta el saqueo de Corinto en el año 146 d.c., cuando los Juegos Ístmicos fueron quitados a los corintios por los romanos y puestos bajo el control sikyoniano"*.[67]

Similar a Corinto, Istmia fue saqueada por los romanos. De acuerdo con Pausanias *"los Juegos Ístmicos no fueron interrumpidos, aun cuando Corinto fue dejada como deshecho por Mumio, pero mientras estuvo desierta la celebración de los juegos fue confiada a los Sicionias, y cuando fue reconstruida, el honor fue restaurado a los habitantes presentes"*,[68] aunque el primer templo fue destruido por fuego más o menos en el año 475 a.e.c. Los juegos del istmo se realizaban cada dos años en abril y mayo.[69] El saqueo de Corinto en el año 146 a.C., hizo que los juegos fueran trasladados a la vecina ciudad de Sicyon; sin embargo, Pausanias no dice que los juegos fueron transferidos al estadio de Sicyon, pero era, de hecho, la verdad.[70]

El culto de Poseidón se convirtió en parte importante de sus ritos religiosos en Corinto romana. Además del culto de Poseidón, había otro elemento entre el adorador pagano; la adoración del emperador romano afectó a todos los ciudadanos del Imperio.[71] Como parte de los deberes civiles, todos los ciudadanos romanos debían adorar la imagen de los emperadores[72] y participar en sus fiestas y banquetes en su honor. En

65 Broneer, *Paul and the Pagan Cults at Isthmia*. Harvard Theological Review 64 (1971): 171.

66 Broneer, *The Isthmian Sanctuary of Poseidon* in *Neue Forschungen in Grieschischen Heiligtümern* (Tübingen: Verlarg Ernst Wasmuth, 1976), 39-41.

67 Fotopoulos, *Food Offered to Idols*, 150-152.

68 Pausanias, *Description of Greece*, 2.2.

69 Murphy-O'Connor, *St. Paul's Corinth*, 13.

70 Pausanias, *Description of Greece*, 2.2.1.

71 Coutsoumpos, *Paul, The Cults*, 173-77. Ver también Bruce W. Winter, *The Imperial Cult in The Book of Acts in Its First Century Setting: Greco-Roman Setting*. Edited by David W. J. Gill and Conrad Gempf (Grand Rapids: Eerdmans, 1994), 93.

72 Broneer, *Paul and the Pagan*, 176. Ver también E. R. Gebhard, *The Isthmian Games and the Sanctuary of Poseidon in the Early Empire in The Corinthian in the Roman Period*. (Ann Arbor: University Press, 1993), 85, 94.

otras palabras: todos los ciudadanos romanos estaban obligados a rendir homenaje a la imagen del emperador y participar en su culto.

Grabado 10. Sitio de los juegos de Corinto cerca de Istmia.

El culto imperial y los Juegos Ístmicos no estaban desvinculados, ya que los últimos funcionaban bajo la égida del culto cada cuatro años con los Juegos 'menores' Ístmicos que se celebraban bienalmente.[73] Además, el imperial federal en Corinto era un acontecimiento anual que celebraba el cumpleaños del emperador reinante. Por lo tanto, el cuadro que emerge es uno de una ciudad predominantemente religiosa, pues se encontraron muchos dioses en todas partes, con una variedad de ellos y de templos.[74] Además, los juegos ístmicos ayudaban a la ciudad de Corinto a ser reconocida entre las ciudades más leales al emperador y su culto. Este era uno de los honores deseados por las ciudades grecorromanas del mundo mediterráneo.

---

73 Winter, *After Paul Left Corinth*, 271.
74 Winter, *The Imperial Cult*, 94.

Capítulo IV

LA COMUNIDAD Y SU APÓSTOL: EL ENTORNO SOCIAL

Grabado 11. Pablo el teólogo y escritor judío.

Pablo llegó a Corinto desde Atenas en el año 50 d.C. Allí descubrió a dos personas que ya se habían convertido al cristianismo: Aquila y Priscilla, marido y mujer. Ellos habían estado entre los miembros de la comunidad judía de Roma que oyeron el mensaje cristiano predicado por misioneros de la iglesia de Jerusalén.[1] Tuvieron éxito en el negocio de hacer tiendas de campaña. Dado que estas eran ampliamente utilizadas por viajeros, como los soldados, mercaderes y otro con estilos de vida móviles, fabricar y reparar tiendas era una empresa floreciente.[2] Pablo, como fabricante

1 Hechos 18:1-2
2 Coutsoumpos, *Paul and the Lord's Supper,* 40ss.

63

de tiendas de campaña, fue contratado por ellos mientras desarrollaba y plantaba una congregación cristiana en Corinto romana.

Pablo y la congregación de Corinto

La congregación corintia era en gran parte una iglesia de gentiles.[3] El punto es que deberíamos ver una gran comunidad de cristianos en Corinto reunidos en la casa de un miembro rico, cuyos asociados, de igual posición social, eran también miembros de la iglesia.[4] Sin embargo, había pocos convertidos judíos, pero la mayoría era creyente de los gentiles como se reflejaba en su formación anterior en la sociedad grecorromana (1 Corintios 6:10-11, 8:7, 12:2). La influencia romana era fuerte en esta ciudad griega. Es interesante notar que, de los diecisiete nombres de los cristianos, ocho eran latinos.[5] La congregación reflejaba la población diversa de la ciudad. Todo tipo de nacionalidades, culturas y antecedentes estaban representados. El apóstol Pablo vino de Atenas y desembarcó en Corinto, donde al principio, predicó y discutió en la sinagoga judía, pero luego se trasladó al lado de la casa de un gentil cristiano llamado Tito Justo.[6] Tito Justo era un hombre respetado en la comunidad. Aunque no era judío, era un *"temeroso de Dios"* o *"adorador de Dios"*, lo que significaba que admiraba la fe del judío y en muchas ocasiones asistía a reuniones de sinagogas en Corinto.[7]

J. Andrew Overman hace otra observación y dice que *"los temerosos de Dios"* simbolizan *"un puente sobre el cual la fe cristiana es llevada de la comunidad judía al mundo gentil"*.[8] Como se sabe, *"los temerosos de Dios"* eran gentiles que se convertían y aceptaban las creencias judías.

Cuando algunos de la sinagoga dirigida por Pablo se trasladaron a casa de Tito Justo, la audiencia se amplió para dar cabida a los no judíos, así como a los judíos de la sinagoga que querían oír más de la predicación y la enseñanza de Pablo.[9]

3 Ciampa and Rosner, *The First Letter,* 5ss.
4 Malherbe, *Social Aspects,* 74.
5 Malherbe, *Social Aspects,* 76.
6 Grant, *Paul in the Roman World,* 9.
7 J. Andrew Overman, *The God-Fearers: Some Neglected Features,* JSNT 32 (1988):17-26. "La composición del judaísmo del primer siglo ha recibido considerable atención durante los últimos cincuenta años. Un aspecto significativo de esta discusión ha involucrado a 'simpatizantes' judíos de la comunidad gentil. Este grupo estaba de alguna manera involucrado en la vida de la sinagoga y de la comunidad judía".
8 Overman, *The God-Fearers,* 18.
9 Perkins, *First Corinthians,* 8.

Grabado 12. Primeros creyentes en Jesús en la Corinto romana.

De hecho, el primer cristiano en Corinto que se declaró partidario y creyente en Jesús como el Cristo y a quien Pablo bautizó fue Crispo, un gobernante local de la sinagoga de Corinto.

Víctor P. Furnish comenta que el apóstol Pablo permaneció en Corinto durante un tiempo prolongado, lo cual le permitió predicar y organizar la iglesia.[10] Deja claro que fue él quien les enseñó acerca del bautismo, la cena del Señor y las tradiciones de la otra iglesia. Pablo fue el primero que les enseñó el evangelio de Jesucristo (1 Corintios 3:1-2, 4:15).[11] Hay varias personas mencionadas por nombre que fueron convertidas durante la primera visita del apóstol. Estéfano (anfitrión de una de las primeras iglesias-hogar en Corinto) y su casa,[12] son mencionadas como los primeros convertidos por Pablo. La iglesia de Corinto estaba formada por un buen número de *"hogares-iglesias"*. Tal vez, pudiéramos encontrar alrededor de tres a cinco hogares-iglesias con unos diez a cincuenta miembros cada una, para un total de alrededor de doscientas a trescientas personas durante el ministerio del apóstol Pablo en Corinto Además, había otros dos gentiles convertidos por el apóstol Pablo, Fortunato y Acaico, que estaban con él cuando escribió 1 Corintios. (16:17- 18). Como es bien sabido, la

10 Victor P. Furnish, *The Theology of the First Letter to the Corinthians. New Testament Theology* (Cambridge: Cambridge University Press, 1999), 4.

11 Ciampa and Rosner, *The First Letter,* 9.

12 Furnish, *The Theology,* 5. "Ellos estaban entre aquellos que Pablo reconoce haber bautizado (1 Co. 1: 16), como lo fueron Gayo y Crispo (1 Co. 1:14). Gayo también se menciona en Romanos 16: 23 como el anfitrión de un hogar-iglesia. Tanto él como Estáfanos eran gentiles convertidos, mientras Crispo, suponiendo que él es el mismo nombre mencionado en Hechos 18: 8, era judío, de hecho, el ex jefe de la sinagoga local".

iglesia en Corinto se reunía en varios hogares- iglesias, ya que no había la posibilidad de un lugar público para reunirse, como en el caso de los judíos en las sinagogas.[13] Como se mencionó antes, uno de los primeros corintios cristianos que se declararon creyentes en Jesucristo fue Crispo, expresidente de la sinagoga.[14] No es casualidad que en el informe de la conversión de Crispo en Hechos 18:8, Lucas observa que otros eran prontos a seguir. Theissen afirma que el hecho de que Crispo tuviera una posición social tan elevada explica por qué su decisión de ser cristiano influyó en muchos otros creyentes en Corinto.[15] Pablo fue pronto acompañado por Silas y Timoteo, dos de sus jóvenes asistentes. Habían estado visitando y ayudando a las diferentes iglesias establecidas por él en Macedonia, en ciudades como Tesalónica, Filipos y Berea. Pablo dio forma a la iglesia emergente en Corinto, donde la mayoría de los miembros, probablemente, no eran judíos.[16] La congregación reflejaba la diversa población de la ciudad misma. Todo tipo de nacionalidades, culturas y antecedentes estaban representados en la Corinto romana.

Es interesante observar que algunas personas no eran religiosas antes de convertirse en cristianos y otras adoraban a varias deidades paganas; otras participaban en cultos locales, practicaban rituales y ejercían dones espirituales. La congregación estaba en gran parte poblada por gente pobre y comerciantes. No muchos de los primeros cristianos allí eran educados o pertenecían al segmento de la élite de la sociedad de la época.[17]

Corinto no era un centro de filosofía como otras ciudades griegas. Los conversos respondían con entusiasmo a su nueva identidad religiosa, pero no siempre comprendían de inmediato sus implicaciones teológicas más profundas.[18] Por consiguiente, entender las características y costumbres sociales es una parte fundamental de la comprensión de 1 Corintios y su estructura social. Corinto era una ciudad rica y parte de la sociedad pagana del Imperio romano.

---

13 S. J. Hafemann, *Letters to the Corinthians* in *Dictionary of Paul and His Letter* (Downers Grover: InterVarsity, Press, 1993), 175-180.

14 Bradley Blue, *Acts and the House Church* in *The Book of Acts in Its First Century Setting.* Vol. 2. Edited by David W. J. Gill and Conrad Gemph (Grand Rapids: Eerdmans, 1994), 176.

15 Theissen, *Social Setting*, 75.

16 Wintherington, *Conflict & Community*, 8.

17 Wintherington, *Conflict & Community*, 22.

18 Grant, *Paul in the Roman*, 20-21.

La condición social del corintio

Los esfuerzos para establecer el nivel social de los primeros cristianos consistentemente descansan en gran medida en la propia descripción de Pablo de sus conversos en 1 Corintios 1:26: *"Considerad vuestro llamado, hermanos; no muchos de ustedes erais sabios de acuerdo con los estándares mundanos, no muchos erais poderosos, no muchos erais de noble nacimiento"*.[19] Investigaciones recientes han subrayado que este texto revela que la iglesia corintia contó entre sus miembros, al menos, con algunos hacendados influyentes y, también, una gran mayoría de pobres.

El ensayo de Gerd Theissen ha influido mucho poniendo las bases sobre las que se asienta lo que se ha llamado, *"el nuevo consenso"* sobre el nivel social de los cristianos primitivos. Muchos eruditos siguen la reconstrucción de Theissen de las iglesias paulinas, y especialmente la cuestión social que afectó a la iglesia de Corinto. Este nuevo consenso de que los primeros cristianos venían de todos los niveles sociales, altos y bajos, contrasta con lo que se conoce como *"el viejo consenso"* de que la Iglesia primitiva, como decía A. Deismann, proviene de los pobres.[20] Sin embargo, el consenso, con su énfasis diferente, está bien establecido, pero no ha pasado sin ser desafiado, especialmente en los últimos tiempos por Justin Meggitt.[21] Además, el comentario de Raymond E. Brown debe ser tomado en consideración. Él dice: *"En un sentido, entonces, Corinto era como Filipo; pero su ubicación estratégica atraía a una población más cosmopolita, porque los inmigrantes pobres venían de Italia para radicarse allí, incluyendo esclavos liberados de origen griego, sirio, judío*

---

19 Abraham J. Malherbe, *Social Aspects of Early Christianity* (Philadelphia: Fortress Press, 1983), 29. Respecto al pasaje, E. A. Judge sostiene que estas palabras, a simple vista, "solo implican que el grupo no contó con muchos intelectuales, políticos o personas de gentil nacimiento. Pero esto sugeriría que el grupo al menos se basó en esta minoría hasta cierto punto".

20 Gerd Theissen, *The Social Structure of Pauline Communities: Some Critical Remarks* on J. J. Meggit. Paul, *Poverty and Survival, Journal for the Study of New Testament 84* (2001): 65-84. Según A. Deissman, el cristianismo primitivo era un movimiento dentro de los estratos inferiores. El Nuevo Testamento no fue un producto del refinamiento incoloro de una clase alta. Al contrario, fue el producto de diferentes clases sociales que participaban juntas de la cena del Señor y otros eventos sociales.

21 Meggitt, *Meat Consumption*, 137ss.

y egipcio".[22] Aunque pobres al principio, muchos de estos inmigrantes pronto resultaron ser prósperos.

E. A. Judge publicó un libro titulado, "The Social Pattern of Christian Groups in the First Century" (El patrón social de los grupos cristianos en el primer siglo), donde expresó el punto de vista opuesto y dice que, *"lejos de ser un grupo socialmente deprimido, si los corintios eran típicos, los cristianos eran dominados por una parte socialmente pretenciosa de la población de las grandes ciudades"*.[23] Es interesante que los corintios no solo estaban en ascenso socialmente, sino que la ciudad también había mejorado económicamente, como afirman las excavaciones arqueológicas.

Gerd Theissen menciona que hay un indicador inconfundible de esta mejora económica y es la continuación de los Juegos Ístmicos en Corinto, en algún momento entre el año 7 a.C.[24] Los Juegos Ístmicos envolvían muchos participantes. El estatus social y la riqueza de Corinto se basaban principalmente en bienes comerciales y otras mercancías.

Otro factor en la riqueza de Corinto, inseparable del comercio, era la banca. Plutarco menciona tres grandes centros bancarios en Grecia: Patrae, Corinto y Atenas.[25] Un segundo hecho a tener en cuenta es la producción de los artesanos. El bronce de Corinto era la producción más importante de metales entre los artesanos. Cabe señalar en este punto que, algunos conversos, eran ricos y otros pobres, especialmente algunos de los miembros de la iglesia en Corinto. La mayoría de los miembros, que venía de la clase baja, contrastaba con algunos miembros influyentes que provenían de las clases altas.

En Corinto estaban representadas diversas posturas y condiciones sociales (1 Corintios 1:26).[26] La iglesia estaba formada por varios "hogares-iglesia". Había de tres a cinco hogares-iglesias con diez a cinco participantes

22 Raymond E. Brown, *An Introduction to the New Testament* (New York: Doubleday, 1997), 512. "El poeta griego Crinágoras del siglo I a.C. describió a estas personas como malvadas, pero muchas de ellas pronto se hicieron ricas. Sus habilidades hicieron que el sitio prosperara como una fábrica (artículos de bronce y terracota) y centro comercial".

23 E. A. Judge, *The Social Pattern of Christian Groups in the First Century* (London: Tyndale, 1960), 60-70. Judge menciona también que los miembros de la clase baja se unieron a la congregación cristiana como parte del séquito de esos de las clases superiores.

24 Theissen, *The Social Setting,* 100.

25 Plutarch, *Moralia* 831.

26 Ronald F. Hock, *Paul's Tentmaking and the Problem of His Social Class.* Journal of Biblical Literature vol. 97 (1978): 555. "Diessmann merece mención especial, ya que no solo prestó una atención superficial a este problema, sino que también reconoció la importancia del trabajo de Pablo como fabricante de tiendas de campaña para determinar su clase social".

cada una, para un total de unos doscientos a trescientos miembros activos durante la época del apóstol Pablo en Corinto.[27] Según el libro de Hechos (18:7), Tito Justo tenía una iglesia en su casa e igual, Aquila y Priscilla tenían una donde la iglesia se reunía. De hecho, gran parte de los miembros de la iglesia se reunía en hogares-iglesia de una sola casa y no en un solo lugar. De acuerdo con Justino, incluso un siglo después, la comunidad cristiana de Corinto se reunía en hogares-iglesias.[28] Obviamente, esto se debía al tamaño de la ciudad.

Del saludo de la carta de Pablo a los Romanos en el capítulo 16, podemos hacer varias observaciones sobre la iglesia en Corinto. Hemos hecho referencia a *"la iglesia en su hogar"*,[29] a Febe, una mujer, mencionada como diaconisa *"sirvienta"* y fue designada por el apóstol como portadora de la carta.[30] Ella debía entregarla a Roma, presentarla en nombre de Pablo, y presumiblemente, representar a Pablo en su interpretación. A lo largo del viaje, debió ser acompañada por un grupo de, por lo menos, veintisiete personas. También se informa de la Epístola a los Romanos, que los hogares-iglesias normalmente se reunían en la casa de Gaius, cuya residencia debió tener un gran patio interior para acomodar lo que Pablo llamó, *"toda la iglesia"*. Puesto que Quartus y Eratus se mencionan en la misma frase con Gaius, es razonable suponer que cada uno auspiciaba un hogar-iglesia Pablo le dio un reconocimiento especial a Quartus y lo llamó *"nuestro hermano"*.[31] El apóstol menciona a Erastus como el *"tesorero de la ciudad"*, identificándolo con una inscripción encontrada en una de las calles excavadas de Corinto.[32] El Erastus de la inscripción era, sin duda, un hombre rico con una alta posición en la comunidad corintia. La inscripción dice que él puso el pavimento por su cuenta, a cambio de ser

---

27 Stanley K. Stowers, *Social Status, Public Speaking and Private Teaching: The Circumstances of Paul's Preaching Activity*. Novum Testamentum vol. 26 (1984): 65.

28 Justin Mártir, *First Apology* 67. Banks señala que "solo se hace mención de grupos más pequeños de creyentes. Uno de los nombrados es el grupo asociado con Priscilla y Aquila, ahora de vuelta en Roma".

29 Romans 16:5.

30 Banks, *Paul's Idea*, 32. "Esta probabilidad está confirmada por los comentarios de Pablo en Romanos 16 acerca de varios grupos cristianos en la capital. No hay ninguna sugerencia de que los cristianos se reunieron en su totalidad en un solo lugar".

31 Garland, *1 Corinthians*, 11.

32 Fotopoulos, *Food Offered to Idols*, 28.

elegido como uno de los ediles de Corinto para servir en la administración de la ciudad.[33]

Grabado 13. Inscripción de Erastus, tesorero en Corinto.

Los tesoreros de la ciudad, aparentemente, financiaron personalmente pavimentar las calles. La inscripción de Erastus viene de mediados del primer siglo d.C., que fue el tiempo de las actividades misioneras del apóstol Pablo en Corinto.[34] Esta información nos ayuda a entender el trasfondo del estado social de algunos de los miembros de la iglesia en la Corinto romana. Aunque había pocas personas pudientes en la iglesia, según el testimonio de Pablo, su influencia entre los creyentes era probablemente desproporcionada a su número, ya que podían ofrecer lugares de reunión para los cristianos en sus hogares (1 Corintios 16:15, 19).[35] Así que, el nivel social de los miembros de la iglesia en Corinto varió, aparentemente, en algunos de ellos (en realidad, una gran mayoría) bastante pobres, a muy ricos, aunque no incluían a nadie de los romanos aristócratas. Es importante observar que entre los miembros cristianos de la Corinto romana había algunos acomodados y dispuestos a ofrecer sus casas como lugar de reunión. Sin embargo, según el libro de W. Meeks,[36] la congregación paulina generalmente mostraba una sección transversal

---

33 David W. J. Gill, *Erastus the Aedile. Tyndale Bulletin* 40 (1980): 293-300.

34 Justin J. Meggitt, *The Social Status of Erastus* (Rom. 16:23) in *Christianity At Corinth: The Quest for the Pauline Church*. Edited by E. Adams and D. G. Horrell (Louisville: Westminster John Knox Press, 2004), 219-225.

35 Witherington, *Conflict & Community*, 22.

36 W. A. Meeks, *The First Urban Christians: The Social World of the Apostle Paul* (New Haven: Yale University Press, 1983), 70ss.

justa de la sociedad urbana grecorromana. Una congregación como la iglesia cristiana en Corinto, cubriendo varios grupos y clases, fue muy probablemente confrontada con problemas especiales de integración debido a su estratificación cultural y social interna. Pablo fue fundador y parte de la vida social de la congregación corintia.

La educación y la condición social de Pablo

La educación adecuada de Pablo se ha convertido en un tema de investigación.[37] R.F. Hock, sin embargo, afirma que es difícil por una variedad de razones. El mismo Pablo no dice nada acerca de su temprana educación, ni siquiera cuando escribe sobre su juventud (Filipenses 3:5- 6).[38] Vale la pena señalar que era ciudadano romano y pertenecía a la secta de los fariseos.[39]

A este respecto, una juventud anterior en Tarso no habría asegurado una educación griega completa,[40] ni una juventud temprana en Jerusalén la habría impedido. Como se ha mencionado antes, la pregunta es si Pablo recibió o no una educación retórica (o grecorromana) en Tarso o en Jerusalén.[41] Sin embargo, Martin Hengel fue más allá al señalar que, en el primer siglo en Jerusalén, también se ofrecían educación retórica e instrucción.[42] Además, *"el nivel de educación superior griega (específicamente retórica ofrecida en Jerusalén durante este tiempo) es, por lo tanto, un factor significativo a considerar al construir un relato histórico de la educación helenista de Pablo".*[43]

37 Stanley E. Porter, *Paul and His Bible: His Education and Access to the Scripture of Israel,* in as it is Written: *Studying Paul's Use of Scripture.* Edited by S. E. Porter and C. D. Stanley (Atlanta: Society of Biblical Literature, 2008), 98-99. "Un número de otros supuestos también parecen haber impulsado y regulado el estudio del uso de la Escritura por Pablo. Una es que Pablo tenía una educación relativamente baja, especialmente en los círculos grecorromanos, aunque estuviera mejor educado en las tradiciones rabínicas (o equivalentes) de Jerusalén".

38 Ronald F. Hock, *Paul and Greco-Roman Education* in *Paul in the Greco- Roman World: A Handbook.* Edited by J. Paul Sampley (Harrisburgh: Trinity Press International, 2003), 198.

39 Martin Hengel and R. Demines, *The Pre-Christian Paul* (Valley Forge: Trinity Press International, 1991), 27-30.

40 Malberbe, *Social Aspects,* 35. "La helenización de Palestina fue más profunda de lo que se ha pensado, incluso en la medida en que los discípulos de los rabinos fueron educados a la filosofía y la retórica griegas".

41 Andrew W. Pitts, *Hellenistic Schools in Jerusalem and Paul's Rhetorical Education,* en *Paul's World.* Edited by Stanley E. Porter (Leiden: Brill, 2008), 19.

42 Hengel and Deines, *The Pre-Christian Paul,* 1-6.

43 Pitts, *Hellenistic Schools,* 44.

A modo de resumen, que el apóstol Pablo estaba familiarizado con el contexto más amplio de la forma de vida grecorromana y la literatura es evidente por su uso de conceptos griegos y de sus alusiones ocasionales a poetas y filósofos griegos.[44] La pregunta lógica es: ¿habría enseñanza retórica en Jerusalén y apelaría esta a él? Witherington observa correctamente, que "la primera lo coloca en la élite de la sociedad grecorromana y la última, potencialmente, en la élite judía".[45] Muchos eruditos recientes tienden a situar a Pablo entre la clase social de los retóricos helenistas educados.[46] Por un lado, el apóstol estaba más influenciado por el estilo retórico griego, como podemos ver en la manera en que forma y desarrolla todas sus epístolas.[47]

Por otro lado, también podemos suponer que había tenido una considerable educación griega. Sin embargo, podríamos decir, al menos, que Pablo recibió la educación básica que cualquier niño judío recibía en aquellos días en la Diáspora. La cuestión de si recibió su educación en Tarso o en Jerusalén es un asunto a debatir.[48] También debemos tener cuidado de no dar por sentado, sobre la base de su retórica, el nivel de sofisticación retórica de las iglesias a las que escribió. Deberíamos, por lo menos, considerar la posibilidad de que su capacidad retórica o literaria lo distinguiera de la mayoría de sus conversos.

Por lo tanto, según la evidencia que ofrece Hengel y otros eruditos[49], hay una gran posibilidad de que el apóstol tuviera una educación helenista en Jerusalén en lugar de Tarso. En su estudio, sin embargo, Udo Schnelle observa que la vida y la teología de Pablo se pueden entender leyendo, tanto los Hechos, como sus epístolas; rápidamente revela que el apóstol era un judío privilegiado de la Diáspora.[50] Tenía la ventaja de tener ciudadanía romana, hablar latín, hebreo y arameo.

Pablo tenía la ciudadanía romana que se podía obtener por nacimiento, o la liberación o la compra de la esclavitud, la liberación de ser un prisionero

---

44 Witherington, *Conflict & Community*, 3.

45 Witherington, *The Paul Quest*, 94.

46 R. D. Anderson, Jr. *Ancient Rhetorical Theory and Paul* (Leuven: Peeters Press, 1998), 109-292. Stanley E. Porter, *The Theoretical Justification for Application of Rhetorical Categories to Pauline Epistolary Literature*, Editors S. E. Porter and T. H. Olbricht in Rhetoric and the New Testament: Essays from the 1992 Heidelberg (Sheffield: Sheffield Academic Press, 1993), 100-22.

47 Witherington, *Conflict & Community*, 3-4. "La retórica, a diferencia de la filosofía, estaba en el corazón mismo de la educación, incluso la educación secundaria, durante el imperio y es probable que Pablo haya aprendido más retórica que filosofía en su educación".

48 Pitts, *Hellenistic Schools*, 27.

49 Hengel and Deines, *The Pre-Christian Paul*, 5.

50 Schnelle, *Apostle Paul*, 64.

de guerra, dado de alta después del largo servicio militar.[51] Pablo era un producto de Tarsos (una gran ciudad helenista en Asia Menor). Recibió una buena educación grecorromana allí.[52] Entre los estudiosos, hay consenso de que pertenecía a una clase social más alta (como se menciona más adelante, trabajó como fabricante de tiendas de campaña) que la de la mayoría de los miembros de la iglesia en Corinto romana. Recientemente, esta noción ha sido cuestionada por algunos de los estudiosos.[53] Pablo, como Priscilla y Aquila, fue fabricante de tiendas de campaña. Podrían haber llegado a ser creyentes en Roma, y casi con seguridad, eran personas liberadas de trasfondo judío que dejaron a Roma en el año 49 d.C. cuando el emperador Claudio cerró una sinagoga judía en Roma.[54] No hay dudas de que el apóstol Pablo trabajó como fabricante de tiendas de campaña mientras predicaba el evangelio en Corinto.[55]

De acuerdo con la costumbre judía, ser un fabricante de tiendas de campaña, no lo convertía en una persona pobre ni era clasificado como de la clase baja. La cuestión del oficio de Pablo normalmente se resuelve apelando a una supuesta práctica entre rabinos de la época que combinaban el estudio de la Torá con el aprendizaje de un oficio.

Este problema es bien aclarado por Martin Dibelius cuando dice que *"Pablo no debe considerarse como del estatus social de un trabajador manual; el judío que pretendía dedicarse al servicio de la ley aprendía un oficio para su independencia".*[56] Su estatus social no fue afectado por el oficio que aprendió y practicó cuando predicaba y enseñaba en las diferentes ciudades en el Imperio romano. Además, no solo la conexión entre su oficio y este fondo rabínico es problemática, sino que también la misma práctica es diferente para establecerla antes de mediados del segundo siglo.[57] Probablemente el apóstol Pablo fue capacitado como fabricante de tiendas de campaña durante los tres años que estuvo en Damasco, después de su regreso de Arabia (Gálatas 1:17-18). Hechos describe su educación

---

51 Schnelle, *Apostle Paul,* 60. "En el período imperial, los derechos de un ciudadano podían obtenerse en Tarso por quinientas dracmas; los antepasados del apóstol podrían haberlo comprado y Pablo podría haberlo heredado".

52 D. J. Tidball, *Social Setting of Mission Churches* in *Dictionary of Paul and His Letters,* 884. "Tenía fácil acceso a las altas autoridades en Jerusalén y aunque su escritura no era de la más alta calidad clásica, tampoco era grosera o vulgar, como se podría esperar de un origen de clase baja".

53 Todd D. Still, *Did Paul Loathe Manual Labor? Revisiting the Work of Ronald F. Hock* on *the Apostle's Tentmaking and Social Class.* JBL 125 (2006): 791.

54 Thiselton, *The First Epistle,* 23. Suetonius speaks of an edict of Claudius leading to the expulsion of Jews "impulsore Chresto".

55 Murphy-O'Connor. *St. Paul's Corinth,* 192.

56 Martin Dibelius and W. G. Kümmel, *Paul* (Philadelphia: Westminster Press, 1953), 37.

(como fariseo) y su vocación y estatus social. Él mismo menciona que trabajó día y noche con sus propias manos. Además de ser un artesano, era un predicador, un maestro y un misionero con la capacidad de usar la retórica greco-romana por escrito, como podemos ver en sus cartas.[58] La evidencia, sin embargo, es que estaba bien educado y, en ese aspecto, habría sido identificado y aceptado por los ricos de Corinto.[59] El taller era un lugar perfecto para llegar a la gente y habría estado en estrecho contacto con ella en las calles. Pablo fue educado y entrenado como judío fariseo a los pies de Gamaliel I en la escuela del Templo en Jerusalén.

Educación farisea de Pablo

Pablo era tanto ciudadano romano como fariseo.[60] ¿Dónde recibió su educación como fariseo? Según Hechos 22:3 y 26:4-5, recibió su educación rabínica en Jerusalén.

W. C. van Unnick señala que se mudó de Tarso a Jerusalén con sus padres. Sin embargo, no sabemos a qué edad dejó a Tarso. El arameo era su lengua materna, más bien que el griego.[61] Sin embargo, sus epístolas y su uso de la Septuaginta, señalan claramente el griego como el idioma que hablaba cuando era niño. En esta lectura, el griego era "la lingua franca"[62] en su época en el Imperio romano.

Pero, Stanley E. Porter observa que *"en el primer siglo era muy probable que, incluso, los ciudadanos en la ciudad de Roma (Hechos 2:10) hablaran griego como un primer idioma, con quizás solo el uso incidental del latín por otros, aparte de los funcionarios romanos que habrían tenido que saberlo"*.[63] De hecho, el griego era el primer idioma para la mayoría de los judíos de la Diáspora, en particular los que vivían en las principales

---

57 Hock. *Pauls' Tentmaking*, 557ss.

58 Witherington, *Conflict & Community*, 20. "En una ciudad donde la escala social era una preocupación importante, el abandono deliberado de Pablo en estado aparente habría sido visto por muchos como perturbador, repugnante e incluso provocativo".

59 Malherbe, *Social Aspects*, 34-35.

60 Wihterington, *The Paul Quest*, 94-98.

61 W. C. van Unnick, *Tarsus or Jerusalem: The City of Paul's Youth, in Sparsa Collecta*. NovT Sup (Leiden: Brill, 1973), I: 259-320.

62 Juvenal, *Satire* 3.61.

63 Stanley E. Porter, *The Languages that Paul did not Speak* en *Paul's World*. Edited by S. E. Porter (Leiden: Brill, 2008), 133. "El episodio de Hechos 14 refleja la situación del primer siglo, el griego era la *lingua franca* del Imperio romano, para el cual hay abundantes pruebas. No solo Juvenal llama a Roma una ciudad griega, sino que Julio César, en el momento de la traición de su amigo Bruto, llamó en griego.

ciudades del Imperio. Es bien conocido que la mayoría de los judíos era de Palestina y hablaban el griego diariamente. Con la conquista de Oriente por Alejandro Magno, una nueva influencia lingüística llegó a Palestina. La lengua y la cultura griegas habían estado afectando cada vez más a los judíos de Palestina durante algún tiempo antes de la conquista de Alejandro.[64]

Sin embargo, no es factible demostrar el uso del griego en Palestina antes de la conquista de Alejandro.[65] La influencia de la lengua y cultura griegas continuó después de la conquista, las ciudades griegas se establecieron en Palestina y las ciudades más antiguas se transformaron en *poleis*. Pero la magnitud en la que el idioma griego avanzaba en el área en un período temprano, sin embargo, no es fácil de determinar. Es evidente que el griego influyó a través de la cultura y el lenguaje en todo el mundo antiguo mediterráneo. Como se mencionó antes, Pablo era un ciudadano del Imperio romano, que había crecido en Tarso (un centro importante de la cultura grecorromana), que se había disciplinado en una intensa educación farisaica en Jerusalén y trabajó durante tres décadas en diferentes lugares del imperio.

Pablo fue fariseo la primera mitad de su vida. No lo conocemos mucho como fariseo, excepto que, por su propio testimonio, fue un muy buen practicante de las tradiciones del fariseísmo.[66] El fariseo creía en la resurrección de los muertos, como creía Pablo (1 Corintios 15). Además, también observaban las *"tradiciones"* por encima y más allá de la Torá escrita, y él claramente menciona que era extremadamente celoso de las tradiciones de su padre (Gálatas 1:14).[67] Su contexto social y cultural le ayudaban a ser capaz de ministrar las diferentes clases sociales y comunidades en el mundo grecorromano.

Su capacidad de hablar griego, arameo y latín le dio acceso a un amplio espectro de grupos y clases sociales y también le ayudó a llegar a muchas personas.[68] Estaba cómodo con las diferentes culturas de la época, particularmente, con la más influyente: la social del Imperio grecorromano

---

64 Joseph A. Fitzmyer, *Las lenguas de Palestina en el siglo I d.C." en Los idiomas del Nuevo Testamento: Ensayos clásicos.* 127. También observa que "el hebreo no desapareció completamente de Palestina, ni cuando el arameo se había convertido en el lenguaje más común o cuando los judíos palestinos comenzaron gradualmente a usar el griego".

65 Fitzmyer, *The Languages of Palestine*, 135.

66 Sanders, *Paul,* 8. "Sabemos poco acerca de lo que habría sido un fariseo de habla griega en Asia Menor".

67 Schnelle, *Apostle Paul,* 66.

68 Witherington, *The Paul Quest,* 53.

en el primer siglo. La influencia de la cultura grecorromana en Palestina (aún mayor en la Diáspora) fue más profunda de lo que se ha pensado, incluso, en la medida en que los estudiantes de los rabinos eran educados en la filosofía y la retórica griegas. Así pues, Pablo recibió una educación grecorromana que era normal para cualquier judío de la Diáspora y también en Palestina en el primer siglo.[69] En este sentido, no es sorprendente que encontremos rastros de influencia helenista en sus epístolas.[70] Su educación temprana y formal es un tema difícil de investigar.[71] Es problemático porque él no dice nada respecto a su educación temprana, ni siquiera cuando menciona su juventud en Filipenses 3:5-6. Aunque, no hay una mención directa de qué tipo de educación recibió, se podría suponer que tenía el tipo de educación que cualquier ciudadano romano podía obtener en ese tiempo.

Pero tenemos suficiente información sobre Pablo para poder reconstruir su educación en Jerusalén.[72] A modo de introducción, se sabe que, tanto para los niños judíos como para los paganos, la educación formal comenzaba cerca a los seis años de edad. El significado de tan temprano comienzo y la profunda base en las tradiciones judías se enfatizaba en los judíos en Palestina y en otras partes del Imperio romano.[73] Sin embargo, hay mucho debate sobre la interpretación de Hechos 22:3 y si, cuando el apóstol menciona ser criado en *"esta ciudad"*, está sugiriendo Tarso o Jerusalén donde estudió bajo Gamaliel. De acuerdo con Hechos 22:3, él había estudiado bajo el fariseo principal de su época, Gamaliel I, pero esto no puede ser más que una deducción sacada por el autor de los Hechos por el hecho de que Pablo era un fariseo destacado y el que Gamaliel I era el líder de la escuela en Jerusalén. Como vimos antes, y ademas queremos enfatizar, por un lado, *"hay mucha disputa sobre la interpretación de Hechos 22:3 y si, cuando Pablo se refiere a ser criado en 'esta ciudad', está indicando Tarso o Jerusalén".*[74] Por otro lado, la naturaleza del sistema

69 Witherington, *The Paul Quest*, 97.

70 Calvin J. Roettzel, *The Letters of Paul: Conversations in Context* (Louisville: Westminster John Knox Press, 2009), 46.

71 R. F. Hock, *Paul and Greco-Roman Education* en *Paul in the Greco-Roman World: A Handbook* (Harrisburg: Trinity Press International, 2003), 198. "Los eruditos, sin embargo, no han presentado con suficiente detalle lo que tal educación implicó ni han tenido en cuenta la racha de prebendas sobre la educación greco-romana en los últimos años.

72 Pitts, *Hellenistic Schools*, 19ss.

73 Witherington, *The Paul Quest*, 95.

74 Porter, *Paul and His Bible*, 100-105.

educativo grecorromano señala el hecho de que el apóstol pudo haber sido educado tanto en Tarso como en Jerusalén.

La visión tradicional y estándar es que el sistema grecorromano tenía tres niveles sucesivos: la escuela primaria o *ludus literarius*, la escuela primaria o *schole grammatici*, y la retórica o *schola rhetoric*.[75] Es un hecho que la retórica (aunque este punto de vista es debatido por algunos eruditos) fue parte de la educación y capacitación de Pablo. En esencia, ciertamente habría aprendido métodos de debatir o persuadir, como argumentar desde la experiencia actual a la prueba bíblica en el estilo midráshico (ver 1 Co. 9:7-14), o usar lo que podría llamarse *pesher* o incluso alegoría (Gálatas 4:21-31).[76] ¿Hasta qué punto es útil considerar la epístola de Pablo a los corintios desde la posición de los cánones de la retórica clásica? ¿Aprendió retórica formalmente, o la tomó en parte de su entorno cultural?

El uso de la retórica por Pablo

Un asunto significativo, pero difícil de Pablo como orador y escritor, es el grado en que fue educado en la retórica.[77] Según A.W. Pitts, muchos eruditos tienden a ubicarlo en la élite social de los retóricos helenistas bien educados.[78] En el mundo grecorromano de su época, la lectura era comúnmente una proclamación oral. Para él y también para sus contemporáneos, una carta era una comunicación oral escrita, un discurso en forma de una carta.[79] De hecho, el arte de escribir cartas era enseñado como un arte retórico de manera sencilla en la escuela retórica.[80] Aune afirma también, que *"desde una perspectiva moderna, a menudo se define la retórica como el arte de hablar o escribir con eficacia, o el estudio de hablar o escribir como medio de comunicación y persuasión"*.[81] Aristóteles, sin embargo, definió la retórica tan básicamente como el arte de persuadir.

75 Porter, *Paul and His Bible*, 100. "Esta posición había sido discutida por varios eruditos en el pasado, como H.I. Marrou, Stanley Bonner y Donald Clark, y repetidos recientemente por eruditos como Teresa Morgan y Ronald Hock".

76 Wihterington, *The Paul Quest*, 96. "Este manejo creativo de las Escrituras hebreas no debe ser atribuido a la inventiva o idiosincrasia de Pablo mismo. Al menos una buena medida de ello vino de su educación".

77 David E. Aune, *The Westminster Dictionary of New Testament & Early Christian Literature & Rhetoric* (Louisville: Westminster John Knox Press, 2003), 343.

78 Pitts, *Hellenistic Schools*, 44ss.

79 Collins, *First Corinthians*, 18.

80 Demetrius, *On Style* 223-224.

81 Aune, *New Testament & Early Christian*, 415.

Asimismo, para él, la filosofía y la retórica no eran independientes la una de la otra.[82] El asunto es, simplemente, cómo deben explicarse y evaluarse estos aspectos retóricos, especialmente el debate sobre, si el apóstol Pablo tenía o no, la educación y el adiestramiento en la retórica. Las escuelas retóricas estaban dirigidas, sobre todo, a la formación de políticos y de los que estaban en algún nivel del gobierno griego.[83] En otras palabras: muchos de los funcionarios y políticos romanos eran muy conscientes de la importancia del arte de hablar bien y persuadir.

En una cultura verbal, la capacidad de hablar bien es siempre significativa, y la capacidad de persuadir es requerida de cualquier figura pública. En la época del apóstol Pablo, la retórica, aunque podría caer en el arte de hablar bien, era en esencia el arte de la persuasión.[84] El arte de la retórica era muy esencial para el logro y el reconocimiento personal en el mundo grecorromano. Hablar bien en público y en privado era una señal de que se era parte de la élite social romana. En la época del Imperio romano primitivo, el entrenamiento retórico bajo el retador[85], combinaba tres etapas en secuencia o combinación: teoría retórica, imitación y ejercicios aplicados. El Instituto de Oratoria de Quintiliano da una buena descripción de las formas de la retórica y de la máxima retórica utilizadas en la época de la enseñanza grecorromana del apóstol Pablo.

Quintiliano observa también que el uso de la retórica en la educación primaria y temprana en la vida del hogar, era muy importante en la formación del niño.[86] En otras palabras, en el sistema educativo grecorromano todos los niños eran enseñados y entrenados en el arte de la persuasión. Además, esto era parte de la formación básica que cualquier niño romano debería tener para lograr éxito y reconocimiento en la sociedad del mundo grecorromano. Plutarco menciona la importante participación de la madre, la enfermera, el padre y el pedagogo en el desarrollo moral de un niño considerado como característica de la cultura grecorromana más amplia.[87]

---

82 Aristotle, *Rhetorica* 2.19.26.

83 Pitts, *Hellenistic Schools*, 26.

84 Witherington, *The Paul Quest*, 115. "Esta educación se iniciaba idealmente tan pronto como un joven había terminado de aprender los rudimentos de la gramática, o como diríamos, cuando terminaba la escuela de gramática. Los retadores estaban en todas partes en el Imperio romano".

85 Henri I. Marrou, *Education in Antiquity* (Madison: University of Wisconsin Press, 1982), 95-101.

86 Quintilian, *Institutio oratoria* 8.5.3-34.

87 Plutarch, *Moralia*, 36E.

El adiestramiento retórico siempre ocupó un lugar prominente en la educación grecorromana.

El papel desempeñado por la cultura grecorromana, la tradición retórica y la educación, fue muy significativo en la propagación de la enseñanza del cristianismo primitivo y las diversas influencias y técnicas de la retórica, merecen una atención seria. Las convenciones retóricas grecorromanas proporcionan el contexto cultural más amplio para el escritor cristiano primitivo, así como también para Pablo.[88] En un mundo donde las habilidades retóricas eran admiradas y honoradas, el apóstol Pablo estaba como en casa.[89] Aunque su observación de que venía predicando *"en flaqueza, temor y mucho temblor"* (1 Corintios 2:3) sugeriría una primera presentación que se estrelló bajo la presión.

Murphy-O'Connor ha afirmado con razón: *"Las habilidades oratorias eran la clave para el progreso en una cultura esencialmente verbal. La adquisición de tales habilidades se dividía en tres partes... la teoría del discurso (escritura de cartas)... el estudio de discursos de grandes maestros y... la escritura de discursos de práctica".*[90] En este sentido, el apóstol Pablo tenía la motivación y la oportunidad de obtener estas habilidades, incluso en Jerusalén, y es probable que lo haya hecho antes de que, incluso, tuviera educación formal fuera del hogar. G. A. Kennedy afirma que ha habido muchos estudios sobre la retórica y el Nuevo Testamento, especialmente las cartas de Pablo. Kennedy abre el camino para muchos de los estudios más recientes (especialmente en América del Norte) sobre la retórica. Particularmente, en los últimos treinta años se ha tomado un interés en la crítica retórica del Nuevo Testamento[91] y de la epístola de Pablo en particular, con las cartas a los corintios que figuran prominentemente como un estudio de caso. La crítica retórica es el uso de las antiguas reglas grecorromanas del habla para la escritura del

---

88 Witherington, *The Paul Quest*, 98.

89 Perkins, *First Corinthians*, 12. "La debilidad de Pablo como orador público continuó siendo un punto de discordia con algunos en Corinto (2 Corintios 10: 1-2)".

90 Jerome Murphy-O'Connor, *Paul: A Critical Life* (Oxford: Oxford University Press, 1996), 50.

91 G. A. Kennedy, *A New Testament Interpretation Through Rhetorical Criticism* (Chapel hill: University of North Carolina, 1984), 95. Ver también D. F. Watson y A. J. Hauser, eds. *Rhetorical Criticism of the Bible: A Comprehensive Bibliography with Notes on History and Method* (Leiden: Brill, 1994), 120. "En los tiempos clásicos había tres tipos principales de retórica: la retórica forense o judicial, el tipo más común de retórica, encaminada a acusar o a defender a alguien con respecto a acontecimientos pasados; la retórica deliberativa, que buscaba persuadir o disuadir a la audiencia sobre la acción futura; y una retórica ceremonial o demostrativa, preocupada por asignar elogios o culpas a alguien con respecto a las acciones presentes".

Nuevo Testamento, especialmente las epístolas del apóstol Pablo.[92] En su libro, Rollin A. Ramsaran observa que el apóstol creó su propia retórica para superar los desacuerdos corintios. Añade que *"al hacerlo, construyó sus argumentos para aumentar sus posibilidades de ser escuchado por toda la comunidad y disminuir la probabilidad de que grupos divididos adoptaran una postura contra su consejo"*.[93] El uso de la retórica era una práctica común entre algunos de los miembros de la iglesia en Corinto. En la ciudad de Corinto, como en las otras ciudades del mundo grecorromano[94], la retórica se convirtió en la disciplina principal en la educación superior romana. Según B. W. Winter, no se da ninguna información específica sobre la educación y la formación de Pablo en la retórica, particularmente en su propia ciudad, Tarso.[95] Sin embargo, Tarso era un centro de filosofía griega, retórica y educación paralelo a Atenas y otras ciudades griegas.

Tarso y la práctica retórica

El apóstol Pablo nació en Tarso, una ciudad que seguía la costumbre del arte de la persuasión[96] o retórica de la sociedad grecorromana de la época. Desde alrededor de 1975, su epístola, 1 Corintios, ha sido cada vez más considerada como discursos y, por lo tanto, sujeta a estudio retórico de acuerdo con la teoría y la práctica retórica grecorromana.[97] Según David E. Aune, hay una parte problemática del apóstol como orador y escritor

92 Stanley E. Porter, *Paul of Tarsus and His Letters* in *Handbook of Classical Rhetoric in the Hellenistic Period 330 B.C.-A.C 400*, ed. S. E. Porter (Leiden: Brill, 1997), 533-585. Porter señala que los estudiosos que utilizan las categorías de retórica antigua siguen uno de dos modelos estrechamente relacionados: uno representado por G. Kennedy, que aborda las cartas esencialmente como discursos, con las aberturas y los cierres epistolares tratados casi como rasgos incidentales, el otro representado por Hans D. Betz, que sigue la tradición del manual retórico y desea afirmar la integridad epistolar de la carta pero con consideración completa de las características retóricas también".

93 Rollin A. Ramsaran, *Liberating Words: Paul's Use of Rhetorical Maxims in 1 Corinthian 1-10* (Valley Forge: Trinity Press International, 1993), 30.

94 Witherington, *Conflict & Community in Corinth*, 40. "No se veía en la forma en que podríamos ver las lecciones de elocución o el ejercicio del habla hoy. Más bien, puesto que la elocuencia era uno de los objetivos más culturales, la retórica era la corona y la terminación de cualquier educación liberal digna de su nombre. Además, la retórica no era exclusiva de los ricos o los bien educados. Se encontraban rectores en todas las grandes ciudades del Imperio romano, especialmente en ciudades universitarias como Tarso e incluso en ciudades fuertemente judías como Jerusalén".

95 B. W. Winter, *Rhetoric*, en *Dictionary of Paul and His Letters*. Eds. G. F. Hawthorne, R. P. Martin and D. G. Reid (Downers Grove: InterVarsity Press, 1993), 821

96 J. Murphy-O'Connor. *Paul the Letter-Writer: His World, His Options, His Skills.* (Collegeville: The Liturgical Press, 1995), 65-69.

97 Watson and Hauser, *Rhetorical Criticism of the Bible*, 120-125.

y la medida en que fue educado en la retórica.[98] Sin embargo, surgen las preguntas: ¿aprendió él retórica formalmente en Tarso o la absorbió de su ambiente cultural?, ¿arroja alguna luz la práctica de la retórica antigua sobre las epístolas de Pablo? Este tipo de pregunta ha sido planteada por diferentes intérpretes en los últimos años. Sin embargo, Johann Weiss en 1897 señaló que había un hecho conocido que Pablo expresó en sus epístolas: que están claramente dictadas y destinadas a la lectura pública.[99] El uso de elementos retóricos en la mayoría de los discursos públicos en el mundo grecorromano era una práctica común para todos los miembros educados de la sociedad.[100]

A pesar de la rápida aceptación de las reglas grecorromanas para el habla y la aplicación directa de ellas para la explicación de las epístolas de Pablo, se han planteado serias preguntas acerca de la legitimidad de esta empresa.[101] Las preguntas son: ¿cómo estos elementos y reglas retóricos deberían ser explicados y evaluados?, ¿recibió Pablo una educación retórica formal?, ¿U obtuvo el conocimiento retórico de la calle de las ciudades grecorromanas? En palabras de David E. Aune, la retórica tenía una gran influencia en la composición de las cartas, especialmente entre los ciudadanos cultos.[102] Sus cartas no solo funcionaban como medios de comunicación, sino también como sofisticados instrumentos de persuasión y medios para mostrar la literatura y la habilidad de la comunicación.

En su libro, G. A. Kennedy observa que "las escuelas retóricas eran comunes en las ciudades helenizadas de Oriente cuando Pablo era niño, y él podría haber asistido a una de ellas; ciertamente estaba familiarizado con las convenciones retóricas de los discursos en los tribunales romanos, con las enseñanzas orales del filósofo griego y con las convenciones de la escritura *griega*".[103] Tenemos que observar que en su época (mundo grecorromano) la lectura era generalmente una proclamación oral.[104] Para el

---

98 Aune, *New Testament & Early Christian,* 343-344.

99 Johannes Weiss, *Beiträge zur Paulinischen Rhetorik* en *Theologische Studien* Professor D. Bernhard Weiss zu seunen 70. Geburtstage dargebracht. (Göttingen: Vanderhoeck & Ruprecht, 1897), 165-247. "En su mayor parte, Weiss se centra en el uso de Pablo de la cláusula u oración individual, y particularmente sobre los diversos tipos de paralelismo que utilizó, y pensó que su estilo tenía mucho en común con la diatriba cínico-estoica", Nuevo Testamento, 343.

100 Horsley, *1 Corinthians,* 43.

101 Perkins, *First Corinthians,* 27.

102 Davis E. Aune, *The New Testament in Its Literary Environment* (Philadelphia: The Westminster Press, 1987), 160. "Los primeros manuales retóricos grecorromanos tienen poco que decir sobre el arte de escribir cartas".

103 G. A. Kennedy, *Classical Rhetoric and Its Christian and Secular Tradition Form Ancient to Modern Times* (Chapel Hill: University of North Carolina Press, 1980), 130.

104 Perkins, *First Corinthians,* 12.

apóstol Pablo y sus contemporáneos, según Raymond F. Collins, *"la carta era una comunicación oral-escrita, un discurso en forma epistolar".*[105] ¿Hasta qué punto es útil considerar el estilo de los escritos de Pablo desde el punto de vista de los cánones de la retórica clásica? ¿Nos ayuda la práctica de la retórica antigua a entender las epístolas de Pablo? ¿Fue Pablo entrenado en retórica en Tarso o en Jerusalén? Estas preguntas difíciles han sido examinadas por varios eruditos en los últimos tiempos. Sin embargo, no hay un consenso definido entre ellos, aunque varios están dispuestos a seguir y a concordar con él en la cuestión retórica sobre la educación y la formación de Pablo. Christopher Forbes, en su reciente artículo *"Paul and Rhetorical Comparison"* (2003), argumenta que Pablo no es, en términos grecorromanos, un "hombre de letras" y agrega que parece difícil sugerir que su educación formal se extendió a los niveles superiores.[106] Hay una diferencia de puntos de vista en cuanto a si el apóstol pudo haber recibido algún tipo de formación y educación retórica formal en Tarso o en Jerusalén.

Pablo, Tarsos y la cultura grecorromana

En Hechos de los Apóstoles, Lucas menciona que la ciudad natal de Pablo era Tarsos (Tarso,j) la capital de Cilicia (9:30; 11:25; 21:39: 22:3).[107] El significado económico y político de la ciudad era el resultado de su ubicación geográfica bien situada.[108] Además, era la primera estación en la ruta comercial que conectaba el Mediterráneo con el Mar Negro. Es importante observar que en el año 66 a.C Tarso se convirtió en la capital de la nueva provincia romana de Cilicia; Cicerón fue mencionado entre sus gobernadores (51/50 d.e.c.). Tarsos era una ciudad con una economía floreciente y la vida cultural en la e.c. del primer siglo.[109] Jenofonte dice que Tarsos era una *"ciudad grande y feliz, numerosos filósofos, retóricos y poetas prosperaron en la ciudad".*[110] Era considerada como un centro de

---

105 Collins, *First Corinthians*, 18-19.

106 Christopher Forbes, *Paul and Rhetorical Comparison* en *Paul in the Greco- Roman World: A Handbook* (Harrisburg: Trinity Press International, 2003), 151. "Pudo o no haber tenido una capacitación formal de retórica, pero sabía por observación y experiencia qué estilos de argumento no tendrían, atraerían la atención de su público".

107 Schnelle, *Apostle Paul*, 58-60.

108 Schnelle, *Apostle Paul*, 58. "El curso inferior navegable del río Cydnus conectó Tarso al mar abierto (Hechos 9:30), y una carretera comercial importante condujo de Antioquía en Siria a través de la ciudad a la costa del Egeo de Asia Menor".

109 Schnelle, *Apostle Paul*, 59.

110 Xenophon, *Anab*, 1.2.23.

la filosofía estoica. Según Strabo, *"los habitantes de Tarsos exhibían un gran celo por la filosofía y la educación en general que, en este sentido, superaban incluso a Atenas, Alejandría y todos los demás lugares"*.[111] Tarsos era considerada como ciudad universitaria. Algunos de sus famosos ciudadanos incluían estoicos y otros tipos de filósofos y retóricos, entre ellos un retórico que había sido el maestro de Julio César.[112] Apolonio de Tiana estudió la retórica en Tarsos, pero después le dio la espalda a la ciudad debido a su riqueza, la arrogancia y su población.[113] Además, en la época imperial, los derechos de un ciudadano podían obtenerse en Tarsos por quinientas dracmas.[114] Los antepasados de Pablo pudieron haberlos comprado y el apóstol pudo haberlos heredado.[115] Puede considerarse entonces que Tarsos era, en todos los aspectos, un centro metropolitano de la cultura grecorromana en el primer siglo.

Como se mencionó antes, Tarsos era una ciudad grecorromana común, en la que el uso de la retórica era bastante normal y formaba parte del sistema educativo. Los griegos y los romanos hacían de la persuasión un arte y una ciencia. D. A. De Silva observa, además, que *"el buen funcionamiento de una ciudad, la administración de la justicia y la promoción de los valores cívicos dependía de la capacidad de los ciudadanos particulares de defender su caso de manera efectiva"*.[116]

Pablo era consciente de todas estas reglas y prácticas de la oratoria en el mundo grecorromano. Por lo tanto, para él el arte de hablar en público era algo muy común. Aunque algunos estudiosos han sugerido que su vocabulario indica haber tenido un conocimiento formal de la retórica, su uso de una serie de palabras asociadas con ella solo establece un uso inteligente del griego helenista de la época, no que se formó en la retórica.[117]

Sin embargo, la cronología de la vida del apóstol Pablo y la evidencia de sus epístolas y el libro de Hechos hacen posible que fuera un producto del sistema educacional grecorromano en Tarso[118]. Además, según Porter,

---

111 Strabo, *Georg.* 14.5.13.
112 Strabo, *Geogr.* 14.5.14.
113 Philostratus, *Vit, Apollo.* 1.7.
114 Dio Chrysostom, *2 Tars.* 21-23.
115 Schnelle, *Apostle Paul,* 60.
116 David A. DeSilva, *An introduction to the New Testament: Contexts, Methods & Ministry Formation* (Downers Grove: InterVarsity Press, 2004), 381. "El arte de la oratoria tomó forma dentro de las instituciones de la ciudad griega y se desarrollaron para satisfacer las necesidades específicas de ocasiones y contextos específicos".
117 Porter, *Paul of Tarsus,* 536.
118 Porter, *Paul and his Bible,* 105.

"la estructura del sistema, incluyendo las edades de estudio y el plan de estudios, apunta a que Pablo terminó la escuela primaria antes de dejar Tarso para continuar su educación en Jerusalén en la escuela rabínica.[119] Si aceptamos o no la declaración de Porter, tenemos que reconsiderar varios factores para llegar a alguna conclusión. A la vez que él ya habría estudiado la Torá escrita durante sus estudios en Tarso, habría aprendido la oral en Jerusalén.[120] Aplicar categorías retóricas a sus epístolas, no es la única forma que nos permite entender mejor al apóstol y sus escritos. La forma de Pablo para comunicarse con las iglesias era tan particular que es posible que tuviera una noción de retórica. Por supuesto, él estaba familiarizado con la forma de los discursos de la época.[121] Por otra parte, era un orador altamente experimentado y, por lo que podemos decir, en su propia cuenta era persuasivo. Parece también que Pablo no solo estaba influenciado por los retóricos de la época, sino también por los filósofos moralistas estoicos.[122]

Pablo y la influencia del moralista estoico

Grabado 14. Filósofos moralistas populares en el tiempo de Pablo.

119 Porter, *Paul and his Bible*, 105ss. "Durante sus estudios de gramática, además de la alfabetización y la aritmética básica, Pablo habría estado expuesto a los poetas y autores principales y aprendido la composición a través de las *progynnasmata* y la escritura de cartas".

120 Ciampa and Rosner, *The First Letter*, 7-8.

121 Collins, *First Corinthians*, 17-20.

122 Schnelle, *The Apostle Paul*, 59.

En la época de Pablo, uno de los temas de mayor actualidad entre los filósofos moralistas populares era el del dominio propio.[123] También vale la pena señalar que sus contemporáneos consideraban el concepto de dominio propio como una señal de persona civilizada. Además, practicando el dominio propio en el comer y en el sexo, y manteniendo el decoro apropiado del hogar, los hombres sociales de clase alta de los pueblos subordinados podían ocupar un lugar entre las clases dominantes del Imperio romano.[124] El estoico Musonius Rufus añadió: *"Pero ¿cómo lograría alguien el dominio propio si no hacía un esfuerzo para frenar sus deseos? O, ¿cómo podría uno que es indisciplinado lograr que otros sean templados? No se puede mencionar ningún estudio, excepto la filosofía que desarrolla el control propio"*.[125]

Hay similitudes entre Pablo y Musonius Rufus, aunque con diferentes énfasis. ¿Se presentó el apóstol Pablo a sí mismo en términos relacionados con los filósofos moralistas populares? Por ejemplo: Pablo en 1 Corintios 9:27 escribió que castigaba y esclavizaba su cuerpo, lenguaje que muy probablemente sugería dominio propio o abnegación con respecto a la comida.[126] De igual forma, Will Deming señala que un intento de mostrar la influencia estoica en el apóstol, comparando su discurso y su lista de diferentes cosas con las utilizadas por los estoicos, también es poco prometedora.[127] La cuestión aquí es que, gran parte de lo que estas listas incluyen, es material filosófico común, no algo totalmente estoico. Estas listas nunca son completas, ya sea en Pablo o en el estoico.[128] Sin embargo, no hay concierto en si Pablo usó el mismo lenguaje que el filósofo estoico de la época. Además, en un comentario importante e influyente sobre 1 Corintios y la retórica, Ben Witherington explica que el apóstol escribió su epístola como sustitutos de la comunicación oral.[129]

Sin embargo, hay pruebas de que la intención de Pablo era que sus epístolas fueran leídas en voz alta en las reuniones de la iglesia. Sus

---

123 Neil Elliott and Mark Reasoner, *Documents and Images for the Study of Paul* (Minneapolis: Fortress Press, 2011), 19.

124 Grant, *Paul in the Roman*, 52-55.

125 Musonius Rufus, *Fragment 8*.

126 Elliot and Reasonr, *Documents and Images*, 20. "Desde el asceta hasta el conocedor y el glotón, varias subculturas dentro de los mundos griego y romano exhibieron una variedad completa de enfoques para el consumo de comida y vino.

127 Will Deming, *Paul and Indifferent Things*, en *Paul in the Greco-Roman World: A Handbook* (Harrisburg: Trinity Press International, 2003), 387.

128 Malherbe, *Social Aspects*, 24.

129 Witherington, *Conflict & Community*, 35.

cartas eran leídas en casi todas las iglesias que fundó y ministró. Pablo, el fundador de la congregación, buscaba influir en las decisiones éticas y la conducta moral de los corintios que se caracterizaban por la división y la tensión.[130] Además, el apóstol Pablo estaba más interesado en predicar el poder de la cruz que llamara a la fe, que en pronunciar una frase brillante que despertara aplausos. Por lo tanto, para él la predicación y la enseñanza de la cruz de Cristo era la característica más importante de sus mensajes a los judíos y gentiles. No salía a entretener o a inducir a la fe con argumentos y palabras, sino a proclamar la muerte y resurrección de Cristo, lo cual enfrentaba a sus oyentes con una decisión de vida o muerte. El apóstol Pablo era más que un filósofo; era un pastor predicador del Evangelio de Jesucristo. Podía conceder el juicio negativo del corintio sobre su retórica, pero la evaluación de los corintios se basaba en presuposiciones que él no compartía. La razón por la que no era un experto en retórica elegante es que tal experticia lo inhibía, más que liberar el poder de la cruz.

---

130 Grant, *Paul in the Roman,* 25-26.

Capítulo V

MISIÓN Y MINISTERIO DE PABLO EN LA CORINTO ROMANA

Grabado 15. La predicación y la enseñanza de Pablo en la Corinto romana.

El estatus social del apóstol Pablo, como el de la iglesia cristiana primitiva, ha estado recientemente en revisión. Deissmann tiene especial interés en "las huellas que indican la clase social a la que pertenecía". Él identifica tres: su oficio, su ciudadanía y su educación o trasfondo cultural.[1] Sobre la base de su ciudadanía y lenguaje, habría que asignarle la clase social alta. El punto de vista de Deissmann no es nuevo. Muchos siglos antes, los padres de la iglesia, como Juan Crisóstomo, Gregorio De Nyssa y

---

1 Adolf Deissmann, *Paul: A Study in Social and Religion History* (New York: Harper and Row, 1957), 275.

Theodoret, habían expresado una opinión idéntica con respecto a su clase social.[2] Muchos de ellos todavía tienen puntos de vista diferentes.[3] Una erudición más reciente ha demostrado que el estatus social del cristianismo primitivo puede ser mayor de lo que Deissmann supuso. Incluso el apóstol Pablo puede ser considerado como parte de la gente de clase alta de su tiempo. Era ciudadano romano cuando apeló a ser juzgado en una corte romana, y no por su propio pueblo judío. Como ciudadano romano, tenía todos los derechos otorgados a cualquier ciudadano en el imperio.

El estatus romano de Pablo

Cuando el apóstol Pablo se convirtió al cristianismo, el Imperio como tal, ya había pasado dos generaciones.[4] En este respecto, es importante notar que *"la antigua y venerable República Romana había caído en una guerra civil tras el asesinato de Julio César. Varios años de conflictos sangrientos y divisorios habían, eventualmente, llevado a la aparición de Octavio, el heredero adoptivo de César, que tomó el título de Agusto y reinó con supemacía sobre Roma y su floreciente imperio por las últimas décadas"*.[5] Fue este el mundo en el que Pablo se convirtió al cristianismo. W. Ramsay, por ejemplo, no miró el comercio de Pablo, sino su ciudadanía romana (Hechos 16:37, 22:25-29). Dijo que su ciudadanía lo habría *"situado en el centro de la aristocracia de cualquier pueblo de provincia"*. Su ciudadanía romana, también explicó Ramsay, *"era la prueba de que su familia era distinguida y, al menos, de riqueza moderada"*.[6] El apóstol era ciudadano romano y su ciudadanía le ayudó y le abrió puertas en sus viajes misioneros. Era muy fácil viajar a lo largo de todas las ciudades del mundo grecorromano en esos días con un pasaporte romano. Su *civitas romana* ha sido desafiada por W. Stegemann, quien dice que se trataba de una ficción de Lucas o un malentendido.[7] Al contrario, está bastante claro que Pablo era, por nacimiento, ciudadano romano. En los datos disponibles, esto seguía siendo una distinción de los años 30 al 50 d.C.[8] Su ciudadanía era

2 Ronald F. Hock, *Paul's Tentmaking and the Problem of His Social Class*, Journal of Biblical Literature 97 (1978): 555-564.

3 Malherbe, *Social Aspects*, 31.

4 Norman T. Wright, *Paul in Fresh Perspective* (Minneapolis: Fortress Press, 2005), 62.

5 Wright, *Paul*, 62-63.

6 William Ramsay, *St. Paul the Traveler and the Roman Citizen* (New York: Putman's Sons, 1896), 31.

7 Wolfgang Stegemann, *War der Apostel Paulus ein römischer Bürger?* ZNW 78 (1987): 200.

8 Gillian Clark, *The Social Status of Paul*, Expository Times 96 (1984-85): 110-111.

como un pasaporte dentro del Imperio romano que le dio entrada a casi todos los segmentos de las élites sociales de su tiempo.[9]

El tema de la ciudadanía romana de Pablo es problemático, aunque no tan inaccesible como sugiere Stegemann. Es discutido con cierto detalle por Sherwin-White, quien comenta que el dilema de establecer la ciudadanía probablemente no fue tan difícil, como pensamos, para el romano del primer siglo, ya que la mayoría de la gente permanecía en el mismo lugar de una generación a otra y los orígenes familiares eran de conocimiento público. Las excepciones eran los soldados; a estos se les otorgaba un pequeño certificado metálico, un diploma y los comerciantes que probablemente llevaban un pequeño díptico de madera. La creencia general es que la mayoría de los ciudadanos romanos llevaba algún tipo de documento que mostraba el registro de su lugar de nacimiento.[10]

Entre las evidencias fundamentales sobre la vida de Pablo está su propio testimonio. Su comentario: "Ἐγώ δὲ Καὶ γεγέννημαι" (*civis Romanus*) es, probablemente, no más que una respuesta directa a la declaración de Claudio Lysias, " ' Ἐγώ πολλοῦ κεφαλαίου τὴν πολιτείαν ταύτην ἐκτησάμην (Hechos 16:37; 22:25-28)". Así que según Hechos 22:3, se informa que él dijo que nació en Tarso.[11] La ciudad de Tarso era la capital de la provincia romana de Cilicia y era una de las ciudades más importantes en Asia Menor.

Es muy probable que su nacimiento en Tarso y su ciudadanía romana (*civitas Romana*), que presupone un nivel social relativamente alto, le hayan dado una apreciación del Imperio romano.[12] La cuestión del origen y el estatus social de sus familiares está estrechamente vinculado con el suyo. La suposición de que a su padre se le haya concedido la ciudadanía romana no es muy clara.[13] Puede ser que su padre o abuelo hubieran desempeñado algún servicio o deber especial para el emperador u otro alto funcionario, tal vez, en relación con su negocio de tiendas de campaña.

Pablo, la ciudadanía romana y Tarso

Hay algunas dificultades aparentes en asumir que el apóstol era un ciudadano de la ciudad en la cual nació. Él se describe a sí mismo

---

9 Tidball, *Social Setting*, 92.
10 Hill, *The Sociology*, 195.
11 Bruce, *I & II Corinthians*, 241.
12 Seyoon Kim, *The Origin of Paul's Gospel* (Grand Rapids: Eerdmans, 1981), 38.
13 Schnelle, *Apostle Paul*, 60.

como un judío y *"de Tarso en Cilicia... Un ciudadano de una ciudad no insignificante"* (Hechos 21:37-39). En otras palabras, Tarso era una de las ciudades más importantes del Imperio romano, debido a su situación económica y política. El asunto es cómo debemos entender los términos *Tarseus* y *polites*. Era muy difícil para los extranjeros obtener la ciudadanía romana. Parece muy probable que, desde su nacimiento, Pablo fuera miembro de la comunidad judía de Tarso que, como en otros lugares, tenía ciertos privilegios, pero no la plena ciudadanía,[14] y que, en este caso, como en la Septuaginta, *polites* y *Tarseus* se refieren solo a su lugar de nacimiento. Pero, por supuesto, es difícil obtener claridad real en esta investigación.

Por lo tanto, tales opiniones podrían ser meras especulaciones. Lo que está claro es que el estatus de Pablo como *civis romano*[15] le dio ciertos derechos y privilegios que los ciudadanos comunes del imperio podían esperar. En primer lugar, el estatus social se concedía solo a los ciudadanos de Roma nacidos en libertad, pero sus privilegios se hicieron ampliamente disponibles a medida que las fronteras del imperio se extendían.[16] Parece bastante lógico asumir que el απο στλε de Pablo, debido a su ciudadanía romana, atraería a personas cuya condición social era similar a la suya. Le daba el privilegio de estar entre las clases superiores del imperio. Tal vez por esta razón dio una respuesta orgullosa a sus oponentes, los arrogantes aristócratas de la comunidad cristiana de Corinto, cuando dijo: "Ἐλεύθερος γὰρ ὢν ἐκ πάντων πᾶσιν ἐμαυτὸν ἐδούλωσα" (1 Corintios 9:19). Este testimonio de boca de Pablo es una de las evidencias más claras que tenemos acerca de su estatus social.[17] Este estatus le abrió muchas puertas a él, a su misión y ministerio en el Imperio romano. Obviamente,

---

14 Martin Hengel, *The Pre-Christian Paul in The Jews Among Pagans and Christians*. Edited by Judith Lieu, John North, and Tessa Rajak, (New York: Routledge, Chapman and Hall, Inc., 1992), 30. Comentó además que "no hay razón para dudar de la información de Lucas de que el apóstol tenía la ciudadanía romana. Las razones expuestas en contra de esto no son convincentes. Así Pablo pudo haber sido azotado tres veces (2 Corintios 11:25) porque deliberadamente se calló acerca de su ciudadanía para seguir a Cristo en su sufrimiento. También debemos tener en cuenta la posibilidad de que los magistrados de la ciudad no se hayan sentido obligados por su pretensión de privilegiar. Que Pablo nunca menciona que eso no significa nada, ya que se mantiene callado acerca de casi todos los asuntos privados. Si hubiera sido un mero peregrino, Pablo habría sido condenado en Judea sin mucho alboroto y no habría sido enviado a la corte imperial en Roma". Tampoco la afirmación de que Pablo nunca menciona su nombre completo en tres partes significa nada, ya que esto no siempre era habitual en los círculos de habla griega y se oponía a la costumbre del judaísmo y del cristianismo primitivo.

15 Witherington, *Conflict & Community*, 1.

16 Tidball, *Social Setting*, 93.

17 Garland, *1 Corinthians*, 429.

su credencial le dio una ventaja que ningún otro predicador tenía en la antigüedad.

El comercio de Pablo como fabricante de tiendas de campaña

El argumento entre los eruditos acerca de la naturaleza de la vocación de Pablo también ha planteado, generalmente, la cuestión relacionada con el momento en que aprendió las habilidades de hacer tiendas de campaña.[18] Obviamente, practicaba un comercio (hacer tiendas de campaña) como su principal ingreso de apoyo como apóstol. Esto queda claro en las declaraciones del informe en sus cartas, especialmente en 1 Corintios 4:12. Por otro lado, lo que es menos claro es el comercio exacto que puso en práctica.[19] Sin embargo, los eruditos normalmente aceptaron la prueba de Hechos de que él comerciaba como fabricante de tiendas. Por el contrario, para algunos estudiosos, Pablo era un fabricante de tiendas de campaña, pero su oficio no indicaba su estatus social.[20] Más importante es su actitud hacia la práctica de este oficio, pues esas actitudes no eran —como hemos visto— las de los aristócratas.[21] No es una sorpresa que las actitudes de algunos artesanos hacia su propio comercio fueran positivas. Sin embargo, ¿cómo vio Pablo la idea de trabajar con las manos? Los eruditos responden a esta pregunta diciendo que la aprendió como parte de sus antecedentes judíos y algunos dicen que aprendió el oficio de su padre.[22]

Sin embargo, algunos han aceptado la evidencia de Hechos, que la vocación del apóstol Pablo era la fabricación de tiendas de campaña,[23] pero han seguido discutiendo si su vocación incluía tiendas de piel de cabras, lino o cuero.[24] Es interesante observar que algunos eruditos no están de acuerdo con la noción de que Pablo era un fabricante de tiendas de campaña y al

---

18 Ronald F. Hock, *The Problem of Paul's Social Class: Further Reflections* en *Paul's World.* Edited by Stanley E. Porter (Leiden: Brill, 2008), 7-10. Contra Todd Still, Did Paul Loathe Manual Labor? Revisiting the Work of Ronald F. Hock on the Apostle's Tentmaking and Social Class, *Journal of Biblical Literature* 125 (2006): 781-795.

19 Hock, *The Problem of Paul's,* 9.

20 Still, *Did Paul Loathe,* 785.

21 Hock, *The Problem of Paul's,* 11.

22 Malherbe, *Social Aspects,* 24.

23 Ernst Haenchen, *The Acts of the Apostle: A Commentary* (Philadelphia: Westminster Press, 1971), 538.

24 Ronald F. Hock, *The Social Context of Paul's Ministry* (Philadelphia: Fortress Press, 1980), 22-25.

mismo tiempo, parte de los aristócratas. Por el contrario, algunos estudiosos cuestionan la idea de cualquier aristócrata de tener un comercio para apoyar a su familia como parte de su legado familiar. Lucian señala un legado del tío de su madre, reputado como el mejor escultor (ἄριστος ἑρμοφλύος εἶναι δοκῶν), para aprender el corte de piedra, la mampostería y la escultura.[25] Parece que algunos de los aristócratas y filósofos de la época de Pablo, veían cualquier tipo de comercio como servil y humillante.[26] Musonius Rufus, sin embargo, consideró en el primer siglo que el filósofo trabajaba con sus manos para que sus alumnos se beneficiaran al verlo en el trabajo demostrando por su propio esfuerzo la lección que la filosofía inculcaba: *"sufrir los dolores del trabajo con su propio cuerpo, en lugar de depender de otro para el sustento"*.[27] Dado el estatus social y la actitud de Pablo hacia su trabajo como fabricante de tiendas, surge la pregunta: ¿aprendió su oficio (hacer tiendas de campaña) como un aristócrata mientras crecía o lo aprendió de su padre cuando era niño o mientras estudiaba con Gamaliel en Jerusalén? Algunos intérpretes, sin embargo, dicen que no aprendió un oficio hasta más tarde, cuando fue discípulo de Gamaliel (Hechos 22:3), dando como justificación el ideal rabínico posterior de combinar el estudio y la enseñanza de la Torá con la práctica de un oficio: *"Este estudio del Torá es excelente junto con la ocupación mundanal"*.[28] Esta es la *communis opinio* (la opinión común) de varios estudiosos. Gerhard Bornkamm dice que *"con Pablo, la formación teológica en el judaísmo, se combinó con el aprendizaje y la práctica de un oficio"*.[29]

F.F. Bruce también dice que *"muchos rabinos practicaban un oficio... Pablo mantenía escrupulosamente esta tradición como predicador cristiano"*.[30] Por otra parte, la idea de que su padre lo capacitó, siguiendo la costumbre judía, no debería significar que esa práctica era seguida solo por

25 Lucian, *Somn*, 1-2, 7.

26 Cicero, *De Officiis* 1.42.150-151.

27 Musonius Rufus, *Fragment* XI.

28 Hock, *The Social Context*, 22. Añade que "aunque ampliamente y con confianza expresó esta opinión, está abierta a la pregunta en tres puntos. En primer lugar, la historia de Pablo siendo educado por Gamaliel, conocida solo en Hechos 22:3, está abierta a la pregunta por una variedad de razones, entre ellas la incongruencia de un Pablo perseguidor que ha sido el estudiante de un maestro tan tolerante como Gamaliel Cf. 5:34). Segundo, aunque concedamos la educación de Pablo bajo Gamaliel, este hecho no requiere decir que la educación de Pablo se hiciera con un objetivo profesional en mente, que el ideal rabínico de combinar el comercio y la Torá tiene en vista. En tercer lugar, incluso si Pablo era un estudiante profesional, el ideal de combinar la Torá y el comercio es difícil de establecer mucho antes de mediados del siglo II a.C., es decir, mucho después de Pablo".

29 Gerhard Bornkamm, *Paul* (New York: Harper & Row, 1971), 12.

30 F. F. Bruce, *Paul: Apostle of the Heart Set Free* (Grand Rapids: Eerdmans, 1977), 108.

la tradición judía. En la sociedad grecorromana, también era costumbre que el padre enseñara un oficio manual a su hijo,[31] como se puede ver en las generalizaciones de Platón y otros escritores.

Pablo y los temerosos de Dios

Hechos de los Apóstoles nos dice que la misión de Pablo comenzó con los judíos y continuó luego con los gentiles. Más exactamente, fue a *"los temerosos de Dios"*. Ellos eran gentiles (el αεβόμενοι ο φοβούμενοι τòν θεόν) que simpatizaban con las creencias judías y las prácticas morales del judaísmo.[32] No se convertían completamente al judaísmo ni se circuncidaban. Lucas dice que, durante la misión de Pablo en Corinto, fue rechazado por los gobernantes y miembros de la sinagoga local y declaró: *"De ahora en adelante iré a los gentiles"* (Hechos 18:6). Entre los primeros y segundos viajes misioneros, Pablo cambió conscientemente su estrategia. En el primer viaje utilizó la sinagoga judía como plataforma para su misión y, como resultado, encontró oposición.[33] En su segundo y tercer viaje, creó una plataforma alterna para su ministerio de predicación. Utilizó su estatus social como *civis romano* y con frecuencia obtuvo la ayuda suficiente de los patrocinadores pudientes para apoyar su misión.[34] Sus ministerios (predicación y enseñanza) tuvieron lugar en la sociedad grecorromana, donde los predicadores itinerantes eran muchos, incluyendo a los *"filósofos mendigos"* y sus parientes cercanos, los sofisticados retóricos estoicos. Estos oradores profesionales, para quienes las habilidades retóricas eran a menudo un arte, promovían fuertemente las ideas religiosas y los valores, particularmente en el ámbito de la ética moral y social.[35] El método de enseñanza y la forma de disputa de Pablo eran muy parecidos a los de los filósofos de las escuelas filosóficas grecorromanas de la época.

---

31 Plato, *Protag* 328A. Para el primer imperio: Dio Orat 4.47; 7.111; Entre estos últimos podemos notar el conocido caso de Sócrates aprendiendo el oficio de su padre Sophroniscus y el caso menos conocido de Tryphon, un tejedor de Oxyrhynchus y un contemporáneo de Pablo, que también aprendió el oficio de su padre y, a su vez, enseñó a uno de sus hijos.

32 Schnelle, *Apostle Paul,* 130.

33 Ciampa and Rosner, *The First Letter,* 8.

34 E. A. Judge, *Early Christians as a Scholastic Community* en *Journal of Religious History 1* (1960-61):127. En este artículo el juez trata de comparar a Pablo con otros contemporáneos. Aunque la investigación detallada es útil, el intento de presentar a los primeros cristianos como una comunidad escolástica no es del todo convincente.

35 E. E. Ellis, *Pauline Theology: Ministry and Society* (Grand Rapids: Eerdmans, 1989), 147.

Pablo y los filósofos populares

Estas similitudes entre Pablo y los filósofos populares de su época se han subrayado, al punto de que algunos lo ven como un tipo de filósofo helenista.[36] Stowers ha desafiado la clasificación por parte de Judge sobre Pablo como un *"sofista"* profesional que pertenecía a la clase social de profesores itinerantes. Destaca el hecho de que Judge fue tan lejos comparando a Pablo con los cínicos como para compararlo con los eminentes como Aelius Aristides y Dio Crisóstomo. Sin embargo, señala que, incluso si hay algunas similitudes entre una perspectiva cínica y la predicación y la enseñanza de Pablo, el enfoque cínico del mercado no era muy adecuado para alguien que tenía en mente la formación de la comunidad permanente.[37] Por otro lado, Malherbe está de acuerdo con la idea de que hay algunas similitudes, pero quiere subrayar la función en la que Pablo adaptó lo que había aprendido de los filósofos moralistas. Esa función, dice, es principalmente pastoral y la adopción y adaptación de Pablo de la tradición filosófica muestran su conciencia y comprensión del sistema pastoral filosófico de su época.[38] Pablo el pastor, estaba cómodo con algo del concepto filosófico y la enseñanza del filósofo de su tiempo.

Otra indicación del estatus de clase alta de Pablo es la forma en que se movía libremente en los círculos sociales más altos de las provincias del imperio. Su habilidad de hablar arameo y griego le permitió ser un evangelista eficaz, tanto en el mundo judío, como en el mundo grecorromano. Su influencia con la lengua hebrea, a veces, provocaba la hostilidad de los líderes en Jerusalén, según Hechos. A la vez, su conocimiento del griego le ayudó a obtener una audiencia entre los filósofos de Atenas, como en Hechos 17. Pablo difícilmente habría sido invitado para hablar en el concilio del Areópago si hubiera sido un ignorante del idioma griego en su cultura.[39] Un aspecto final de su vida y estatus social se encuentra observando sus actitudes sociales. Su posición respecto a la autoridad secular y los poderes

---

36 Panayotis Coutsoumpos, *Comunidad, Conflicto y Eucaristía en La Corinto Romana: Entorno Social de la Carta de Pablo* (Barcelona: Editorial Clie, 2010), 79.

37 Stanley K. Stowers, *Social Status, Public Speaking and Private Teaching: The Circumstances of Paul's Preaching Activity*, Novum Testamentum 24 (1984): 69.

38 Malherbe, *Social Aspects*, 68.

39 Stanley E. Porter, *The Languages that Paul Did Not Speak* en *Paul's World*. Edited by S. E. Porter (Leiden: Brill, 2008), 134. "El episodio de Hechos 14 refleja la situación del primer siglo. El griego era la lengua franca del Imperio romano, para la cual abundan las pruebas. No solo Juvenal llama la ciudad de Roma, griega, sino que Julio César en el momento de la traición de su amigo Bruto lo llama en griego".

conferidos al estado y a otras instituciones establecidas, es altamente conservadora, pero muy común de un miembro típico de la clase social alta. Creía que todas las autoridades existentes, buenas o malas, eran instituidas por Dios (Romanos 13:1-7).[40]

Pablo no hizo ningún intento de cambiar la estructura social existente de su sociedad (1 Corintios 7:17-23). Para él, los esclavos debían obedecer totalmente a sus amos terrenales (Colosenses 3:22), mientras que los amos debían cumplir su propio deber y ser justos y equitativos con sus esclavos (Colosenses 4:1).[41] Por lo tanto, Pablo tomó una actitud típica de una persona de clase alta, pero también estaba dispuesto a acomodarse a las clases sociales inferiores por el bien del Evangelio.[42]

Después de examinar el contexto social de su ministerio, podemos ahora examinar el significado social de los hogares-iglesias donde algunos de estos sirvieron como base a su ministerio.

Pablo y los hogares-iglesias

El estudio de la importancia del concepto de hogar en el Nuevo Testamento es relevante. Un malentendido de este concepto significaría que una buena parte de los problemas socio-históricos y teológicos del Nuevo Testamento quedaría oscurecida, y especialmente el asunto de los hogares en la iglesia de Corinto.[43] Por lo tanto, los hogares-iglesias y los muchos patrocinadores eran para el apóstol Pablo los medios que utilizó para su ministerio apostólico en torno al antiguo mundo mediterráneo. F. Filson es uno de los primeros en prestar atención al tema. La iglesia del Nuevo Testamento se entendería mejor si se prestara más atención al ambiente físico real bajo el cual los primeros cristianos vivían, en particular, el significado y la función de la iglesia local.[44] La mayoría de los primeros cristianos se reunía en hogares grecorromanos. El registro del libro de Hechos da al hogar-iglesia un lugar prominente en la narración del cristianismo primitivo. Como se mencionó anteriormente, los sermones voluntarios y apologéticos eran predicados en público, pero la vida de la iglesia estaba en un hogar.[45] Desde el principio de la iglesia, las reuniones

---

40 Hill, *The Sociology*, 198.
41 Perkins, *First Corinthians*, 111.
42 Malherbe, *Social Aspects*, 42-43.
43 Banks, *Paul's Ideas*, 26-32.
44 Filson, *Early House Churches*, 105-106.
45 Stambaugh and Balch, *The New Testament*, 139.

cristianas en los hogares sirvieron de base al movimiento. Los primeros centros de adoración cristiana eran casas, propiedad de miembros de la iglesia. En el primer siglo de nuestra era y durante mucho tiempo después, el cristianismo no fue reconocido como una religión, por lo que no existía un lugar de reunión público, como la sinagoga.

Por lo tanto, los primeros cristianos tenían que usar las únicas instalaciones disponibles, es decir, las casas de algunos de los creyentes.[46] La reunión de cristianos en los hogares se remonta al comienzo mismo de la iglesia. El registro de Lucas en los Hechos menciona tales reuniones en la iglesia primitiva (Hechos 1:13, 2:46, 5:42, 12:12, etc.). Cuando la iglesia se mueve fuera de Palestina, se encuentra el mismo patrón en otras ciudades.[47]

Otros pasajes se refieren a la conversión de familias completas (Hechos 11:14; 16:15, 31-34; 18:8). En la mayoría de los casos se convertían todos en el hogar, incluso el esposo, las esposas y los esclavos; en algunos casos, la conversión del jefe de la familia no significaba la conversión de los esclavos (véase Onésimo en Filemón 10), aunque normalmente se podía suponer que cuando el jefe de familia se convertía en cristiano, los esclavos también.[48]

No es casualidad que los esclavos y los siervos fueran nombrados como tales (Romanos 14:4, 1 Pedro 2:18, Lucas 16:13). Tampoco es accidental que a estos se les remitiera al lado de esposas e hijos en los llamados *Haustafeln*, mientras que otros parientes no jugaban ningún papel en tales listas.[49] Esposas, niños y esclavos se mencionan claramente en pasajes como Col. 3:18; Efesios 5:22. También parece que en 1 Tim. 3:12 la mención de los hogares podría incluir a

---

46 Jerome Murphy-O'Connor, *St. Paul's Corinth* (Wilmington: Michael Glazier, Inc., 1982), 153-155. La excavación arqueológica en Corinto ha sacado a la luz información relevante sobre el tamaño y el estilo de algunas casas de la época romana. Uno de los pisos de mosaico descubiertos está fechado a finales del siglo I d.C. Algunas de las casas descubiertas revelan que sus propietarios eran gente de la clase superior.

47 Filson, *Early House Churches*, 106, encuentra que "fuera de Jerusalén, ningún templo servía como un centro parcial de atención para los cristianos. Siempre que la sinagoga estaba cerrada a la propaganda cristiana —y esto parece haber ocurrido temprano en el desarrollo de la obra de Pablo en las ciudades que visitó— la iglesia local dominó la situación. Solo rara vez se podía obtener una sala de reunión pública (Hechos 19:9). Con la excepción de un uso tan limitado como podría hacerse del mercado y otras áreas públicas de la ciudad, el ajuste regular para las reuniones cristianas y la predicación evangélica se encontraba en las casas de los creyentes".

48 Stambaugh and Balch, *The New Testament*, 139.

49 Theissen, *The Social Setting*, 86. También menciona que "el centurión es σὺν παντὶ τῷ οἴκῳ αὐτοῦ (Hechos 10:2). Él relaciona su visión con "dos de sus esclavos y un soldado devoto de entre los que le esperaban" (Hechos 10:7). Lucas seguramente no quiere decir que los esclavos no eran devotos en sí mismos, aunque el soldado pertenecía a los temerosos de Dios, como si el centurión confiara su visión a los esclavos que eran incrédulos. Por el contrario, el predicado εὐσεβὴς es necesario solo para el soldado, ya que los esclavos se caracterizan en 10:2 como temerosos de Dios".

los esclavos como parte de todo el *Haustafeln* (hogar-iglesia).[50] Los términos de Lucas y Pablo son especialmente significativos en este estudio. Lucas menciona la palabra *"casas"* cinco veces. En estas referencias se mencionan las casas del centurión (Hechos 10:2; 11:14); de Lidia la comerciante de púrpura en Filipos (Hechos 16:15); del carcelero en Filipos (Hechos 16:31); y de Crispo, el principal de la sinagoga en Corinto (1 Corintios 18:18).

Existe una conexión especial con Pablo y el hogar. Él menciona en 1 Co. 1:16 que ἐβάπτισα δὲ Καὶ τὸν Στεφανᾶ οἶκον... como los primeros frutos de Acaya, que se han dedicado al servicio de la iglesia.[51] Algunas de estas personas mencionadas tenían esclavos, operaban negocios, o normalmente viajaban a muchos lugares, y con toda probabilidad, eran de alto nivel social y vivían en el ambiente elegante ejemplificado por las casas en Pompeya y Éfeso. Eran los que proporcionaban a la congregación un lugar para la adoración, pero también, como los patrocinadores de los clubes (hermandades), se convirtieron en los benefactores y líderes en los hogares-iglesias locales.[52]

Pablo, Aquila, Priscila y el hogar-iglesia

Según Pablo, Priscilla y Aquila convirtieron su hogar en un centro de comunión y enseñanza cristianas (1 Corintios 16:19, Romanos 16:5). Romanos 16 indican que cada congregación o grupo cristiano tenía su propio sitio de adoración. Su comentario en Romanos 16 indica que había varias congregaciones cristianas en la capital. Banks dice que no hay ninguna referencia (probablemente debido al tamaño de la ciudad), que los cristianos alguna vez se reunieran, en su totalidad, en un lugar.[53] La iglesia en Roma se reunía en residencias privadas, asumiendo que el capítulo 16 formaba parte de la carta a la ciudad.[54] Sin embargo, algunos estudiosos como P. Lampe, K.P. Donfried, C.E. B. Cranfield argumentan

---

50 Witherington, *Conflict & Community,* 30.

51 Meeks, *The First Urban,* 75.

52 Ellis, *Pauline Theology,* 142.

53 Robert Banks, *Paul's Idea of Community.* Revised Edition (Peabody: Hendrickson Publishers, 2009), 39.

54 Banks, *Paul's Idea,* 146. "En ese capítulo se pueden distinguir cuatro o cinco congregaciones cristianas. La asamblea en la casa de Priscila y Aquila y 'los santos' con Philologus y Julia eran probablemente congregaciones que se encontraban en esas residencias. Los 'hermanos' con Hermas pueden referirse a una casa usada tanto para trabajadores cristianos como para reuniones congregacionales. Aquellos de Aristóbulo y de Narciso eran, como los creyentes de la casa de César (Fil. 4:22) y las sinagogas romanas de los Augustesianos y Agripenses, probablemente congregaciones centradas en los libertos y esclavos de esos dos hogares y allí se reunían".

que Romanos 16 fue agregado a una copia de la carta dirigida a Éfeso. Además, había algunas congregaciones o grupos formados en hogares donde sus líderes no eran cristianos, como los mencionados en Ro. 16:10, 11, 14, 15, sin mencionar la familia Caesaris.[55] Parece que Pablo sabía de al menos, tres hogares-iglesias en Roma (Romanos 16:5, 14, 15), y pudo haber habido más de una congregación en Tesalónica (1 Tesalonicenses 5:27) y también en Laodicea (Colosenses 4:15). A pesar de que pudo haber formado iglesias separadas, estas congregaciones no fueron vistas como tales.[56] Como se mencionó anteriormente en 1 Corintios 11, no tenían servicios separados de comunión.

Hogar-iglesia como lugar de culto

Los hogares-liglesias como lugares de culto ayudaron a la congregación en cierta medida a tener alguna privacidad, un grado de intimidad y estabilidad de lugar.[57] Sin embargo, también creó el ambiente potencial para las facciones entre los miembros. El contexto del hogar-iglesia también preparó el escenario para algunos conflictos en la asignación de autoridad entre los miembros de la iglesia.[58]

No es sorprendente, entonces que, en muchos casos, la exhortación ética y moral se dirigiera a los hogares. Esto se aplicó especialmente en la congregación de Corinto, donde surgieron muchos problemas debido a las tensiones y divisiones socio-teológicas internas entre los miembros. Los cristianos de cierta tendencia doctrinal se agruparon. Como se señala a continuación, los cristianos del mismo origen social también habrían tendido a agruparse. En cada uno de estos grupos se encontraron sentimientos de orgullo y prestigio. Tal iglesia dividida inevitablemente se convirtió en un escenario abierto para cualquier tipo de diferencias doctrinales y sociales.[59] Es probable que aquí se pudieran descubrir las fuentes de las tensiones que se encuentran en el relato de

---

55 Meeks, *The First Urban*, 76.

56 Malherbe, *Social Aspects*, 70.

57 Gehring, *House Church and Mission*, 210.

58 Schnelle, *Apostle Paul*, 153-57.

59 Filson, *Early House Churches*, 110. Otra situación que probablemente, se había desarrollado en el hogar-iglesia es el problema de la lucha de partidos en Corinto. "La única suposición razonable es que los partidarios de Apolo, por ejemplo, encontraron la compañía y las ideas de cada uno congenial, y por lo tanto se reunieron, y que los otros grupos tenían no solo sus propios lemas del partido, sino también sus lugares separados de la asamblea.

Pablo de la liturgia eucarística en la iglesia de Corinto (1 Co. 11:17-34). Pablo censura a los miembros ricos por no comer la cena del Señor. Dice que *"cuando uno se reúne, no es la cena del Señor* (κυριακòν δεῖπνον) *la que se come.*[60] *Porque al comer, cada uno sigue adelante con su propia comida* (ἴδιον δεῖπνον), *y uno tiene hambre y otro está borracho, ¿no tienes casas para comer y beber, o desprecias la iglesia de Dios y humillas a los que no tienen nada?"* (1 Corintios 11:20). A modo de resumen: parece que una glotonería excesiva y otros problemas sociales causaron las divisiones y las facciones mencionadas por Pablo.[61] Además, es en este contexto que podríamos encontrar muchas mujeres líderes en la mayoría de las casas donde el apóstol Pablo puso las bases de su ministerio.

Pablo y el ministerio de la mujer en la iglesia y la sociedad

La correspondencia corintia contiene varios textos desconcertantes y difíciles sobre el papel de los hombres y las mujeres.[62] En esencia, *"en esta cultura del primer siglo, las mujeres tendían a casarse a una edad temprana. Si no venían de una familia adinerada, tenían pocas oportunidades educativas formales. Serían instruidas solamente en áreas consideradas como adecuadas para su rol futuro de administrar un hogar".*[63] Es improbable que muchas mujeres de la congregación corintia fueran educadas o tuvieran una educación adecuada. Algunos de estos pasajes se han utilizado, y siguen siendo utilizados, para justificar la discriminación, e incluso, el abuso de las mujeres. Estos pasajes han sido citados como apoyo a la sumisión de ellas a los hombres en el matrimonio y para su exclusión del oficio de enseñar y predicar en la iglesia. Algunos argumentarían que debemos ignorar estos pasajes por su pasado dañino, pero como son parte integral de la correspondencia de Pablo con la iglesia en Corinto romana, sería irresponsable ignorarlos

---

60 Coutsoumpos, *Comunidad, Conflicto,* 155-60.
61 Coutsoumpos, *Comunidad, Conflicto,* 156.
62 Ben Witherington III. *Women in the Earliest Churches.* (Cambridge: Cambridge University Press, 1988), 26-43. Ver también Bruce W. Winter. *Roman Wives, Roman Widows: The Appearance of New Women and the Pauline Communities* (Grand Rapids: Eerdmans, 2003), 77-94.
63 Garland, *1 Corinthians,* 677.

en este estudio.[64] Antes de considerar el rol del liderazgo de las mujeres en la iglesia primitiva y en las congregaciones de Pablo, es importante ver su papel en el tiempo de Jesús. Es bien sabido que Jesús fue seguido por algunas mujeres y que fueron parte importante de su ministerio. El registro del Nuevo Testamento muestra que Jesús, a menudo, actuaba de tal manera que ignoraba o cuestionaba las asignaciones tradicionales de roles religiosos y sociales de mujeres y hombres.[65] Esto parece aún más notable cuando recordamos que todos los registros de los escritores del Nuevo Testamento fueron hombres impregnados de una sociedad patriarcal. Había muchas mujeres como discípulos de Jesús, tales como María Magdalena, Salomé, María, madre de Jesús y otras.[66] De hecho, un grupo de mujeres se convirtió en los primeros testigos de la resurrección de Jesús cuando descubrieron la tumba vacía (Marcos 16:1-8). Cabe señalar, sin embargo, que el informe de las mujeres no fue creído ni tomado en serio hasta que fue confirmado por dos varones de los apóstoles, Pedro y Juan (Lucas 23:55 - 24:12). Que Jesús escogiera revelarse primero a las mujeres, aparentemente era inexplicable para los hombres en esa sociedad.[67]

Parece que la diferencia de Jesús de la tradición con respecto a los papeles sexuales era comúnmente reconocida y hablada en el movimiento cristiano. El relato de Lucas en el libro de los Hechos parece cuidadoso al mencionar que los hombres y las mujeres, por igual, respondían positivamente a Jesús y que tanto las mujeres como los hombres eran convertidos, bautizados y utilizados en la dirección de la iglesia primitiva (Hechos 1:14; 5:14; 8:3; 12; 9:2; 4-5).

---

64 Winter. *Roman Wives*, 4. "La evidencia arqueológica desatendida, pero extremadamente significativa, pone de manifiesto el hecho de que las mujeres podrían adoptar importantes reglas en la sociedad en el primer siglo. Este material existente proporciona un contexto para el papel crucial que algunos de ellos desempeñaron en la difusión del cristianismo primitivo. Si bien la información estadística debe ser tratada con cautela, no es desprovista de importancia que hay dieciocho mujeres mencionadas por nombres en esas iglesias, que comprenden el veinte por ciento del número total de hombres y mujeres nombrados específicamente".

65 D. M. Scholer. *Women* en *Dictionary of Jesus and the Gospels*. Ed. Joel B. Green, et al. (Downers Grove: InterVarsity Press, 1992), 880-886. Ver también Meier Tetlow. *Women and Ministry in the New Testament: Call to Serve*. (Lanham: University Press of America, 1980), 92-138. Gehring. House Church and Mission, 210-225. Correctamente observa que "la participación relativamente pesada de las mujeres, a menudo ricas y de niveles sociales más altos, en la misión paulina ha sido cada vez más reconocida en la investigación del NT".

66 Scholer, *Women*, 884.

67 Meier, *Women and Ministry*, 105.

Mujeres líderes en las iglesias de Pablo

Grabado 16. Mujeres líderes en las iglesias.

Varias referencias en los escritos de Pablo indican que muchas mujeres ocuparon posiciones de liderazgo significativas y de servicio en las nuevas iglesias que estableció.[68] Las mujeres y los hombres parecen haber servido lado a lado sin restricción ni prejuicio. Es importante notar que la primera conversión de Pablo en Europa fue Lidia de Tiatira. Lydia era una comerciante en Filipos, lo que significa que era una mujer progresista, que no estaba confinada a roles femeninos tradicionales. De acuerdo con Hechos 16:11-15, su conversión llevó al bautismo de toda su casa. Esto podría significar que era madre soltera y que también tenía criados.[69] Los únicos conversos en Atenas fueron un hombre y una mujer: Dionisio el Areopagita y una mujer llamada Dámaris (Hechos 17:34). A diferencia del caso de la religión judía y de otra religión pagana de la época de Pablo, los conversos al cristianismo se contaban como miembros, ya fuese como individuos sin consideración de género o como hogar completo en el cual el miembro principal o cabeza de hogar podía ser varón o mujer.[70] Los hombres y las mujeres, las personas libres y los esclavos, a menudo trabajaban uno

68 Helen Doohan. *Leadership in Paul. Good News Studies 11* (Wilmington: Michael Glazier, Inc, 1984), 148.

69 David W. J. Gill and Conrad Gemph. *The Book of Acts in Its First Century Setting* (Grand Rapids: Eerdmans, 1994), 114-118.

70 Perkins, *First Corinthians,* 4.

al lado del otro. Además, las mujeres se mencionan en comercios asociados con tiendas de textiles y alimentos o como arrendatarios de tiendas de cerámica heredadas, viñedos u otras instalaciones agrícolas.[71]

También aprendemos de Gálatas 3 que Pablo estaba tratando de liberar a los Gálatas de la práctica tradicional y el concepto equivocado de liderazgo en la iglesia en Galacia. Pablo dijo: *"Ya no hay judío ni griego, ya no hay esclavo ni libre, ya no hay varón ni mujer; porque todos vosotros sois uno en Cristo Jesús"* (Gálatas 3:28). En este capítulo, Pablo argumentó que el mensaje de Jesucristo eliminó las líneas a lo largo de las cuales la gente tendía a hacerse la división entre sí. Para él ya no había diferencia entre hombres, mujeres, esclavos o libres en Cristo.

Pablo y la cuestión de la esclavitud

Grabado 17. Pablo y la institución de la esclavitud en el Imperio romano.

Interesantemente, el apóstol Pablo no esperaba que la institución de la esclavitud, comúnmente aceptada en su tiempo, desapareciera de inmediato.[72] Informó a Filemón, un dueño de esclavos, que tratara a su

---

71 Jane Rowlandson, *Women and Society in Greek and Roman Egypt* (Cambridge: Cambridge University Press, 1998), 218.

72 Keith Bradley. *Slavery and Society at Rome* (Cambridge: Cambridge University Press, 1994), 148. "No importaba que Filemón también fuera cristiano: el evangelio no promovía sancionar la resistencia a la esclavitud".

esclavo, Onésimo,[73] como un hermano cristiano; y quería decir que tal tratamiento llevaría a Filemón a una gran libertad para él. Según Pablo *"en Cristo"* no es importante que uno sea esclavo, porque *"en Cristo"* el nivel social de uno no tiene más importancia que la propia raza o sexo.[74] Habiendo experimentado la realidad espiritual de la unidad en Cristo, esperamos con expectación toda oportunidad de traducir esa unidad en instituciones sociales y comportamientos comunitarios.

La cuestión de la esclavitud era algo con lo que el apóstol Pablo intentaba bregar en la iglesia de Corinto.[75] Ser esclavo no era un obstáculo para vivir la vida cristiana, pero si la oportunidad para la libertad llegaba por sí sola, un esclavo debía aprovecharla. Él fue claro cuando se trató de cuestiones sociales en la iglesia, como la esclavitud, hombres, mujeres, judíos y no judíos.[76] En otras palabras: para Pablo, estas distinciones sociales no deberían existir porque todos somos hijos de Dios mediante la fe. Mientras que parece darle la bienvenida al liderazgo de las mujeres en la iglesia de Corinto romano,[77] también está claro que tanto en tiempos de Jesús como en el suyo, hubo mujeres influyentes en la iglesia cristiana primitiva. Estas mujeres no eran solo líderes en su propia casa, sino que también desempeñaban un papel de liderazgo en la iglesia. Por ejemplo: en 1 Corintios (varios casos sobre el papel de liderazgo de las mujeres), Pablo menciona que los conflictos y desacuerdos han roto la unidad de los corintios (1 Co. 1:10).[78] No es de extrañar que hubiera desacuerdos entre los miembros de la iglesia en Corinto. El informe fue enviado por Cloé, una mujer líder en la iglesia de Corinto. Evidentemente, ella era una persona conocida por los miembros de la iglesia en Corinto, así como por el apóstol Pablo.[79] Es probable que Cloé fuera una líder cristiana, y parecería que su posición con la congregación de los corintios y con Pablo

---

73 J. Albert Harrill. *Slaves in the New Testament: Literary, Social, and Moral Dimensions* (Minneapolis: Fortress Press, 2006), 6-16.

74 Victor P. Furnish. *The Moral Teaching of Paul: Selected Issues* (Nashville: Abingdon Press, 1999), 92-94.

75 Garland, *1 Corinthians*, 300.

76 Furnish, *The Moral Teaching*, 93.

77 D. G. Horrell. *An introduction to the Study of Paul*. Second Editon. (London: T & T Clark, 2006), 114-120. "En 1 Corintios, en particular, Pablo aborda varias cuestiones que surgen sobre el lugar de las mujeres en el matrimonio y en la adoración. En 1 Corintios 7 comienza a responder a las preguntas de los Corintios sobre el matrimonio y las relaciones sexuales".

78 Efrain Agosto. *Servant Leadership: Jesus & Paul* (St. Louis: Chalice Press, 2005), 168-169.

79 Coutsoumpos, *Comunidad, Conflicto*, 46.

era tal, que ellos y él sabían que un informe de ella merecía ser tomado en serio.

Sobre el tema de las mujeres en la iglesia, indudablemente, el apóstol da la impresión de que estaba comprometido con la creencia de que *"no hay hombre ni mujer"*. La enseñanza y la predicación de Pablo van bien con esto, pero su propia práctica fue una manifestación de su creencia.

Capítulo VI

PREGUNTAS Y ASUNTOS CRÍTICOS EN 1ª CORINTIOS

Grabado 18. Templo de las deidades y la imagen de uno de los dioses en la
ciudad de la Corinto romana

Introducción a los asuntos

Un pequeño número de eruditos negaría que los problemas literarios de 1
Corintios sean extensos. Además, recientemente Roy E. Ciampa y Brian S.
Rosner argumentan que la estructura e integridad de la carta de Corintios
ha sido el punto céntrico de una larga discusión.[1] La opinión académica
es que la epístola es, de hecho, un manuscrito con muchas partes. Para

---

1 R. E. Ciampa and Brian S. Rosner. *The Structure and Argument of 1 Corinthians: A Biblical/
Jewish Approach*. New Testament Studies 52 (2006), 205-218. "Tales teorías surgen de la convicción de que
1 Corintios no solo es inusualmente larga, sino que también carece de una estructura global discernible".

algunos estudiosos, sin embargo, la única lógica de la comprensión de la epístola es que Pablo trata con informes orales en 1 Co. 1-6 antes de responder a asuntos planteados en la correspondencia corintia a él en los capítulos 7-16. El apóstol se ocupa de abordar una amplia gama de temas, algunos de los cuales han surgido de la comunicación oral (1 Corintios 1:11; 5:1), y algunos de una carta pidiendo su consejo.

El uso de la fórmula respecto a... 7:1, 25; 8:1; 12:1; 16:1, parece reflejar su respuesta explícita a la carta.[2] La epístola a los Corintios fue parte de una continuada correspondencia entre él y los cristianos en Corinto romana. Aunque se le llama la *"Primera carta a los corintios"*, no era la primera epístola que él había escrito a la iglesia ni tampoco la última.[3] El apóstol era muy consciente de lo que era una carta (1 Corintios 16:3). Es interesante observar que la forma en que escribió las cartas a los corintios se parece a la forma en que las cartas comenzaban típicamente en el mundo grecorromano del primer siglo.[4]

¿Quién escribió la carta a los Corintios?

Algunas preguntas críticas deben tenerse en cuenta, especialmente la de la autoría. Tanto 1 como 2 Corintios son acreditadas al apóstol Pablo. Sin duda, la autoría paulina de 1 Corintios nunca ha sido disputada como una de las cartas que escribió y la carta ya estaba atestada en los años 90 por Clemente de Roma.[5] La erudición más crítica ha aceptado constantemente estas cartas como genuinas (especialmente, 1 Corintios).[6] La autoría de esta carta paulina es indiscutible, es decir, 1 Corintios es parte del corpus paulino. No hay duda de quién fue el autor de la carta a los Corintios y quiénes fueron los beneficiarios. La carta puede ser fechada en las primaveras de los años 53-55 d.C., dependiendo del tiempo de la salida de

---

2 Brevard S. Childs, *The New Testament as Canon: An Introduction* (Valley Forge: Trinity Press International, 1994), 268.

3 Collins, *First Corinthians*, 4. El canon del NT contiene otra carta de Pablo a los Corintios, nuestra 2 Corintios canónica. Tradicionalmente esta primera carta a los Corintios se llama primera en comparación con la segunda carta a los Corintios.

4 Collins, *First Corinthians*, 1 "La gente de aquellos tiempos normalmente comenzaba sus cartas con fulano de tal y tal, saludos. Pablo comienza escribiendo a los Corintios con, Pablo y Sóstenes a la Iglesia de Dios en Corinto, gracia a vosotros y paz".

5 Clement. *1 Clem.* 37:5; 47:1-3; 49: 5.

6 Hafemann, *Letters to the Corinthians*, 175. "En el otro extremo, algunos estudiosos han tratado de aislar cada una de estas secciones como parte original de una escritura separada y asignarlas a la historia de la interacción de Pablo con los corintios".

Pablo de Corinto (Hechos 18:18) y la duración de su estancia en Éfeso. Es interesante observar que la opinión común es que Corintios es una carta unificada, enviada en un momento.[7] Hablar de una carta unificada implica que la consideramos como una sola.

Sin embargo, en su comentario, Raymond F. Collins menciona cinco puntos sobre la cuestión de la unidad e integridad de la carta.[8] 1) Es notable que, para casi toda la carta, solo 1 Co. 9:3, 14:15 y 15:16 están perdidos; 2) Las epístolas de Pablo son mucho más largas que las de sus contemporáneos y 1 Corintios es especialmente larga; 3) En 1876 H. Hagge planteó esta cuestión, y varios intérpretes han argumentado que están involucradas varias cartas, de las cuales deberíamos tener en cuenta especialmente a Johann Weiss, quien argumentó por dos cartas en su comentario;[9] 4) Algunos de estos eruditos (y sus teorías) han cambiado de opinión acerca de la identidad de las epístolas, supuestamente, mientras que los partidarios de estas teorías de partición, rara vez están de acuerdo en donde se encuentran las particiones; 5) Los eruditos como J. C. Hurd, Hans Merklein y M. M. Mitchell han presentado argumentos bien fundados para la integridad de la carta.[10] Hay varias opiniones sobre estas cuestiones y los expertos no han llegado a un consenso muy definido. La sugerencia más razonable y posible es por M.C. de Boer, que el apóstol tomó su pluma dos veces, ya que después de las primeras noticias de Cloé llegó un segundo informe que lo hace dirigirse a la situación con un consejo adicional a los miembros de la iglesia.[11]

Pablo abordó en primer lugar la cuestión de la discordia en los capítulos 1-4. En opinión de Boer, parece muy probable que los capítulos 5-6 fueran enviados por la delegación Stéfanos. J. C. Hurd, Jr. menciona que, por diferentes razones, un número de eruditos las han dividido en diferentes epístolas enviadas a Corinto por el apóstol Pablo. El punto inicial es la mención de Pablo a la carta anterior en 1 Corintios 5:9, que se supone que es visible en algunas secciones de 2 Corintios.[12] Entonces, sobre la base de

---

7 Brown, *An Introduction*, 535.

8 Collins, *First Corinthians*, 10-14.

9 Collins, *First Corinthians*, 11.

10 Thiselton, *The First Epistle*, 36.

11 M. C. de Boer, *The Composition of 1 Corinthians*, New Testament Studies 40 (1994): 220-45.

12 Hurd, Jr. *The Origin*, 43-47. "¿Se escribió el canónico 1 Corintios en una sola vez o es una compilación de dos o más cartas escritas en varias ocasiones? Hasta 1876 la unidad de 1 Corintios fue generalmente asumida, ya que no hay evidencia manuscrita o patrística en el contrario".

esta teoría, existe una supuesta contradicción entre algunas secciones de 1 Corintios; la carta se ha dividido en tres.

Los problemas literarios reales no se encuentran simplemente en la amplia gama de temas tratados, sino en la forma en que se presentan. Los eruditos han señalado desde hace tiempo la inconsistencia literaria.[13] Parece que en 1 Corintios 6:1-11 el tren de pensamiento es ruptura que viene del capítulo 5 al 6:12 y que el capítulo 9 se aparta de las líneas principales de pensamiento desarrolladas en los Capítulos 8-10. Además de este tema, el aspecto social de Corinto romana y el cristianismo primitivo, está en orden. Si queremos una imagen clara de la ciudad de Corinto, necesitamos ver algunas de las cuestiones sociales y morales que afectaban a los cristianos en general y, en especial, a la comunidad de Corinto.

Estructura social de la ciudad de Corinto

Pablo visitó Corinto alrededor del año 50 d. C. y en ese momento era una ciudad importante una vez más.[14] César estableció la mayoría de los libertos, pero no exclusivamente ἐποίχους πέμψαντος τοῦ ἀπελευθερικοῦ γένους πλείστους ("enviando a la mayoría de las personas que pertenecían a la clase liberada"). Los veteranos, probablemente, también estuvieron entre los colonos. En todo caso, los colonos eran ciudadanos romanos, de cualquiera de las colonias.[15]

El estilo de gobierno era el de una típica colonia romana, con *duoviri* y *aediles* elegidos anualmente. La profundidad de esta "*romanización*", sin embargo, no debe ser exagerada.[16] Es especialmente importante notar que la fundada ciudad de Corinto —su constitución, edificios, familias o cultos— no era una ciudad vieja. Durante este tiempo, muchas familias se movían socialmente; puede ser que sus abuelos y bisabuelos fueran esclavos. Tal ciudad era muy receptiva a nuevas ideas. La elección de Pablo de Corinto como terreno de prueba para la nueva religión resultó ser

---

13 Childs. *The New Testament as Cannon*, 268ss.

14 Stambaugh and Balch, *The New Testament*, 157.

15 Strabo, VIII, 6, 23. Ver también Gerd Theissen, *The Social Setting of Pauline Christianity*, trans. J. H. Schütz (Edinburgh: T. & T. Clark, 1982), 99. "En estas circunstancias, el elemento romano era poderoso, incluso si podemos encontrar allí algunos esclavos griegos, por ejemplo, entre los libertos. Dice: 'Por lo tanto, ciertamente no es casualidad que ocho de los dieciseite nombres sobrevivientes de los cristianos corintios sean latinos: Aquila, Fortunato, Gayo, Lucius, Priscilla, Cuartos, Tito Justo y Tercios', aunque algunos de ellos tienen antecedentes judíos (Aquila y Priscilla, por ejemplo)".

16 Meeks, *The First Urban*, 47.

afortunada.[17] Siendo una ciudad relativamente nueva, se podría esperar que fuera más receptiva a las creencias religiosas novedosas que un lugar como Atenas con su historia cultural ininterrumpida de muchos cientos de años. Quizás aún más importante son los muchos visitantes que venían a esta gran ciudad cosmopolita en el istmo. Algunos de los seguidores más fieles de Pablo en la obra misionera eran, como el apóstol mismo, extranjeros en la ciudad.[18] Por lo tanto, no fue por casualidad que tuvo poco éxito en la Atenas consciente de la tradición. Pero según Hechos 18, ganó mucha gente a la fe cristiana en Corinto. En una ciudad relativamente nueva es más probable esperar el deseo de una nueva identidad cultural y social que en un centro cultural ya establecido.

Entre los registros arqueológicos de dioses adorados en Corinto, la diosa Afrodita fue adorada con gran devoción. También hay indicios de que los miembros de muchos grupos religiosos, aquí como en otros lugares, se reunían para tener una comida idólatra común.[19] Los devotos de Dionisio se reunían en comedores subterráneos, con seis sofás cortados de una roca alrededor de una mesa rocosa. Los comedores comparables, que se encuentran en la roca en el santuario de Asclepio, podían acomodar a once personas con mesas pequeñas delante de ellos.[20] Las comidas al aire libre servidas en tiendas de campaña eran elementos importantes del ritual en el santuario que ofrecía a Deméter y Kore.[21]

No solo los ciudadanos de Corinto estaban en ascenso socialmente, sino también la ciudad había experimentado un rápido avivamiento económico. La reanudación de los Juegos Ístmicos en Corinto fue un indicador de esta recuperación económica. Más aún, Epicteto utiliza con mayor frecuencia la metáfora del concurso atlético.[22] Los juegos involucraban la participación de muchas personas.

El uso popular de la imagen habría influido porque Corinto patrocinaba los juegos de Istmia,[23] un festival panhelénico celebrado cada dos años y ofrecido a muchos de los mismos retadores que participaban en los Juegos Olímpicos, también competían en los Juegos Ístmicos en Corinto. Dio Crisóstomo dice que el θεωρόν es el festival de los peregrinos en segundo

---

17 Schnelle, *Apostle Paul*, 194.

18 Broneer, *Corinth: Centre of St. Paul's Missionary Work*, Biblical Archaeologist 14 (1951): 78-96.

19 Fotopoulos, *Food Offered to Idols*, 155.

20 Coutsoumpos, *Paul and the Lord's Supper*, 75.

21 Stambaugh and Balch, 158-159.

22 Epictetus, *Diatr* 3.15.2-4.

23 Garland, *I Corinthians*, 441.

lugar a la celebración mercantil, lo que significa la estrecha asociación entre los juegos y la actividad comercial.[24] Esta reunión demuestra que algunos de los miembros de Corinto eran parte de él, y participaban en muchas de esas actividades sociales.

Hay cuatro factores básicos en la prosperidad de Corinto: 1) Corinto tenía la reputación de ser una gran ciudad rica y su riqueza se basaba principalmente en el comercio; Strabo escribe: ὁ δὲ Κόρινθος αφνειὸς μὲν λέγεται διὰ τὸ ἐμπόριον (Corinto se dice que es *"rica"* a causa de su comercio);[25] 2) Un segundo factor es su sistema bancario; 3) Un tercer factor es la producción de los artesanos. Estrabón también llama la atención especial al corintio τέχνας τὰς δημιούργικας (artes del artesano). La producción metalúrgica había disminuido en varias ciudades, pero el bronce de Corinto, una aleación especial de bronce, era codiciado; 4) Finalmente, se debe mencionar la administración gubernamental.[26] La provincia senatorial de Acaya tenía su capital en Corinto.[27]

Este fue un factor que llevó a mucha gente a la ciudad. Es comprensible que en una ciudad tan aspirante como Corinto hubiera más oportunidades de hacerse ricos.[28] Por el contrario, una persona rica no era el único medio de clase social alta. También era muy importante la jerarquía de valores en las colonias romanas, incluyendo el linaje familiar, la conexión con Roma y la sofisticación cultural.[29] Entonces parece que los creyentes cristianos en Corinto venían de varias clases sociales y que, con toda probabilidad, tenían dificultades especiales de integración debido a la estructura social interna de la iglesia.

Evidencia de la condición social de la Iglesia corintia romana

La conversión al cristianismo tuvo un impacto importante en muchos individuos, tanto en términos de la autopercepción del individuo, como del contexto social de la nueva religión. El movimiento cristiano experimentó

---

24 Dio Chrysostom, *Orations* 37, 8.
25 Strabo, *Geography*. VIII, 6, 20.5.
26 Strabo, *Geography*. VIII, 6, 20.6. Ver también G. Theissen, *The Social Setting,* 101.
27 Meeks, *The First Urban,* 47.
28 Witherington, *Conflict & Community,* 23.
29 C. F. R. MacMullen, *Roman Social Relations* 50 B.C. to A.D. 284 (New Haven: Yale University, 1974), 122.

ciertas transiciones en la generación siguiente a la muerte y resurrección de Jesús.[30] La transición más importante fue de una comunidad judía de creyentes a una gentil y de un entorno rural a un contexto urbano. El registro de Hechos muestra la transición de una comunidad judía a un movimiento gentil. Podemos ver también la oposición temprana entre los judíos de habla griega y los más tradicionales (Hechos 6:1). En general, el evangelio logró un notable avance en las ciudades urbanas, un hecho que incluyó un gran cambio en el estatus social cultural del cristianismo, de un movimiento reformista dentro del judaísmo palestino, pasó a convertirse en un movimiento helenista basado en las ciudades urbanas del mundo grecorromano.[31] En Hechos 18:17 algunos líderes judíos fueron muy receptivos al mensaje cristiano, y eran ricos como Priscila y Aquila. Los miembros de la iglesia más influyentes, especialmente, los misioneros como Pablo, sus compañeros y patronos principales, provenían de una alta clase social del judaísmo helenista.[32]

Los cristianos gentiles también vinieron de los altos niveles de sus sociedades. Hombres y mujeres ricos servían como socios y, en muchos casos, toda la familia seguía a su amo y amante del cristianismo. El cristianismo era un fenómeno multicultural y socioeconómico que atraía también a los esclavos y a los pobres de la sociedad del primer siglo (Hechos 11:14; 16:15; 18:18). C. S. Hill comenta que la iglesia cristiana en Corinto le dio más problemas a Pablo que cualquier otro grupo o comunidad con la cual estaba estrechamente asociado. Agrega además que, a pesar del escaso historial en Hechos 18:1-7, posiblemente sabemos más sobre la composición social de la comunidad cristiana en Corinto, que en cualquier otra ciudad de este período.[33] Esta información se basa en las dos epístolas del apóstol a Corinto. Pablo describió el estatus social de la congregación corintia cuando escribió que no había "muchos" de los sabios, los nobles o los poderosos en la iglesia de Corinto (1 Corintios 1:26), lo que sugiere que no había muchos corintios miembros de la Iglesia que pertenecían a altos niveles socioeconómicos. Sin embargo, la congregación incluía al tesorero de la ciudad de Corinto y a una cierta persona con el nombre de Gayo, cuya

30 Coutsoumpos, *Paul and the Lord's Supper,* 65.
31 Stambaugh and Balch, *The New Testament,* 52-55.
32 Malherbe, *Social Aspects,* 64.
33 C. S. Hill, *The Sociology of the New Testament Church to A.D.* 62: An Examination of the Early New Testament Church in Relation to Its Contemporary Social Setting (unpublished Ph.D. diss., Nottingham University, 1972), 175.

riqueza y casa eran suficientes para proporcionar hospitalidad a Pablo y a toda la iglesia.[34]

Muchos afirman que el testimonio de Pablo ha sido aceptado por muchos que se niegan a permitir cualquier calificación de su debate retórico al comienzo de su epístola a los Corintios y que sostienen la presuposición general de que el cristianismo primitivo era un movimiento de clase baja.[35] Derek Tidball menciona a dos marxistas clásicos bien conocidos como Frederick Engels y Karl Kautsky, que consideraban a los primeros cristianos como parte de las clases más bajas de la época, particularmente, los cristianos en Corinto.[36]

El sabio y poderoso en Corinto[37]

Las expresiones *"sabio"* y *"poderoso"* están vinculadas a ideas previamente expresadas sobre sabiduría y locura, poder y debilidad. Pero el nacimiento noble (εὐγενεῖς) pone en juego algo completamente nuevo, una categoría sociológica específica que Pablo enfatiza especialmente.[38]

Al repetir la idea en vv. 27-28 no solo contrasta al *"nacimiento noble"* con el *"inferior nacido"*, sino que agudiza el contraste entre εὐγενεῖς y ἀγενῆ por otras dos designaciones: τὰ ἐξουθενημένα (*"despreciado"*) y τὰ μὴ ὄντα (*"cosas que no son"*).[39] Es posible que Pablo tenga un factor social en mente y probablemente quiera que las dos primeras categorías también se entiendan sociológicamente. El término δυνατός deja en claro el aspecto político, pero εὐγενής enfatiza en lo social. En el grupo están los educados, los influyentes, y las personas de origen social distinguido. En verdad, es interesante que el apóstol no apoya un ideal de la pobreza.[40] Los miembros ricos de la iglesia eran parte de la élite social.

En la misma línea, Filón menciona referencias respecto a los fuertes, poderosos y comprensivos de manera similar cuando escribe: "Los ciudadanos privados, ¿no están continuamente convirtiéndose en funcionarios, y los funcionarios ciudadanos privados, hombres ricos

---

34 Howard C. Kee, *Christian Origins in Sociological Perspective* (London: SCM Press, 1980), 97.

35 Coutsoumpos, *Comunidad, Conflicto,* 79-80. Ver también Perkins, *First Corinthians,* 53-57.

36 Derek Tidball, *An Introduction to the Sociology of the New Testament* (Exeter: The Paternoster Press, 1983), 91.

37 Theissen, *The Social Setting,* 70-83.

38 Malherbe, *Social Aspects,* 72.

39 Theissen, *The Social Setting,* 70-71.

40 Hans Conzelmann, *1 Corinthians,* trans. J. W. Leitch (Philadelphia: Fortress Press, 1975), 50.

volviéndose pobres y los pobres en hombres de amplios recursos, los cualquieras que se convierten en célebres, la gente oscura que se convierte en distinguida, hombres débiles (ἀσθενεῖς) en fuertes (ἰσχυροὶ), hombres insignificantes en poderosos (δυνατοὶ), hombres insensatos en sabios de comprensión (συνετοί) que suenan como pensadores?[41] Se afirma que esta declaración de Filón, especialmente el lenguaje en 1 Co. 1:26-29, es sociológicamente significativa.

Las causas por la interpretación sociológica asociada con 1 Co. 1:26, desde tiempos patrísticos, son ahora evidentes. Además, W. Wuellner sostiene que las consideraciones gramaticales se presentan en dos argumentos adicionales que confirmaron la revisión gramatical y la eliminación de cualquier implicación sociológica de 1 Co. 1:26-29. Pero en los versículos 26-28, no hay ni siquiera un rastro de cualquier indicio de que los cristianos de Corinto fueran parte de los círculos proletarios.[42]

La evidencia del Nuevo Testamento y las fuentes patrísticas son la fuente básica de información sobre el nivel social del cristianismo primitivo. Si el argumento de Wuellner es correcto, ¿por qué Pablo dedicó una parte sustancial de esta epístola a un intercambio con el grupo de la sabiduría? Por ejemplo, en 1 Co. 4:10, Pablo dice que "por causa de Cristo somos necios; ¡Pero ustedes son sabios en unión con Cristo! Somos débiles, ¡pero ustedes son fuertes!" De una manera modificada, volvemos a encontrar a los tres grupos: el sabio, el poderoso y el honrado.[43] Así, tenemos términos de importancia sociológica que no podemos despedir y que también necesitamos para verlas seriamente.

Percepción propia de pudientes en Corinto

En 1 Co. 1:26, Pablo no busca disminuir el nivel social de algunos miembros de su iglesia, sino simplemente objetar su autopercepción de pudiente. Quizás esos miembros ricos representaban una minoría dentro de la congregación, pero aparentemente, eran una minoría dominante.[44] Otro punto digno de mención son los cuatro criterios usados por algunos de los eruditos para identificar el estatus social de la iglesia primitiva: 1) Tener

41 Philo, *De somniis* 155.
42 W. Wuellner, "The Sociological Implications of 1 Corinthians 1:26-28 Reconsidered", Studia Evangelica 43 (1973): 666-672.
43 Malherbe, *Social Aspects,* 72-75.
44 Theissen, *The Social Setting,* 73.

una oficina civil o religiosa en la ciudad, 2) tener una "casa", 3) haber sido de servicio a la iglesia o a Pablo, y 4) viajar para la iglesia. Los dos últimos criterios no son suficientes en sí mismos para indicar un estatus alto.[45] Esta descripción prosopográfica muestra que una gran parte de los miembros más activos e influyentes de la congregación corintia —que consideramos típica de las iglesias helenistas en general— pertenecía probablemente a los pocos cristianos de Corinto con un alto nivel social.[46] Además, un análisis más detallado del problema de la cena del Señor (1 Corintios 11) y la relación entre el *"fuerte"* y el *"débil"* aclara el cuadro.

La cuestión de las divisiones sociales es evidente cuando Pablo comenta el comportamiento de los corintios. Un examen de las divisiones dentro de los miembros de la iglesia de Corinto confirma la suposición de un problema interno entre las clases sociales. Es obvio que la cena del Señor reveló diferencias sociales, una división entre los *"ricos"* y los *"pobres"*.[47] La situación exacta de la comida no está del todo clara, pero puede ser que el dueño de la casa invitara todos los miembros de la iglesia cristiana de cualquier estrato social para compartir en una simple cena de pan y vino. La principal dificultad era cuando, además de eso, los anfitriones invitaban a sus propios iguales sociales a una comida superior antes de que los miembros más pobres vinieran a participar en la comida. La objeción de Pablo está dirigida a aquellos grupos cuyos miembros eran presumiblemente de los estratos sociales altos.[48]

La iglesia de Corinto no era homogénea, pero incluía una minoría bastante pudiente y de la clase alta en su membresía. Los ricos y más educados miembros eran, quizás, los líderes y anfitriones de sus compañeros creyentes. Como parte de las diferentes facciones dentro de la iglesia, eran claramente una minoría dominante.[49] A pesar de ser una minoría dominante, representaban la clase social alta en la iglesia que parecían ser

---

45 Holmberg, *Paul and Power,* 45. Ver también Gerd, *Theissen's detailed study of his four criteria,* pages 73-96.

46 Malherbe, *Social Aspects,* 31.

47 Theissen, *The Social Setting,* 96.

48 Tidball, *Social Setting,* 101. Meeks también observa que "hay una buena razón para sospechar que los 'fuertes' en Corinto pertenecen a la minoría más rica y socialmente mejor colocada del grupo cristiano (comparar 1 Co. 1:26). Quizás, como muchos estudiosos modernos han argumentado, los cristianos fuertes habían desarrollado alguna ideología compleja, una forma temprana del gnosticismo, por ejemplo, o alguna interpretación mística del bautismo y la posesión del espíritu, pero no tenemos que imaginar nada tan elaborado para comprender el argumento de estos tres capítulos. Wayne Meeks, *The Moral World of the First Christians* (London: SPCK, 1987), 133.

49 Holmberg, *Paul and Power,* 45-47.

muy activos. Por esta razón no debemos poner en duda la declaración de Pablo de "no muchos" (1 Corintios 1:26) en la iglesia de Corinto pertenecía a un alto nivel social.[50] Las interpretaciones recientes han enfatizado que Pablo en 1 Co. 1:26 revela que la congregación contó entre sus miembros al menos una minoría rica en influencias, así como un gran número de miembros de la clase social pobre.

Podemos concluir que, es probable que los miembros más activos e importantes de la iglesia, pertenecieran a los οὐ πολλοὶ σοφοὶ δυνατοὶ y εὐγενεῖς (*"no muchos de ustedes erais sabios, no muchos poderosos, y no muchos de noble nacimiento"*).

Estatus social de los primeros cristianos

El apóstol Pablo envió varias cartas a la iglesia de Corinto a principios de los años 50 del siglo I d.C.[51] En una epístola ofreció una visión general de lo que constituía el fondo social de la congregación corintia. Pablo dice: *"Hermanos, pensad lo que erais cuando fuisteis llamados. No erais muchos sabios según la carne, ni muchos poderosos, ni muchos nobles. Antes, lo necio del mundo eligió Dios para avergonzar a los sabios; lo débil del mundo eligió Dios, para avergonzar a lo fuerte;[52] y lo vil del mundo y lo menospreciado eligió Dios, y lo que no es, para deshacer lo que es".* (1 Corintios 1:26-28).

Algunos eruditos interpretan la declaración de Pablo a los corintios como una descripción del electorado social del cristianismo primitivo y, por lo tanto, lo utilizan para apoyar su argumento de que los cristianos de la iglesia primitiva pertenecían a una clase social más baja.[53] Esta suposición cuestionable no ha sido aceptada por la mayoría de los estudiosos. Un siglo más tarde, el escritor y apologista cristiano Minucio Félix dijo: *"Que muchos de nosotros seamos llamados pobres, no es nuestra desgracia, sino nuestra gloria".*[54] Contemporáneo con Minucio era el pagano Celsus que describió a los cristianos de la siguiente manera: Sus mandamientos son como esto:

---

50 Malherbe, *Social Aspects*, 29.

51 Coutsoumpos, *Paul and the Lord's Supper*, 58.

52 Witherington, *Conflict & Community*, 82. "Pero Pablo se basa en gran medida en las tradiciones sapienciales judías, así como en el kerygma, para corregir cualquier tipo de Sophia en la cual el corintio podría haber estado interesado. Ofrece una sabiduría reveladora que está en contraste con todas las formas meramente humanas de Sophia".

53 Malherbe, *Social Aspects*, 31.

54 Octavius 36. Ver también J. G. Gager, *Kingdom and Community: The Social World of Early Christianity* (Englewood: Prentice-Hall, 1975), 94.

"que nadie educado, nadie sabio, nadie sensible se acerque, porque estas facultades son pensadas por nosotros como males. Por el hecho de que ellos mismos admiten que estas personas son dignas de su Dios, muestra que quieren y son capaces de convencer solo a los insensatos, deshonrosos y estúpidos, y solo esclavos, mujeres y niños pequeños".[55] Incluso en los comentarios de Celsius y su tono exagerado, reconoce que el apóstol Pablo implica que había al menos algunos cristianos con sabiduría, poder y alta posición social en la iglesia cristiana primitiva. Pablo siempre estaba bajo presión para tratar, no solo con cuestiones sociales, sino también morales en la sociedad pluralista de Corinto.

El dilema social del "fuerte" y el "débil" en Corinto

Varias de las dificultades sociales dentro de la iglesia corintia se pueden entender a la luz de la evidencia de que, personas de diferentes orígenes sociales, tenían dificultades entre sí, incluso después de llegar a ser cristianos.[56]

Se dieron cuenta de que, en lo que a Dios se refería, tales diferencias no eran importantes (1 Corintios 7:22 y Col 3:4), pero en la práctica su aceptación mutua todavía tenía que ser aprendida de la manera más dura. Una mirada más de cerca a 1 Corintios muestra cómo esas diferencias sociales se exhibieron en la iglesia de Corinto. Los problemas y las divisiones de la primera epístola pudieron deberse a una interpretación de las distinciones socioculturales entre la congregación de los corintios.[57]

Los diferentes rangos sociales de los miembros de la iglesia fueron, en parte, responsables de los conflictos entre los cristianos *"fuertes"* y los *"débiles"* por la cuestión de εἰδωλόθυτα: un alimento sacrificado a los

---

55 Origen, *Contra Celsum*, 1.58.

56 Coutsoumpos, *Paul and the Lord's Supper*, 73.

57 Derek Tidball, *An introduction to the Sociology of the New Testament* (Exeter: The Paternoster Press, 1983), 99-100. "Pablo no estaba argumentando que las diferencias sociales debían ser completamente abandonadas por los cristianos, tampoco las diferencias biológicas entre los sexos desaparecieron cuando la gente se convirtió en cristiana, pero él estaba argumentando que la iglesia era una sociedad alternativa que operaba sobre diferentes principios de la sociedad normal y disfrutaba de relaciones completamente nuevas. Dentro de la iglesia debe haber aceptación y respeto por la gente, cualquiera que sea su contexto de clase y el reconocimiento de que Dios puede usar algo prominente dentro de la iglesia que normalmente no habría subido a posiciones de liderazgo. En una palabra, los miembros prominentes de la Iglesia en Corinto necesitaban arrepentirse de su esnobismo y tratar a los miembros ordinarios con más seriedad".

ídolos (1 Co. 8:10).[58] Cuestionar la legitimidad de buscar los fundamentos teológicos del conflicto no excluye el análisis sociológico. Además, este análisis no reduce el conflicto teológico a los factores sociales.[59]

En su análisis de los fuertes y los débiles en Corinto, Theissen no identifica a los débiles como judíos o como gentiles. Pablo veía el dilema como general y los factores socioeconómicos nos ayudan a comprender todo el cuadro del conflicto. Pablo hace un contraste entre los fuertes y los débiles en 1 Co. 1:26 y relaciona ese contraste con la estratificación social de la iglesia cristiana en Corinto.[60] Parece probable, por lo tanto, que los cristianos débiles podrían encontrarse en el nivel social inferior, en vez de en un grupo nacional particular y el apóstol parece identificarse con ellos en su diálogo sobre sus dificultades.

Cabe mencionar que la dieta de la mayoría de la gente (incluyendo a los miembros de la iglesia en Corinto) no incluía carne. Es probable, pues, que el problema de comer carne vendida en el mercado (1 Co. 10:25ss) "les fuera puramente teórico" porque no tenían suficiente dinero para pagar lo que los miembros ricos de la comunidad y de la iglesia pagaban casi todos los días.[61] Sin embargo, ese no era el principal problema, ya que la preocupación de Pablo consistía, principalmente, en comer carne sacrificada a los ídolos de los templos paganos.[62] Se ha sostenido que toda, o casi toda la carne vendida en el *macellum* era εἰδωλόθυτον, o carne presumiblemente ofrecida a ídolos en los templos cercanos.[63]

El mercado de la carne de Corinto y el festival público

Por el contrario, parece que el argumento de que la carne vendida en el *macellum* εἰδωλόθυτον, no era totalmente convincente, pero la observación de que la *macella* y los templos, *"la mayor parte del tiempo han estado contiguos, no se debe a ninguna religión, sino porque los*

58 Theissen, *The Social Setting*, 121.

59 Malherbe, *Social Aspects*, 78. Insiste, sin embargo, en que, por regla general, "las convicciones teológicas solo funcionan cuando los grupos sociales les otorgan el poder de gobernar su conducta".

60 Theissen, *The Social Setting*, 122-124.

61 Coutsoumpos, *Comunidad, Conflicto*, 78.

62 Malherbe, *Social Aspects*, 79.

63 Ehrhardt, 280-282.

edificios públicos estaban casi inevitablemente agrupados en medio de una ciudad".[64]

La presencia de esqueletos completos de ovejas en una tienda [de Pompeya], también sugiere que la carne pudo haberse vendido en pezuñas o sacrificada en el *macellum*, así como vendida ya descuartizada o sacrificada en un templo.[65] Entonces, parece que la afirmación de que, en la época de Pablo, prácticamente toda carne provenía del *macellum*, no puede ser aceptada *in toto* porque los datos muestran lo contrario.[66] Sin embargo, como un hecho, estos muestran que, en un ritual pagano, había una inmolación pública. El animal se dividía nuevamente en tres partes: una simbólica para ser quemada, otra para el sacerdote y una cantidad sustancial era dejada para los magistrados. Lo que no se usaba, se vendía a las tiendas y mercados para la reventa al público. Esta carne era comprada con avidez por los paganos. Esopo compró lenguas de cerdos sacrificados en la carnicería. Plinio indica que el comprador sabía lo que compraba.[67]

Además, se sabe que la única ocasión en que la carne llegaba al mercado era después de las fiestas paganas donde había sido parte de las víctimas sacrificadas a los dioses.[68] Sin embargo, algunos miembros de la iglesia corintia (*"los fuertes"*) argumentaban que comer carne sacrificada en los templos paganos no planteaba un problema ético-social, mientras que para otros (*"los débiles"*), ciertamente causaba algunos problemas. Era costumbre que en las fiestas públicas todos los ciudadanos, sin importar su condición social, podían comer carne.[69] Sin embargo, Theissen pregunta si los ciudadanos de la clase social baja podían asistir a las comidas que contenían la carne ofrecida a los ídolos.

---

64 Barrett, 47-48. "Que la carne que debía tenerse no era ἱεροθύτων es confirmada por Plutarco, Sympos. VIII 8, 3, donde se dice que el Πψτηαγορεανς ὡς μάλιστα μὲν ἐγεύοντο τῶν ἱεροθύτων ἀπαρχόμενοι τοῖς θεοῖς, lo cual parece significar que los pitagoristas, que comían poca carne, la comían solo en la forma de ἱερόθντα. Se implica que otros, quienes no compartían los principios vegetarianos de los pitagoristas, la habrían comido cuando no había sido sacrificada, es decir, la comida no sacrificada estaba disponible".

65 Henry J. Cadbury, "The Macellum in Corinth", Journal of Biblical Literature 53 (1934): 134-141.

66 Conzelmann, *1 Corinthians*, 176.

67 Aesop, *Life of Aesop* 51; Pliny, *Letter to Trajan* 10.96.10. Ver también Charles H. Talbert, *Reading Corinthians: A Literary and Theological Commentary on 1 and 2 Corinthians* (New York: Crossroad, 1987), 56-58. Esta comida estaba prohibida a los judíos porque estaba relacionada con la idolatría, no fue sacrificada de la manera correcta, y el diezmo no había sido pagado por ella. "Así que, en vez de llamar a esta carne 'sacrificada para propósitos sagrados' (ἱεροθυτόν), el término judío era 'sacrificada a ídolos' (εἰδωλοθυτόν). ¿Podía un cristiano comprar o comer tal comida? Este es el asunto en 1 Co. 8, 10-11:1.

68 Murphy-O'Connor, *St. Paul's Corinth*, 161.

69 Witherington, *Conflict & Community*, 187-88.

Pero las principales preguntas de algunos de los nuevos conversos de la clase baja eran si comer carne sacrificada en los templos paganos y cómo lidiar con sus conciencias (1 Co. 8:7). Para los judíos convertidos al cristianismo, también era difícil tratar con la distribución pública de esa carne sacrificada a los ídolos (1 Corintios 8:10).[70] Sin embargo, los fuertes del nivel social superior estaban acostumbrados a comer carne casi todos los días y por lo tanto no lo asociaban con un culto porque no creían en la existencia de ídolos (1 Corintios 8). Por otra parte, encontramos a los cristianos débiles (1 Corintios 8:10, 9, 22) descritos como teniendo *"débil* συνείδησιν" (1 Corintios 8: 7, 12), faltos de este γνῶσις, y debido a sus antiguas costumbres paganas con respecto a εἰδωλόθυτα, como asunto peligroso. Muchos eruditos han intentado definir esta posición en términos de sus opiniones teológicas o creencias.[71] Sin embargo, Theissen no rechaza en absoluto estas posturas, sino que intenta demostrar que también existía una dimensión social del problema, a la que los factores ideológicos habrían tenido que estar conectados.[72]

La fuerte posición en Corinto

En su interpretación de 1 Corintios 1:26ss, los fuertes eran los socialmente poderosos, que aceptaban invitaciones para cenar donde εἰδωλόθυτα sería servida (1 Corintios 10:27) en un templo pagano, y habían tenido algunas responsabilidades sociales o de negocios con la comunidad y la iglesia.[73] Además, una invitación a una reunión social presentaba un dilema a los débiles, que no querían mostrarse descorteses con la familia anfitriona, así como con su familia.[74]

Los fuertes justificaban su comportamiento apelando a su "γνῶσις", porque los ídolos no existen, como dice Pablo. Algunos han encontrado

---

70 Theissen, *The Social Setting*, 125-127.

71 Meeks, *The Moral World*, 69.

72 Theissen, *The Social Setting*, 131.

73 Meeks, *The Moral World*, 69.

74 Murphy-O'Connor, *St. Paul Corinth*, 164. Comenta que "es fácil percibir el dilema de que uno de los débiles se enfrentaría si recibiera tal invitación para celebrar el matrimonio de su hermano pagano. No podía declinar sobre la base de que su nueva fe no lo permitía, porque se sabía que los fuertes participaban en tales banquetes. Por muy arraigada que fuera su convicción de que los cristianos no podían participar en tales comidas, no había manera de que pudiera hacerla comprensible o comible para su familia. Rehusar solo podía aparecer como un insulto gratuito a una familia que todavía amaba. Si cediera a los deseos legítimos de su familia, estaría en contra de su conciencia, y todo porque los fuertes participaban en tales ocasiones".

paralelos entre los cristianos "fuertes" y los cristianos gnósticos posteriores, quienes también, tenían una actitud liberal hacia comer carne sacrificada a los ídolos.[75] Además, Pétrement hace esta observación: *"El gnosticismo no consiste simplemente en el uso de la palabra gnosis; es una enseñanza que se ocupa de las relaciones de Dios, del hombre y del mundo, y esta enseñanza no se encuentra, tal parece, en ninguna parte, antes del cristianismo".[76]* Por otro lado, Yamauchi señala que *"el problema sigue siendo, que para las primeras etapas, no tenemos un conocimiento claro de ello, ninguna documentación que nos permita rastrear su desarrollo".[77]* En esencia, el movimiento gnóstico fue un fenómeno que apareció después y más tarde en el siglo II. Respecto a los comienzos de este movimiento, todavía estamos en su mayor parte, reducidos a la hipótesis.[78] Además, no existe una secuencia entre el corintio γνῶσις y el gnosticismo cristiano del segundo siglo, pero tampoco pueden ignorarse algunas similitudes entre ellos.

En conclusión, las conexiones entre el problema *"gnóstico"* en Corinto y el gnosticismo cristiano del segundo siglo, es un asunto a debatir, y con razón. Casi no hay una relación directa con el dilema de la gnosis en la comunidad de la iglesia en Corinto.[79] Sin embargo, entre los cristianos *"fuertes"* que no veían nada malo en comer carne sacrificada a los ídolos, las únicas analogías dentro del cristianismo provienen de grupos gnósticos, como puede verse en los siguientes ejemplos: Casi no hay una asociación directa con el dilema de la gnosis en la comunidad de la iglesia en Corinto.[80]

---

75 Walter Schmithals, *Gnosticism in Corinth,* trans. J. Steely (Nashville: Abingdon Press, 1971), 230-232. Ver también U. Wilckens, *Weisheit und Torheit BHTh,* 26 (Tübingen: J. C. B. Mohr (Paul Siebeck, 1959), 35-45.

76 S. Pétrement, *Le Colloque des Messine et le problème du gnosticisme, Revue de Métaphysique et de Morale* 72 (1967): 371. A Separate God: The Christian Origins of Gnosticism (San Francisco: Harper & Row, 1984), 1-27.

77 Edwin M. Yamauchi, *Pre-Gnosticism* (London: Tyndale Press, 1973), 16.

78 R. Mcl. Wilson, *Gnosis at Corinth* en *Paul and Paulinism* by M. D. Hooker and S. G. Wilson, eds. (London: SPCK, 1982), 108. Dice que E.M. Yamauchi distingue dos puntos de vista divergentes del gnosticismo y escribe: "Aquellos que aceptaran solo una definición 'estrecha' del gnosticismo, no encuentran evidencia concluyente del gnosticismo pre-cristiano, mientras que aquellos eruditos que operan con una 'Definición de Gnosticismo lo encuentran no solo en el Nuevo Testamento, sino también en muchos otros documentos tempranos".

79 Theissen, *The Social Setting,* 132. "Sin embargo, esto simplemente subraya el problema de cómo interpretar las analogías obvias. La opinión de que en Corinto estamos tratando con un gnosticismo incipiente es por sí misma insatisfactoria. Los comienzos del gnosticismo se pueden fechar mucho antes si por eso se quiere decir la inicial aparición de conceptos que juegan un papel en los últimos sistemas gnósticos".

80 Schmithals, *Gnosticism,* 224-229.

Justin, sobre los Gnósticos en general dice: "Pero sé que hay muchos que profesan su fe en Jesús y son considerados cristianos, pero afirman que no hay daño en comer carne sacrificada a ídolos" (Dialogus cum Tryphone 35, 1). "...De estos, algunos se llaman marcianitas, algunos valentinianos, algunos basilidianos y algunos saturninos".[81]

Ireneo sobre los valentinianos: "Por esta razón, los más perfectos entre ellos practican libremente todo lo que es prohibido Porque ellos comen el alimento que se ofreció a los ídolos con indiferencia, y son los primeros en llegar a cualquier fiesta de los gentiles que se lleva a cabo en honor de los ídolos, mientras que algunos de ellos ni siquiera evitan el espectáculo asesino de peleas con las bestias y los únicos combates, que son odiosos a Dios y al hombre. Y algunos, que indudablemente, satisfacen los deseos de la carne, dicen que están pagando a la carne lo que pertenece a la carne y al espíritu lo que pertenece al espíritu".[82]

Ireneo sobre los seguidores de Basílides: "Desprecian las cosas sacrificadas a los ídolos y no piensan en ellas, sino que las disfrutan sin ninguna angustia. También disfrutan de los otros festivales (paganos) y todo lo que puede llamarse apetito".[83]

Orígenes sobre los simonistas: "En ninguna parte del mundo se encuentran ahora simonistas, aunque Simón, para ganar un seguimiento más amplio, libró a sus discípulos del peligro de la muerte, que los cristianos aprenden a preferir, instruyéndoles a considerar el culto pagano como una cuestión de indiferencia".[84]

Epifanio sobre los gnósticos libertinos de un período mucho más tardío: "Y todo lo que comamos, sea carne, verduras, pan o cualquier otra cosa, estamos haciendo una bondad a las cosas creadas recogiendo el alma de todas las cosas y transmitiéndola con nosotros mismos a los mundos celestiales. Por eso comen todo tipo de carne y dicen que lo hacen para que podamos mostrar misericordia a nuestra clase".[85]

---

81 Justin, *Dial* 35.6.
82 Irenaeus, *Adv. Haer.* 1.6.3.
83 Irenaeus, *Adv. Haer.* 1.24.5; Eusebius, *Historia ecclesiastica,* IV. 7.7.
84 Origen, *Contra Celsum* VI, 11.
85 Epiphanius, *Panarion* XXXVI, 9.

No se puede argumentar sobre la asunción de estos ejemplos, que comer la carne ofrecida a los ídolos, era la costumbre normal en todos los grupos gnósticos. Había algunos de estos gnósticos que practicaban el ascetismo. Comer carne sacrificada a los ídolos no era el hábito típico, sino una de las costumbres de los gnósticos.[86] Parece más probable que hubo un elemento gnóstico en la iglesia de Corinto que apeló y creyó en el nivel intelectual, soteriología basada en el conocimiento y la autoconciencia y el poder social dentro de la iglesia y la comunidad y su apertura al mundo pagano.[87] Sin embargo, estos ejemplos no prueban que algunos de los corintios practicaban lo que practicaban los gnósticos del segundo o, incluso, del tercer siglo.

Pablo y el conflicto entre el fuerte y el débil

Pablo fue informado del conflicto entre los cristianos fuertes y los débiles en una carta que apareció, obviamente escrita, desde el punto de vista de los fuertes (1 Corintios 8:1), pero también recibió información oral (1 Corintios 1:11:18). Los cristianos fuertes y débiles comían juntos la cena del Señor, y en esas comidas de compañerismo, su condición social diferente era responsable de los conflictos. Es interesante notar que Pablo dirige su respuesta exclusivamente a los cristianos fuertes,[88] y les pide que tengan cuidado de regular su comportamiento por *"la obligación del amor" (Liebespflicht).*[89] En todo caso, el conflicto entre los débiles y los fuertes revela la presencia entre los miembros de la iglesia en Corinto, de personas de estratos sociales significativamente diferentes.[90]

Parece también que el conflicto podría ser causado por "individualismo excesivo" de parte de algunos miembros (*"el fuerte"*), pero en vista de las divisiones σχι,σματα (1 Co. 11:18) y facciones (αἱϱέσεις, 1 Corintios 11:19) señaladas por Pablo. Theissen también observa que, tal vez Pablo tenía dos grupos en mente: los que podían proveer su propia comida y los que no tenían nada.[91] La comida de compañerismo que los ricos comían contrastaba con la cena del Señor (ἴδιον δεῖπνον vs. ϰυϱιαϰὸν δεῖπνον). El entendimiento erróneo, como Pablo lo veía, es que los ricos cristianos

---

86 Theissen, *The social Setting,* 133.
87 John W. Drane, *Paul: Libertine or Legalist?* (London: SPCK, 1975), 105.
88 Malherbe, *Social Aspects,* 81.
89 Ralph P. Martin, *The Setting of 2 Corinthians,* TynB 13 (1986): 8.
90 Theissen, *The Social Setting,* 123, 125.
91 Malherbe, *Social Aspects,* 82. Theissen, *The Social Setting,* 134.

seguían considerándolo como su propia comida, por lo que Pablo les repetía una vez más las palabras de institución (1 Co. 11:23) para confirmar que debía ser considerada como la cena del Señor, para ser compartida por toda la congregación. Aunque la comida de comunión no era una cena privada, los participantes eran invitados a la casa de Gayo, y es comprensible que la costumbre, si no la razón específica para ello, parece haber creado la tensión dentro de la congregación.[92]

Los miembros ricos pudieron haber actuado sin motivos equivocados. Probablemente pensaban que estaban haciendo un servicio social para los miembros pobres de la iglesia. Malherbe dice, sin embargo, que el conflicto estaba enraizado en el hecho de que la estructura social y la conducta que esta trajo a la iglesia, chocaban con el concepto cristiano tradicional de la naturaleza de la comunidad.[93] Sin embargo, Pablo no adopta un enfoque práctico al dirigirse a estos conflictos. Aconsejaba a los miembros ricos que comían en casa, pero su conducta en la mesa de compañerismo, su principal preocupación, se ve desde un punto de vista teológico. Pablo no estaba de acuerdo con la posición de los "fuertes", aunque estaba en acuerdo básico con sus ideas acerca de la idolatría.[94]

Su recomendación, basada en *Liebespflicht*, de que los miembros de los altos niveles sociales acomodaran su conducta a las clases bajas, estaba diseñada para reducir la tensión entre ellos y mantener la unidad de la iglesia. Parece claro que, un compromiso exclusivamente mental a la unidad no era práctico.[95] En 1 Corintios 9 Pablo se presentó como un ejemplo de la necesidad de estar dispuesto a renunciar a sus propios derechos por el bien de los demás. Él tenía el derecho a ganarse la vida a través de la predicación de las buenas nuevas, pero renunciaba a ese derecho por el bien de los miembros de la iglesia en Corinto a quien ministraba.

El punto de vista de Pablo es que el evangelio es una cuestión de vida o muerte, y estaba dispuesto a renunciar a su derecho en vez de convertirse en un obstáculo en el camino de la aceptación del evangelio por parte de una persona. Su deseo era convertirse en todas las cosas para todas las personas con el fin de ganarlas para Cristo.[96] El comportamiento de los

92 Schnelle, *Apostle Paul*. 194.

93 Malherbe, *Social Aspects*, 83.

94 Theissen, *The Social Setting*, 138.

95 Jerome Murphy-O'Connor, *Becoming Human   Together: The Pastoral Anthropology of St. Paul* (Wilmington: Michael Glazier, Inc., 1982), 209.

96 John C. Brunt, *Rejected, Ignored, or Misunderstood? The Fate of Paul's Approach to the Problem of Food Offered to Idols in Early Christianity*, New Testament Studies 31 (1985): 114.

acomodados no era solo ofensivo a los sentimientos de los demás, sino que también implicaba juicio (1 Co. 11:29-32).[97] Este tipo de recomendación de Pablo se daba con el deseo de que una mayor unidad social pudiera producirse cada vez que los miembros de la iglesia en Corinto celebraban la cena del Señor juntos.

Pablo, la moralidad y el pluralismo en la Corinto romana

Pablo se encontró con la dificultad de establecer normas morales en un contexto de pluralismo cultural al intentar responder a una pregunta específica que los cristianos corintios le hicieron. En una sociedad en extremo pluralista, las decisiones morales son difíciles de hacer; y una vez hechas, son difíciles de mantener cuando las personas, igualmente sinceras, están en desacuerdo unas con otras sobre cuestiones específicas.[98] Parece que los miembros de la iglesia de Corinto estaban en desacuerdo en alguna cuestión de moralidad y conducta con el apóstol Pablo. Cuando los valores son definidos de manera diferente por grupos que compiten y cuando la autoridad de decir la palabra final es dejada a la conciencia individual, la calidad absoluta de los estándares morales fácilmente puede dar paso al relativismo.[99]Algunas personas normalmente actúan de acuerdo con lo que consideran sus estándares: *"Puede ser malo para usted, pero no es malo para mí"*. Este tipo de pluralismo (común en el mundo grecorromano) reduce imperativos morales sin opiniones y preferencias personales.

Corinto romana era una sociedad pluralista.[100] Muchas nacionalidades y antecedentes culturales eran reunidos por el emperador Julio César, para crear una ciudad romana sobre las ruinas de la antigua ciudad griega. Debido a la ubicación estratégica de Corinto, pasaba gran parte del tráfico marítimo en el Mediterráneo, trayendo nuevas y diferentes costumbres y comportamientos. Había casi cien grupos de Corinto[101]en el momento de Pablo, cada uno ofreciendo su propia interpretación de valores y moralidad. Él llegó a Corinto romana a partir de un fondo cultural judío que proporcionaba normas morales claras y definidas.[102] Las costumbres judías sobre las prácticas sexuales, la vida familiar, la higiene personal y

---

97 Malherbe, *Social Aspects,* 84.
98 Grant, *Paul in the Roman,* 11.
99 Furnish, *The Moral Teaching,* 14.
100 Witherington, *Conflict & Community,* 28.
101 Grant, *Paul in the Roman,* 63.
102 Roetzel, *The Letters of Paul,* 46.

las restricciones pietistas sobre el comportamiento, formaban parte de la herencia cultural de Pablo y su trasfondo más particular como fariseo.[103]

Como apoderado y líder de la iglesia en Corinto, sentía la obligación de seguir un consenso moral para la comunidad cristiana sin imponer la medida completa de su propia costumbre a personas de otros orígenes.[104] El contexto cultural de Corinto romana era en muchas maneras similar a aquellos en los cuales la iglesia cristiana debía funcionar en el mundo corriente. Al igual que Pablo en Corinto, si la iglesia de hoy simplemente afirma su posición tradicional sobre una cuestión moral sin abordar las diferencias planteadas por el pluralismo, se hace irrelevante, nada más que otro grupo de interés especial.

En su referencia en 1 Corintios a la primera carta, el apóstol aclara que no llamaba al separatismo, sino a la seriedad moral y al fuerte compromiso personal dentro de la comunión de la iglesia.[105] Los cristianos en Corinto debían prometerse ser ejemplos y modelos a seguir a personas fuera de la iglesia. La pregunta es: ¿Cómo puede la iglesia testificar un principio y una conducta moral fuertes y significativos en el contexto de una sociedad pluralista? Pablo observó en la sociedad corintia una cantidad alarmante de conductas que consideró irresponsables y degeneradas.[106] Proporcionó una lista de varios comportamientos inaceptables: *"Fornicadores, idólatras, adúlteros, prostitutas, sodomitas, ladrones, codiciosos, borrachos, ninguno de ellos heredará el reino de Dios"*.

Pablo sentía que la congregación cristiana debía establecer un alto estándar moral. Era imperativo que los cristianos duplicaran sus esfuerzos para mostrar la contención y la disciplina en sus propias vidas.[107] Debía haber una calidad moral en su comunidad que pudiera ser admirada e imitada por el resto de la sociedad. Parece que había escrito una carta anterior a la congregación corintia instándole a este llamado (1 Corintios 5.9). Los cristianos corintios eran los canales por medio de los cuales Dios se hacía presente y activo en la vida cotidiana de la sociedad corintia. Estos parecían haber dejado de lado su admonición como un ingenuo disparate de un hombre que no apreciaba la naturaleza de la sociedad pluralista. Pablo explicó que él quería decir que los cristianos debían

---

103 Grant, *Paul in the Roman,* 118.
104 Winter, *After Paul Left Corinth,* 4.
105 Winter, *After Paul Left Corinth,* 48-49.
106 1 Corinthians 5:1-13; 6:9-10.
107 Furnish, *The Moral Teaching of Paul,* 29.

evitar la asociación con personas inmorales dentro de la comunión de la iglesia.

Pablo y las normas en la iglesia

La advertencia del apóstol era bastante clara: la sociedad no debía dictar la norma de comportamiento en la iglesia, y los cristianos deberían dar el ejemplo a la sociedad pagana.[108]

En el siglo anterior al apóstol Pablo, Cicerón expresó su asco cuando una suegra se casó con su yerno.[109] Pablo no dudaba en escribir a los corintios y condenaba el modo en que se comportaban en la iglesia.[110] Es Claro que reprendía, no solo a las personas responsables de la conducta incorrecta, sino a toda la iglesia. Parecía estar muy molesto por la situación en la iglesia porque su ejemplo equivocado era para el resto de la sociedad.[111] El resentimiento de Pablo fue provocado por un informe oral de fuentes anónimas, tal vez, los de Cloé y otros (1 Co. 1:11). Uno puede imaginar a un viudo que se casa con una mujer de casi la edad de su hijo y una historia de amor se desarrolla tras las espaldas del viejo en su propia casa. Lo que realmente hizo que Pablo se enfadara fue la arrogancia de algunos de los cristianos acerca de la situación (1 Co. 5:2).[112] El problema de la inmoralidad mencionada en los capítulos 5 y 6, fue causado por los varones de la congregación. Los cristianos de Corinto romana adoptaron la misma actitud que era común en la sociedad pagana en general, donde la conducta moral de cada persona no era asunto de nadie sino suyo.[113]

---

108 Anthony C. Thiselton. *1 Corinhtians: A Shorter Exegetical & Pastoral Commentary.* (Grand Rapids: Eerdmans, 2006), 84. "el jurista romano Gaio escribió en el segundo siglo: Es ilegal casarse con la hermana de un padre o de una madre ... ni puedo casarme con ella que fue en algún momento mi suegra o madrastra".

109 Cicero, *Pro Cluentio,* 5.27.

110 Richard A. Horsley. *1 Corinthians. Abingdon New Testament Commentaries* (Nashville: Abingdon Press, 1999), 79.

111 Garland, *1 Corinthians,* 155.

112 Witherington, *Conflict & Community,* 152-54. "En el mundo grecorromano, el sexo extraconyugal, de hecho, una amplia variedad de formas de sexo no marital que los judíos y los cristianos encontrarían aberrante, incluyendo varias formas de incesto, no fue considerada vergonzosa. Era difícil avergonzar a una persona que ya tenía un alto estatus, poder o autoridades considerables, ya que en una sociedad estratificada, la vergüenza es normalmente lo que los superiores hacen ante los inferiores o iguales".

113 Grant, *Paul in the Roman,* 37.

Según Pablo, es responsabilidad de la iglesia establecer un estándar más alto. Por lo tanto, aquellos miembros que se negaban a comprometerse a la alta moral no eran contados como miembros de la comunidad de la iglesia. En otras palabras, la iglesia debe esforzarse por una moralidad más elevada, que sirva de ejemplo a una sociedad pluralista que sufre de desorden moral. Para Pablo, los corintios necesitaban entender que, aunque vivían en esa sociedad pluralista, no podían comprometer sus principios con la idolatría y la inmoralidad.

Pablo y el comer carne sacrificada a los ídolos en Corinto

Hasta cierto punto, ya hemos discutido los temas de la idolatría en una sección anterior. Sin embargo, el problema de los cristianos que comían carne sacrificada a los ídolos aparece primero en 1 Corintios 8. Los eruditos generalmente reconocen que una interpretación correcta de 1 Corintios 8-10 debe investigar la verdadera cuestión social y la situación en Corinto a la que Pablo respondió.[114]

Peter Tomson también ha observado que 1 Corintios 8-10 es esencial para el entendimiento correcto del concepto de Pablo de la enseñanza práctica sobre la Ley y la idolatría.[115] Bruce Winter señala que el cristianismo primitivo

---

114 Gordon Fee, "Εἰδωλόθυτα Once Again: An Interpretation of 1 Corinthians 8-10", Bíblica 61 (1980): 179-197. Señala que "la respuesta de Pablo a la postura de los Corintios sobre εἰδωλόθυτα, alimento sacrificado a los ídolos, ha planteado durante mucho tiempo dificultades para los intérpretes modernos. Los problemas básicamente tienen que ver con: 1) la relación de las diversas partes de la respuesta de Pablo entre sí, y 2) la naturaleza del problema en Corinto y su relación con la carta de los corintios a Pablo".

115 Peter J. Tomson, *Paul and the Jewish Law* (Minneapolis: Fortress Press, 1990), 187. Estamos de acuerdo con la interpretación de Tomson cuando dice: "Hemos visto que la prohibición de la idolatría está firmemente anclada en el Antiguo Testamento y la tradición judía. Representaba uno de los mandamientos más vitales para la existencia de los judíos como comunidad religioso-étnica. La prohibición de los alimentos sacrificados a los ídolos fue obviamente incluida. Esto significaba que los gentiles creyentes en Cristo fueron forzados a tomar una posición frente a una piedra angular de la Ley de los Judíos cuando se enfrentaron con la cuestión de la ofrenda de alimentos idólatras. Además, en la medida en que para los judíos la prohibición del contacto con la idolatría incluía la comunicación con los que comían alimentos sacrificiales, la actitud de los creyentes no judíos afectaría directamente las relaciones judías-gentiles, tanto dentro de la Iglesia como fuera de ella. No, la cuestión es, al menos, prominente. Tomson también tiene razón cuando observa que la asunción moderna sobre Pablo y la Ley también predomina en la erudición: la *halajá* es difícilmente tomada en cuenta como una fuente positiva para Pablo. Aunque los juicios de gran alcance se pronuncian sobre la actitud práctica de Pablo hacia la Ley Judía, en ninguna parte se hace una comparación con los materiales esenciales: la *halakha* sobre la idolatría". Parece, según Tomson, que en 1 Corintios la *halakha* tenía un valor significativo para la enseñanza práctica de Pablo acerca de la idolatría.

interactuaba con el mundo social helenista y su pluralismo religioso en dos esferas principales: en público y en privado.[116] Las cuestiones que se plantean son complejas y requieren un entendimiento de la situación social en Corinto. En respuesta a los corintios, el apóstol Pablo, en una forma de diatriba usada en las escuelas, citó *"aquellos en el conocimiento"* (γνῶσις),[117] y entonces calificó su proclamación en un diálogo corriente. La declaración tradicional del problema está en términos de los dos partidos, el *"débil"* y el *"fuerte"* dentro de la iglesia, generalmente relacionados con las divisiones en 1 Co. 1:12 y su carta a Pablo pidiendo su consejo. Comentarios recientes (como los de Fee, Conzelmann y Watson), siguen representando este tipo de interpretación. Los corintios preguntaban en su carta a Pablo si era correcto comer la carne de los animales que habían sido sacrificados a los ídolos.[118]

La interpretación tradicional es inadecuada. En primer lugar, la epístola de Corintios era una carta que pedía el consejo de Pablo sobre una serie de preguntas. La respuesta y defensa de Pablo aparecen en 1 Co. 8:1-13; 10:1-23; 11:1 y 9:1-22, donde en la respuesta misma[119] parece claro que el apóstol escribió a los corintios y les aclaró el asunto. Discute tres asuntos importantes: 1) En 1 Co. 8:1-13 trata básicamente del comer carne ofrecida en los templos paganos; 2) En 1 Co. 10:23-11:1 trata de la carne vendida en el mercado, y dice que tal carne puede ser comida libremente sin ningún asunto de conciencia; 3) En 1 Co. 9:1-22, ofrece una fuerte defensa de su autoridad apostólica, con especial énfasis en su libertad con respecto a la misma.[120]

---

116 Bruce W. Winter, *In Public and in Private: Early Christians and Religious Pluralism*, eds., B. W. Winter, and Andrew D. Clarke. *One God, One Lord: Christianity in a World of Religious Pluralism.* (Grand Rapids: Baker, 1992), 125-148. "En la predicación evangelista pública se encontró en Listra y Atenas y en realidad se discutió con los oyentes (Hechos 14 y 17). Algunos cristianos participaron en las actividades públicas de culto en Corinto (1 Corintios 8:10). Pablo habló sobre las interacciones apropiadas de los cristianos tanto en las actividades públicas como en las privadas. Estos eran para gobernar la conducta de la iglesia, ya que vivía en medio de un mundo que respaldaba el pluralismo religioso (1 Corintios 8-10). Ver también Winter's article on the subject, *Theological and Ethical Responses to Religious Pluralism: 1 Cor. 8-10.* TynB 41.2 (1990): 209-226.

117 S. K. Stowers, *Paul on the Use and Abuse of Reason, Greeks, Romans, and Christians*, eds. D. L. Balch, E. Ferguson, and W. A. Meeks (Minneapolis: Fortress, 1990), 253-286. Stowers observa que el estilo de la diatriba es de origen pedagógico, no una forma de propaganda de masas usada por los predicadores de Cynic. Ver también A. D. Litfin, *St. Paul's Theology of Proclamation: An Investigation of 1 Co. 1-4 in Light of Greco-Roman Rhetoric* (Cambridge: University Press, 1994), 137-146. Según Litfin, el punto de importancia es que este estilo de enseñanza muestra que Pablo está trabajando como educador con los alumnos y tratando a estos corintios como estudiantes inmaduros.

118 R. Kugelman, *The First Letter to the Corinthians, The Jerome Biblical Commentary* (Englewood: Cliffs 1968), 266.

119 Watson, *The First Epistle*, xx-xxi.

120 Gordon Fee, *The First Epistle to the Corinthians* (Grand Rapids: Eerdmans, 1987), 359.

Recientemente, la mayoría de los estudiosos han considerado que Pablo está preocupado aquí (Capítulo 8) con el problema de los alimentos vendidos en las tiendas paganas, pero Fee ha argumentado que este punto de vista es difícil de aceptar. Por ejemplo, 1 Co. 8:10 es el único versículo en el capítulo que se refiere a la participación en una comida sagrada en un templo. Además, la manera de abordarlo en el capítulo 8 es mucho menos tolerante que la del capítulo 10:23-11:1. Sin embargo, 1 Corintios 8:10 y 10:19-22 suponen que el banquete sacrificial tenía lugar dentro del complejo del templo de las deidades a quienes el animal había sido ofrecido.[121] En el capítulo 8 el apóstol desalienta el comer de los alimentos sacrificados a los ídolos. En el capítulo 10:23-11:1 parece animarlo, a menos que alguien señale que han sido sacrificado a los dioses. La conclusión de Fee es que en los dos capítulos 8:1-13 y 10:1-2, Pablo está tratando solo una cuestión: la legitimidad de comer carne sacrificada.[122] Sin embargo, la opinión de Fee está abierta a una seria pregunta. Está claro que en el capítulo 8 no desalentaba a los corintios de comer, a menos que hacerlo pudiera causar angustia a un hermano débil. Pero, en 1 Co. 10:18-22, estaba hablando de una práctica que era contraria a la tradición dada a ellos y, al mismo tiempo perjudicial, el acto de participar en la mesa de los demonios, pues de esa forma se pone al participante en asociación con estos.

Puesto que en el capítulo 10 Pablo está hablando del acto de participar en las comidas del culto, parecería lógico que en el capítulo anterior (el 8) hable de algo menos importante: comer carne que ha sido sacrificada a los ídolos en el templo pagano.[123] Así, obviamente, esta práctica dividió a los cristianos en Corinto sobre la moralidad de comer esa carne.

La aparente contradicción de Pablo sobre el asunto de la idolatría

Consecuentemente, para superar el dilema de la contradicción entre 1 Co. 8:1-13 y 1 Co. 10:18-22, es probable que Fee tenga que tomar la opinión en este último capítulo, donde Pablo presenta un argumento de un orden

---

121 Perkins, *First Corinthians,* 15.

122 Fee, *The First Epistle,* 363 n.23. Fee es consciente de este problema y su dificultad. "La principal objeción a esta reconstrucción reside en la tensión que algunos ven entre esta sección, en la que apela al amor, y 10:14-22, donde prohíbe este tipo de comportamiento. ¿Cómo puede comenzar de esta manera si, de hecho, pretende finalmente prohibirla por completo? Cabe señalar, sin embargo, que debido a 8:10 este es un problema para todos los intérpretes".

123 Jerome Murphy-O'Connor, *1 Corinthians* (Wilmington: Michael Glazier, 1979), 76-82.

diferente sobre el problema original.[124] Sin embargo, todavía tenemos que lidiar con la dificultad de que Pablo empieza explicando que la práctica no daña, si su intención es finalmente condenarla o prohibirla completamente.

Surgen dos preguntas: ¿cómo se relacionan estos tres importantes temas entre sí?, ¿qué hacían los corintios y qué argumentaban en su carta? Parece que la mejor solución a todos estos datos es ver 1 Corintios 8:10 y 10:1-22 como el problema básico al que Pablo respondió. Esto implica que εἰδωλόθυτα se refiere básicamente a los alimentos vendidos en el mercado, pero no necesariamente a comer la carne que se ofrecía en las comidas del culto en los templos paganos. Por lo tanto, en 1 Corintios 8 y 10 Pablo trata el problema de la participación cristiana en las comidas asociadas con el sacrificio pagano en Corinto.

Entonces, el problema para el miembro de la Iglesia gentil en Corinto y en otros lugares era: ¿cómo vivir en una sociedad pagana (pluralista) y no participar en la idolatría?[125] Tendrían que pensar dos veces si evitaban una unión parcial en la sociedad judía. En opinión de Pablo, el problema no era qué tipo de carne se comía, sino, más bien, los efectos sociales y éticos en ciertos contextos.[126] En la siguiente sección se investigará el significado de εἰδωλόθυτα, en el contexto judío y cristiano y la respuesta de Pablo a la correspondencia de los corintios.

---

124 Nigel Watson, *The First Epistle to the Corinthians* (London: Epworth Press, 1992), 82-89. Pero ¿qué pasa con las dificultades que Fee considera inherentes a la visión tradicional? Él señala que "en cuanto a la supuesta marcada diferencia en el tono entre 8.1-13 y 10.23-11.1, esto parece ser más bien una cuestión de énfasis. Como Bruce N. Fisk, "Comer carne ofrecida a ídolos: comportamiento corintio y respuesta paulina en 1 Corintios 8-10", TJ 10 (1989):49. En una detallada crítica de la posición de Fee a la que la mía está endeudada, mientras que el énfasis de los dos pasajes son diferentes, el mensaje básico es casi idéntico, así: 8.1-13: coma carne idólatra a menos que alguien se escandalice. 10.23-11.1: "La opinión de Fisk también está abierta a la objeción. El énfasis de los dos pasajes es diferente por supuesto, pero el mensaje no es idéntico. Mientras que en 1 Co. 8: 1-13 Pablo desalienta comer de la comida en cuestión, en 1 Co. 10: 18-22, en cierto sentido lo alienta a menos que alguien señale que es sacrificado a los ídolos. La preocupación principal de Pablo en 1 Co. 8: 1-13 es el problema de la carne vendida en el *macellum*.

125 Tomson, *Paul,* 190. Parece claro que la cuestión de la idolatría era una muy difícil de discutir y sobre la cual estar de acuerdo.

126 Ben *Witherington's assessment of the social situation* (Conflict & Community in Corinth: A Socio-Rhetorical Commentary on 1 and 2 Corinthians (Grand Rapids: Eerdmans, 1995, 187ss). Y sostiene que la discusión principal es sobre el comportamiento interpersonal en contextos específicos, no en lo que respecta al alimento por sí mismo. Los corintios, dijo Witherington, se comportan como la mayoría de los ciudadanos griegos o romanos y otros aristócratas al caer en la jactancia y en la limpieza como parte de su conducta de búsqueda de estatus. Pablo buscó desinflar tales actitudes y desactivar tales actividades ofreciendo modelos concordantes y de sacrificio propio. El ejemplo de Pablo y su modus operandi era una imitación cristiana (1 Corintios 11:1).

La idolatría en el contexto judío y cristiano

El término εἰδωλόν y otros términos relacionados tales como εἰδωλόθυτον (del εἰδωλόν y θύω), εἰδωλάτρη y εἰδωλολατρία, son expresiones paulinas características que aparecen especialmente en 1 Corintios. εἰδωλολατρία, aparece dos veces en las cartas de Pablo; una de esas ocurrencias está en 1 Corintios.[127] En cuanto al significado de εἰδωλόθυτον, se ha asumido que el término significa *"carne de ídolo"* dondequiera y cada vez que puede haber sido comida. Ben Witherington ha argumentado que el uso incorrecto del significado de esta palabra ha causado dificultades en la interpretación de 1 Corintios 8-10 y el llamado Decreto Apostólico en Hechos 15.[128]

En 1 Co. 10:19 parece claro que Pablo se refiere a la carne sacrificada compartida en los terrenos del templo pagano. Para comprender la cuestión de la idolatría (carne de ídolo sacrificada en un templo pagano), es bueno recordar que, hasta los siglos IV y V, la adoración pagana todavía se practicaba en el mundo helenista. Había templos por todas partes; en teatros y circos, el elemento de adoración estaba presente y el culto al emperador era uno de ellos. Tanto judíos como cristianos tenían dificultades con estas prácticas y evitaban estar involucrados en cualquier culto pagano. Ciertamente, este era uno de los principales temas sobre los que los judíos y los cristianos estaban de acuerdo.[129] En este contexto religioso, Pablo y los corintios discutieron la cuestión de la idolatría.

En el desarrollo temprano del concepto de sacrificio, la comida comunal se celebraba, no por la simple intención de satisfacer la necesidad de alimento, sino por el deseo de entrar en unión con el poder misterioso de las deidades.[130] Es interesante notar que después de haber terminado el sacrificio en la presencia del dios en el templo, toda la ceremonia terminaba con una comida idólatra.

---

127 Hans Hübner, "εἰδωλόν" EDNT vol. 1 (Grand Rapids: Eerdmans, 1991), 386ss.

128 Ben Witherington, Not So Idle Thoughts About Εἰδωλόθυτον TynB 44.2 (1993):240 "discutiré que εἰδωλόθυτον en todas sus ocurrencias del siglo I significa un animal en presencia de un ídolo y que se come en los recintos del templo. No se refiere a un sacrificio que ha venido del templo y se come en otro lugar, porque las fuentes cristianas usan el término ἱερόθυτον. De hecho, en todas las referencias del siglo I d. C. la asociación de εἰδωλόθυτον específicamente con los templos y comer parece muy probable y se deja en claro por el contexto de estas referencias de una manera u otra. "Vamos a sostener que Witherington tiene el mejor argumento sobre el correcto significado de este término.

129 Tomson, *Paul,* 177-186.

130 R. K. Yerkes, *Sacrifice in Greek and Roman Religions and Early Judaism* (London: Adam & C. Black, 1953), 26.

131

Pablo, comida, sacrificio a los ídolos y la ley judía

La cuestión de la carne sacrificada a los ídolos en 1 Co. 8-10, es esencial para entender la relación práctica y teológica de Pablo con la ley judía.[131] En la Torá, la prohibición de la idolatría es concluyente.

Podemos leerlo al comienzo de los Diez Mandamientos (Éxodo 20:3-5). En el Antiguo Testamento encontramos estas prohibiciones repetidas, especialmente, en las secciones del pacto en Éxodo 21-22 y 34 y en Deuteronomio.[132] Además, Brian S. Rosner arguye que la razón más poderosa y personal para no "tener otros dioses" ante el Señor, era el hecho de que el culto a los ídolos provocaba los celos de Dios.[133] La explicación básica dada a estas prohibiciones es que el Señor es *"un Dios celoso"* que no podía permitir que Israel adorara otros dioses (Éxodo 20: 5; 34:14).

La Torá ordena que sea necesario evitar completamente el culto a los dioses paganos: *"detesta y aborrece"* las deidades paganas (Deuteronomio 7:25). Claramente, la noción judía era que Dios era el único Dios a quien adorar y esto fue aceptado y practicado por la mayoría de los judíos en Palestina y la Diáspora en el primer siglo. La ley judía post-exilio sobre la idolatría y las relaciones paganas, fue más severa. La prohibición de casarse con los gentiles también incluía a todos los que no eran israelitas. Se introdujeron otras prohibiciones, como se menciona en el libro de los Jubileos:

> Separaos de las naciones y no comáis con ellos; y no realicéis hechos como los suyos; y no os convirtáis en asociados de ellos; porque sus obras son defraudadas, y todos sus caminos están contaminados, despreciables y abominables; ofrecen sus sacrificios a los muertos y a los demonios ante quienes se inclinan; y comen en las tumbas.[134]

En este pasaje, la idolatría significa *"sacrificar a los muertos"*, y hace que los gentiles sean impuros en todos sus caminos. También estaba

---

131 Tomson, *Paul,* 151.

132 Lev 19:4, 26:1; Deut 4:15-20; 13:6-18; 17:2-7; 27:15.

133 Brian Rosner, *No Other Gods: The Jealousy of God and Religious Pluralism,* eds., B. W. Winter, and Andrew D. Clarke. *One God, One Lord: Christianity in a World of Religious Pluralism* (Grand Rapids: Baker, 1992), 149. Rosner observa también que "los celos de Dios están en el corazón de la postura conflictiva del Antiguo Testamento hacia otras religiones (y más exacto, otros dioses) y tiene relevancia obvia al tema del pluralismo religioso. Por lo tanto, es sorprendente que la noción de los celos de Dios se destaque no solo por su breve tratamiento, sino por su ausencia de la literatura de todos los lados del debate actual".

134 Jubilees, 22:16f.

prohibido a los judíos comer carne ofrecida a ídolos mientras observaban las leyes de pureza. Tomson menciona, también, que la *halakha* en el libro del jubileo es considerada por muchos eruditos judíos muy restringida en el tema de la idolatría.[135] La noción de impureza causada por esta, era un tema importante, tanto en las primeras y a través de diversas transformaciones, en las relaciones posteriores del gobierno *halakha* con los paganos. La idolatría para los judíos era asunto serio, porque Pablo envió una advertencia urgente. Los cristianos que participaban en las comidas junto a los gentiles, lo hacían en un acto idólatra a los demonios. Por lo tanto, el riesgo era provocar los celos de Dios y, también, llegar a ser como cualquier otro pagano que adoraba ídolos y comía carne sacrificada a ídolos en el recinto del templo. La cuestión de la idolatría representaba un desafío, no solo para los judíos, sino también para el cristianismo primitivo.[136] Por lo tanto, no es de extrañar que la iglesia primitiva fuera unánime en su prohibición básica de la carne sacrificada a los ídolos.

P. Gardener señala que el término εἰδωλόθυτον se originó en el Consejo Apostólico, que se resume en Hechos 15.[137] Me parece que esta suposición es un gran error. Aunque el decreto apostólico en Hechos 15 menciona el alimento sacrificado a los ídolos, no quiere decir que la visión se originó en Jerusalén. Este asunto fue traído a Jerusalén por la Diáspora, especialmente por las iglesias de Pablo. Corintios 8-10 ofrece pruebas adicionales de que esta cuestión (carne de ídolo) era uno de tipo local. Para Pablo, el bienestar de la comunidad local estaba primero. Esto no es casualidad que fueran, precisamente, aquellas áreas de acción no judías, (judías también), las que estuvieran prohibidas.[138] La comunidad gentil en Corinto no era una excepción; los alimentos sacrificados a los dioses eran parte del ritual diario.

---

135 Tomson, *Paul*, 153. Para un estudio detallado del sujeto ver también la sección en Tannac Halakha, 154-176. "Correspondientemente, las fuentes posteriores al exilio mencionan a los judíos, ya sea en Palestina o en la Diáspora, absteniéndose de vino, aceite, pan y otros alimentos derivados o preparados por los gentiles. De la misma manera, la idea de la impureza del territorio y de las viviendas gentiles debe remontarse a algún lugar temprano en el período del Segundo Templo". La diferencia entre la idolatría cometida por los judíos y los gentiles es básica para la halakha rabínica. Hay una referencia en la Mishna que define la forma exacta de castigo. La mayoría opinaba que el castigo correcto por la idolatría era la lapidación. Ver *introducción a Avoda Zara* en Albeck, Mishna 4, 321-3.

136 Witherington, *Conflict & Community*, 189.

137 P. Gardner, *The Gifts of God and the Authentication of a Christian* (PH. D. diss., Cambridge University, 1981), 15.

138 Watson, *The First Epistle*, 82.

Otra cuestión importante junto con el problema de la idolatría era el culto local imperial que se estableció al fundarse la colonia romana de Corinto.[139] Winter plantea dos preguntas importantes: ¿tenemos alguna prueba de que un culto imperial local o provincial tuviera un impacto en las creencias teológicas de la iglesia de Corinto? Además, ¿la respuesta de Pablo a la cuestión producida por el mundo del pluralismo religioso incluye el culto imperial?[140] Estas dos preguntas son relevantes para esta tesis, pero los límites del estudio permiten solo una breve discusión de ellas. Según E. Ferguson —contrario a la opinión aceptada de eruditos del Nuevo Testamento— la adoración al emperador no fue, después, rechazada por Tiberio, ni permaneció inactiva hasta el reinado de Domiciano.[141] También se ha sugerido que algunos de los ciudadanos acaudalados corintios mostraban devoción al culto imperial.[142] Los ciudadanos romanos adoraban al "deificado Julio César y a Roma". En la provincia también adoraban a *"Augusto y a Roma"*,[143] que era parte de la costumbre requerida en todo el Imperio romano.

Pablo y el comer en un templo pagano

Dado de que este era el caso, parece que Pablo, inicialmente discute el comer carne en el templo en conexión con la creencia pagana en los dioses. Dice que *"Aunque haya algunos llamados[144] dioses, ya sea en el cielo o en la tierra, como por cierto hay muchos dioses y muchos señores,*

---

139 D. Engels, *Roman Corinth: An Alternative Model for the Classical City* (Chicago: University of Chicago Press, 1990), 100.

140 Bruce W. Winter, *The Achaean Federal Imperial Cult II: The Corinthian Church*, TynB 46.1 (1995), 171ss. Para una discusión detallada del culto del imperio ver a B. W. Winter's article "Acts and Roman Religion", eds. D. W. J. Gill and C. Gempf, *The Book of Acts in Its Graeco-Roman Setting* (Grand Rapid: Eerdmans, 1994), 93-103.

141 E. Ferguson, *Backgrounds of Early Christianity* (Grand Rapids: Eerdmans, 1987), 163.

142 Engels, *Roman Corinth*, 102.

143 Dio Cassius, 51.20.6-7. Dio menciona claramente que "César (Καῖσαρ), mientras tanto, además de atender al negocio general, dio permiso para la dedicación de recintos sagrados en Éfeso ('Εφέσῳ), y en Nicea (Νικαία) a Roma y a César, su padre, a quien llamó el héroe Julius (Ἰούλιον). Estas citas habían alcanzado en ese momento el lugar principal en Asia ('Ασία) y en Bitinia (Βιθυνία) respectivamente. Ordenó que los romanos residentes en estas ciudades honraran a estas dos divinidades; Pero permitió a los alienígenas, a los que llamó Hellenes (Ἑλληής), consagrar sus recintos, los asiáticos para tener los suyos en Pérgamo (Περγάμῳ) y los Bitínios en Nicomedia (Νικομηδεία). Esta práctica, comenzando bajo él, había continuado bajo otros emperadores, no solo en el caso de las naciones helénicas, sino también en el de todos las demás, en la medida en que estaban sujetos a los romanos".

144 Winter, *In Public and in Private*, 143-145. "El término 'así llamado' se refería a los dioses (οἱ θεοὶ Λεγόμενοι) y señalaba que la atribución de la deidad 'en el cielo y en la tierra' fue hecha por los no

sin embargo, para nosotros hay un solo Dios, el Padre... y un Señor, Jesucristo..." (1 Corintios 8:5-6).

Advierte a los corintios contra la participación en las celebraciones paganas, basándose en su opinión de que Dios está en contra de la asociación de su pueblo con la idolatría, incluyendo el culto al emperador (1 Corintios 10:1). Como hemos visto en el Capítulo II, la evidencia para la práctica de una comida en el templo se encuentra en el conocido *Oxyrhynchus papyrus*: *"Chaeremon te invita a cenar en la mesa del Señor Serapis, nombre de la deidad en el Serapeum, mañana a las 9 en punto".*

R. P. Martin observa que Lietzmann considera la comida de Serapis como *"un sorprendente paralelo"* con la referencia en 1 Corintios 10:27.[145] Tal práctica era común y parte del ritual de compartir la comida en comunión con una deidad. Había la noción de comer juntos cuando se pensaba que un dios o una diosa presidía.[146] Tan cuidadoso como se quisiera que fuese, A.D. Nock, al hablar de las comidas sacramentales, trata de proporcionar alguna evidencia en las religiones de misterio para la práctica común de estas comidas religiosas realizadas en los terrenos del templo.

Encontramos algunas implicaciones importantes para algunas de esas comidas religiosas. Sin embargo, el sacramentalismo comúnmente aceptado a principios de este siglo, y aún hoy, muchas veces comprendido, no es convincente y ciertamente no puede ser aceptado como típico de las religiones de misterio.[147]

cristianos en Corinto, no era verdadera- la inscripción era popular pero errónea y no tenían existencia en la forma que sus fieles creían que tenían. Winter observa que en 1 Corintios 8-10 "Pablo habló de cómo los cristianos debían vivir en el mundo del pluralismo religioso". Contrasta con la del judaísmo rabínico y su preocupación primordial de mantener la pureza ritual personal de los adherentes. La enseñanza de Pablo también estaba en contraste con la respuesta al pluralismo religioso por algunos de los cristianos corintios (1 Corintios 8:7ss). Argumenta, "no solo eran egocéntricos, sino peligrosos para su bienestar espiritual" (8:9-13, 10:4). Su discusión no fue simplemente una proscripción, sino que también estableció prescripciones claras para la iglesia sobre cómo los miembros debían conducirse de la misma manera que Cristo en su sociedad".

145 Ralph P. Martin, *Meats Offered to Idols*, The New Bible Dictionary (London: Inter-Varsity Press, 1972), 554.

146 A. D. Nock, *Early Gentile Christianity and Its Hellenistic Background* (New York: Harper & Row, 1964), 57-69. Él menciona que el orador Aristides, escribiendo en el segundo siglo de nuestra era, dice en su discurso "Concerning Serapis", "Los hombres tienen una perfecta comunión en los sacrificios con este dios solo en un grado peculiar, invitándolo a sus corazones y haciéndole presidir sus fiestas: 'dos invitaciones a cenar' en el sillón del Señor Serapis (una de estas adiciones en el Serapeum) se ha encontrado en Oxyrhynchus. Un ciudadano de Bolonia construyó un comedor para Júpiter Dolichenus: esto implica tal vez que el dios se suponía que estaba presente en la comida común de una sociedad de culto, como Zeus de Panamara también pudo haber estado en el banquete comunal celebrado en el curso de sus misterios".

147 Coutsoumpos, *Paul and the Lord's Supper*, 9.

Parece probable que, incluso en las religiones misteriosas, las comidas sagradas no eran consideradas ocasiones sacramentales; en las primeras etapas, el entendimiento comunal pudo haber sido prominente. Un hecho que no puede pasarse por alto es que las comidas idólatras se consideraban normalmente como ocasiones de reunión social[148] y convivencia como las comidas "eranos". ¿Cómo se habrían considerado tales comidas? Como se ha mencionado, los paganos convertidos tendrían numerosas obligaciones sociales, muchas de las cuales podrían incluir la celebración y las comidas dentro o cerca de un templo pagano, o donde la comida servida era sacrificada a los ídolos. Estas celebraciones eran parte de la práctica común de cualquier ciudadano grecorromano normal.[149] Se ha sugerido que el templo del ídolo mencionado en 1 Co. 8:1 es el santuario de Deméter, donde se encontraron algunas habitaciones pequeñas de la época griega.[150] Sin embargo, Winter observa que la evidencia arqueológica señala a una conclusión diferente.

Está claro que hubo una ruptura entre las actividades en el templo durante la época griega, cuando había pequeñas cenas rituales entre los grupos segregados de seguidores y la época romana.[151] En dado caso, ya que 1 Corintios 8:10 no da ningún indicio de un posible incidente o una fiesta en el santuario de Deméter, esta posibilidad es cuestionable. Además, R.S. Stroud señala que, *"posiblemente, todavía había algún tipo de comedor comunitario al aire libre, pero parece claro por los restos excavados que, en el período romano, pequeños grupos de fieles segregados, ya no se reunían en el interior para comidas rituales como lo habían hecho en los tiempos griegos"*.[152] No es claro lo que deberíamos concluir de las aparentemente diversas instalaciones de comedor en el templo de Démeter y Kore en Corinto.

---

148 Garland, *1 Corinthians*, 347- 50.

149 Coutsoumpos, *Paul and Lord's Supper*, 10.

150 J. B. Salmon, *Wealthy Corinth: A History of the City to 338 B.C* (Oxford: Clarendon Press, 1984), 403.

151 Bruce W. Winter, *Seek the Welfare of the City: Christians as Benefactors and Citizens* (Grand Rapids: Eerdmans, 1984), 170.

152 R. S. Stroud, *The Sanctuary of Demeter on Acrocorinth in the Roman Period*, ed., T. E. Gregory, The Corinthians in the Roman Period, Journal of Roman Archaeology. Mono. Supp. 8 (Ann Arbor: Cushing-Malloy, 1994), 69.

Pablo, los banquetes del templo y las celebraciones religiosas

La evidencia arqueológica más reciente arroja dudas sobre el supuesto anterior de que los argumentos de Pablo en 1 Corintios 10 estaban enfocados en estos edificios.[153] Aunque tales banquetes eran menos comunes en el período romano, la costumbre de conmemorarlos nunca se detuvo por completo debido a su importancia y la conexión con las celebraciones religiosas locales.

Esta invitación a las cenas sagradas se hacía en el templo o en la casa de un miembro rico de la iglesia de Corinto. Parecía ser una práctica común de la vida social de la ciudad de Corinto. Puesto que las cenas eran una forma importante de comunicación social y las prácticas que las rodeaban a menudo eran socialmente determinadas, hay un poco de duda sobre si se interpreta este conflicto sociológicamente.[154] Está claro que la iglesia de Corinto tenía un verdadero problema ético-social acerca de los alimentos ofrecidos a los ídolos. Para Pablo y algunos de los miembros de la iglesia, la idea de la comunión con un ídolo significaba comunión con los demonios. Este acto se entendía como idolatría. En el Didache, *"los reglamentos sobre los alimentos se introducen de la siguiente manera* (1 Corintios 6:3): περί δὲ τῆς βρώσεως ὃ δύνασας βάστασον".[155] En cuanto a las cuestiones relacionadas con la idolatría, no se aceptaba compromiso alguno: ἀπὸ δὲ τοῦ εἰδωλοθύτου λίαν προσέχε λατρεία γάρ ἐστιν θεῶν υεϱκῶν.[156]

Según Charles H. Talbert, la restricción del alimento de los ídolos era un asunto claro para los judíos:

153 Informes anteriores de Bookidis entre otros apoyan la asunción de que este es el lugar que Pablo tenía en mente cuando escribió 1 Corintios 10. Sin embargo, la obra más reciente de Bookidis puso en duda tal suposición, por lo que la cuestión debe abordarse con cautela. N. Bookidis y J. E. Fischer, *El santuario de Deméter y Kore*, Hesperia 41 (1972): 283ss. Parece que Willis ha ignorado algunas de las advertencias de Bookidis. Las instalaciones de comedor en el santuario de Demeter ahora parecen estar principalmente bajo el nivel de suelo romano.

154 Theissen, *The Social Setting*, 122-123.

155 Didache, 6.3.

156 2 Clement, 1.6; 3:1. Ver también Justin Martyr, *Trypho*, 34. Según Justin, el tema de la idolatría es la piedra de toque de la ortodoxia. Comentó que los Cristianos Gentiles (y se aplicará también a los cristianos judíos) πᾶσαν αἰδικίαν καὶ τμιωρίαν μέχρι ἐσχάτου θανάτου ὑπομέουσι περὶ τοῦ μήτε εἰδωλόλατρῆσαι μήτε εἰδωλόθυτα φαγεῖν. Trypho contesta (35) que ha encontrado muchos que profesan ser cristianos ἐσθίειν τὰ εἰδωλόθυτα καὶ μηδὲν ἐκ τούτο βλάπτεσθαι λέγειν Justin comentó que estos son aquellos falsos cristianos cuya venida Jesús mismo predijo.

Tal comida estaba prohibida a los judíos porque estaba contaminada por la idolatría, no era sacrificada de manera apropiada, y no se había pagado el diezmo de ella. Así, en lugar de llamar a esta carne "sacrificada para fines sagrados" (*hierothuton*), los judíos lo calificaban de "sacrificada a los ídolos" (*eidolothuton*). ¿Podía un cristiano comprar o comer esa carne? Esto era problema (1) en 1 Co. 8.[157]

La expresión περί τῆς βρώσεω en el Didache revela que el autor creía que comer alimentos sacrificados a los ídolos era caer en el pecado imperdonable de la idolatría.[158] El comer carne sacrificada a los ídolos, en el contexto de alimentos ofrecidos a un ídolo-demonio, constituye el actual κοινωνούς τῶν δαιμονίων.

En su artículo, Fee discute un asunto muy crucial; dice que comer la comida en el templo seguramente significa comunión con los demonios, la pregunta es si εἰδωλόθυτα tendría otro significado en el cap. 8. Todos los que han escrito artículos sobre la idolatría en el N.T. suponen que se refiere a la carne sacrificada a ídolo que se vendía en el mercado.[159]

Pero Pablo se oponía a la participación en las comidas que se habían ofrecido a los ídolos y a comer carne que se vendía en el mercado después de las ceremonias de culto al servicio de los dioses paganos. Norman T. Wright comenta que este nuevo *Shemá*[160] cristiano es exactamente lo que el apóstol necesitaba en este punto de su argumento para reafirmar un monoteísmo *"cristiano"* propio, la primacía del amor y para contrarrestar cualquier subestimación de Cristo que pudiera haber existido en Corinto.[161]

Claramente, para Pablo, el monoteísmo no descartaba la realidad de los seres espirituales inferiores (demonios), porque algunos de ellos

---

157 Charles H. Talbert, *Reading Corinthians: A Literary and Theological Commentary on 1 and 2 Corinthians* (New York: Crossroad, 1987), 57.

158 Charles K. Barrett, *Essays on Paul* (London: S. P. C. K., 1982), 43.

159 Fee, "Εἰδωλόθυτα" 181.

160 Norman T. Wright, *The Climax of the Covenant: Christ and Law in Pauline Theology* (Minneapolis: Fortress Press, 1991), 129. "Pablo, en otras palabras, ha explicado 'Dios' con 'el padre' y 'Señor' con 'Jesucristo', agregando en cada caso una frase explicativa: 'Dios' es el Padre, 'de quien son todas las cosas y nosotros a él', y el 'Señor' es Jesús el Mesías, 'a través de quien son todas las cosas y nosotros a través de él'. No puede haber error: así como en Filipenses 2 y Colosenses 1, Pablo ha colocado a Jesús dentro de una declaración explícita, extraída de la cantera del Antiguo Testamento de textos enfáticamente monoteístas, de la doctrina de que el Dios de Israel es el único Dios, el creador del mundo".

161 Wright, *The Climax*, 120-131.

eran malévolos. Lo más probable es que, antes de que Pablo predicara el Evangelio en Corinto, la diosa Isis de Egipto, la Gran Madre de Frigia, Dionisio de Tracia y otros lugares, y la deidad sin nombre de Judea, ya tenían presencia allí y habían añadido la especie de suposición y de éxtasis a la adoración más formal e inspirada por la política que venía de occidente.[162]

La mayoría de estos cultos y adoración de ídolos era parte de la práctica común en la mayoría de las ciudades paganas en el mundo grecorromano en tiempos de Pablo. Su consejo a los cristianos en Corinto romana era abstenerse de este culto idólatra.[163] Por lo tanto, la idolatría era un gran dilema para la mayoría de los cristianos (judíos y gentiles) que vivían en todo el Imperio romano.

Los corintios y el asunto de la idolatría

Hemos discutido antes, que Pablo encontró la dificultad de establecer principios morales en un contexto de pluralismo cultural al intentar responder a una pregunta específica a los cristianos de Corinto, dirigida a él. La pregunta era: ¿es inmoral comer alimentos ofrecidos a ídolos?[164] Como se mencionó, había muchos cultos religiosos en Corinto. Había pequeños templos por toda la ciudad para la adoración de Apolo, Poseidón, Dionisio y docenas de otras deidades.

En la mayoría de estos templos, el culto implicaba ofrecer sobre un altar carne de diferentes animales. De hecho, algunos de los templos tenían lugares de culto sacrificial en la parte delantera del edificio y una tienda de carne pública en la parte trasera. Era práctica común en Corinto romana comprar carne para la mesa de familia de los sacerdotes.[165] La situación creó un problema moral para todos los judíos y gentiles, incluyendo los que se habían convertido en la iglesia de Corinto.

Sin embargo, muchos de los cristianos corintios no eran judíos y no conocían ninguna estructura moral contra comer carne ofrecida a ídolos en un templo pagano. De hecho, algunos de los cristianos corintios no veían ningún daño al participar en algunos de los servicios en varios templos.[166]

---

162 Barrett, *Christianity at Corinth,* 82.
163 Barrett, *Essays on Paul,* 41.
164 Fotopoulos, *Food Offered to Idols,* 179.
165 Coutsoumpos, *Paul and the Lord's Supper,* 71-72.
166 Collins, *First Corinthians,* 322.

¿Qué podía dañar orarle a Poseidón, dios del mar, antes de hacer un viaje? Así que aquí tenemos un ejemplo muy específico de las dificultades que a veces planteaba el pluralismo.

Pero hay una acusación más seria de inconsistencia en el pensamiento que se ha planteado.[167] Se ha argumentado que se reflejan dos puntos de vista diferentes en 1 Corintios 8-10, los cuales han combinado el argumento de Pablo sobre la cuestión de la idolatría y la comida ofrecida a los ídolos. El problema al que el apóstol se refiere en los capítulos 8-10 trata de tres diferentes tipos de circunstancias. Según David Garland las cuestiones son, 1) comer alimentos sacrificados a un ídolo en su templo (1 Corintios 8:7-13; 10:1-22); 2) comer alimentos de origen desconocido que se compran en el mercado (*macellum*, 1 Corintios 10:23-27); 3) comer alimentos en la casa privada de un pagano (1 Co. 10:28-31).[168]

La situación que afectó a los corintios con respecto a la idolatría era similar a cualquiera de las ciudades grecorromanas de la época. El apóstol Pablo instó a los corintios a evitar —por todos los medios posibles— la idolatría. Coutsoumpos señala que la mayoría de los estudiosos han opinado que Pablo está interesado aquí (capítulo 8) en el problema de la comida vendida en el mercado pagano, pero Gordon Fee ha argumentado que este punto de vista es difícil de aceptar.[169]

Por ejemplo, 1 Co. 8:10 es el único versículo en el capítulo que se refiere a la participación en una comida ofrecida a ídolos en un templo. Además, la manera de abordarlo en el capítulo es mucho menos tolerante que la del capítulo 10:23-11:1. Como vimos antes, el apóstol Pablo en el capítulo 8 desalienta el comer de los alimentos sacrificados a los ídolos; en el capítulo 10:23-11: 1 parece animarlo, a menos que alguien señale que ha sido sacrificado a los dioses.[170]

Como fue ya mencionado, la conclusión de Fee es que en los dos capítulos 8: 1-13 y 10: 1-2 Pablo está abordando solo una cuestión: la legitimidad de comer carne sacrificial.[171] Sin embargo, la opinión de Fee está abierta a serias dudas. Está claro que el apóstol Pablo en el capítulo 8 no desalienta a los corintios de comer, a menos que hacerlo pudiera

167 Childs, *The New Testament as Cannon,* 268.
168 Garland, *1 Corinthians,* 347.
169 Coutsoumpos, *Paul and the Lord's Supper,* 81.
170 Coutsoumpos, *Paul and the Lord's Supper,* 82.
171 Fee, *The First Epistle,* 363 n23. Fee es consciente de esta publicación y su dificultad.

causar angustia a un hermano débil. Pero, en 1 Co. 10: 18-22, habla de una práctica que es contraria a la tradición dada a ellos y, a la vez perjudicial, el acto de participar en la mesa de los demonios, llevando así al participante a asociarse con estos.

En 1 Corintios 10 el apóstol Pablo está hablando del acto de participar en las comidas del culto; parecería lógico que en el 8 debería estar hablando de algo menos importante: comer carne que ha sido sacrificada a los ídolos en el templo pagano.[172] Así, obviamente, esta práctica dividió a los cristianos de Corinto romana sobre la moral de comer tal carne.

Por lo tanto, para superar el dilema de la contradicción entre 1 Co. 8: 1-13 y 1 Cor. 10: 18-22, es probable que Fee tenga que tomar la opinión en este último capítulo donde Pablo trae un argumento de un orden diferente para apoyar el problema original.[173] Sin embargo, todavía tenemos que lidiar con la dificultad que el apóstol comienza explicando, que la práctica no es dañina, si su intención es finalmente condenarla o prohibirla por completo.[174] Dos preguntas surgen: ¿cómo se relacionan entre sí estos tres asuntos importantes?, ¿qué estaban haciendo los corintios y qué argumentaban en su carta?[175] De otro modo, hemos mencionado, que parece que la mejor solución a todos estos datos es ver 1 Corintios 8: 10 y 10: 1-22 como el problema básico al que Pablo estaba respondiendo.

Esto implica que *idolutha* se refiere básicamente a la comida que se vendía en el mercado, pero no necesariamente a comer carne ofrecida en las comidas idólatras en los templos paganos. Por lo tanto, en 1 Corintios 8 y 10 el apóstol trata de la cuestión de la participación cristiana en las comidas asociadas con el sacrificio pagano en Corinto romana. El problema para el miembro de la Iglesia gentil allí y en otros lugares era, ¿cómo vivir en una sociedad pagana (pluralista) y no participar en la idolatría?[176] Tendrían que pensar dos veces si evitaran una unión parcial en la sociedad judía. A juicio de Pablo, la cuestión no es qué tipo de carne se come. Es más bien, los efectos sociales y éticos en ciertos contextos.

---

172 J. Murphy-O'Connor. *1 Corinthians* (Wilmington: Michael Glazier, 1979), 76-82.
173 Nigel Watson. *The First Epistle to the Corinthians* (London: Epworth Press, 1992), 82-89.
174 Coutsoumpos, *Paul and the Lord's Supper*. 92.
175 Coutsoumpos, *Paul and the Lord's Supper,* 82ss.
176 Peter J. Tomson. *Paul and the Jewish Law* (Minneapolis: Fortress Press. 1990), 190.

La respuesta de Pablo al problema de la idolatría en la Corinto romana

La respuesta de Pablo es compleja; para entenderla uno debe distinguir entre su actitud hacia la comida ofrecida a los ídolos y su tratamiento del problema. Él no concluye simplemente que el alimento ofrecido a los ídolos sea correcto o incorrecto.[177] Se plantea la pregunta: ¿ha influido el argumento de Pablo? Además, él no quiere decir que se retiren del mundo en un gueto piadoso.[178] Para Pablo, el evangelio no llama a los creyentes corintios a alejarse del mundo, sino a testificarle. Los cristianos deben ser luz para que otros puedan apreciar sus buenas obras y, luego, ver y glorificar a Dios (Mateo 5: 13-16).

Por otra parte, este dilema mencionado anteriormente, la principal dificultad para comprender la respuesta de Pablo y el pasaje propiamente dicho, es que esta regla bastante pragmática, orientada hacia la responsabilidad entre las personas, se alinea con una prohibición imperativa de la "idolatría" en 1 Co. 10:1-22, respaldada por un ejemplo bíblico (versículos 1-13) y por una ilustración de la cena del Señor (versos 16- 22).[179] El argumento de Pablo a lo largo de los tres capítulos (1 Corintios 8, 10, 11) parece revelar cierta incoherencia sobre el consumo de carne ofrecida a los ídolos y la participación en la cena de la eucaristía.

La idolatría y la división de la Iglesia

Surge la pregunta: ¿influyó el argumento de Pablo? ¿Dónde está Pablo con respecto a la cuestión de la "idolatría" en relación con las divisiones de la iglesia de Corinto? 1 Corintios es en sí una realidad social; la evidencia de la comunicación entre Pablo y la congregación es clara.[180] Aunque a veces parece que hay un malentendido por parte de los corintios.

Pablo fue informado por la iglesia del problema socio-ético acerca de la comida ofrecida a los ídolos y comenzó el debate haciendo referencia a, por lo menos dos lemas corintios, que fueron incluidos en la carta a él: 1

---

177 J. C. Brunt. "Rejected, Ignored or Misunderstood? The Fate of Paul's Approach to the Problem of Food Offered to idols" in Early Christianity. *New Testament Studies* 31 (1985): 113-124.

178 Garland, *1 Corinthians*, 186.

179 W. A. Meeks. *"The First Urban Christians: The Social World of the Apostle Paul"* (New Haven: Yale University Press, 1983), 98.

180 Theissen, *The Social Setting,* 137.

Corintios 8:1, *"todos tenemos conocimiento"*, y 1 Corintios 8:3, *"un ídolo no tiene existencia real"*.[181] Desde el punto de partida de la disputa, la propia preocupación de Pablo trasciende el problema particular de la comida ofrecida a los ídolos y coloca la atención sobre una cuestión ética más amplia: las relaciones interpersonales que están involucradas en esta solución.[182] Para el apóstol la cuestión es clara: los cristianos tienen que alejarse de toda clase de idolatría; argumenta de una manera diferente; distingue las comidas idólatras en un ambiente oficial (8:10) de las comidas en casas privadas (10:25). Su opinión acerca de las comidas idólatras oficiales en un templo no es muy uniforme, pero la intención es obvia.[183] La respuesta de Pablo a los corintios implica que afirmaron que poseían conocimiento que, en cierto sentido, justificaba el consumo desinhibido de comida ofrecida a los ídolos.

El conocimiento de Pablo y la conducta en Corinto

Sin embargo, Pablo insiste en que el valor de tal conocimiento es limitado en que aquellos que lo poseen, tienen una tendencia casi irresistible a volverse arrogantes. Filón afirma claramente que el sabio que dice tener conocimiento tiene el *"conocimiento de Dios"*.[184]

También, para el apóstol Pablo, el verdadero conocimiento viene de Dios para edificar la iglesia y el uno al otro. El sentimiento de que el conocimiento de Dios es preciso y comprensivo puede traer a algún miembro de la iglesia de Corinto un sentido de superioridad que está rompiendo un elemento social básico de la relación humana en la congregación.[185] Para el apóstol Pablo es, Iglesia en unidad y amor de uno a otro. Se han hecho muchos intentos para definir estas posiciones en términos de sus creencias teológicas o ideologías. Theissen no descarta todos estos esfuerzos, sino que intenta demostrar que, también, hay una dimensión social de la cuestión a la que tendrían que vincularse los factores ideológicos. En su interpretación, los *"que tienen conocimiento"*[186] son los socialmente poderosos, también mencionados en 1 Co. 1:16.

181 Coutsoumpos, *Paul and the Lord's Supper,* 78.

182 Ciampa and Rosner, *The First Letter,* 21-25.

183 Theissen, *The Social Setting,* 122.

184 Philo, Leg, All. E.46-48. *La gnosis se refería a un contenido poseído, así como al acto de conocer, y a veces era el contenido teológico de Sofía.*

185 Horsley, *1 Corinthians,* 117.

186 Theissen, *The Social Setting,* 139. Toda la percepción de lo que significa comer carne habría sido diferente para los miembros de las diferentes clases económicas.

Es probable que algunos, después de la conversión al cristianismo, hayan tenido todavía razones para aceptar invitaciones a cenar donde se serviría carne (10:27), tal vez en el templo de un dios pagano (8:10).[187] Algunos de los miembros de la iglesia ricos todavía habrían mantenido responsabilidades sociales o empresariales. Para ellos era más importante para su desempeño en la sociedad más amplia que para su asociación entre las personas de la clase baja. Pablo sostiene, sin embargo, que la misma confianza que uno tiene en el conocimiento, demuestra que no ha alcanzado un conocimiento propio, porque uno no ha comprendido que el conocimiento humano es solo parcial. Su crítica principal es una posición para la cual estaba preparado para sostener: el amor debe tener siempre precedencia sobre el conocimiento (1 Corintios 8:1-3; 13:2; 8:9, 12), y la conciencia de mi hermano es siempre más importante que yo mismo.[188] Podemos ver que él edifica toda la congregación por el principio del amor y no por el conocimiento. En su respuesta al problema planteado por la conciencia de la libertad insiste en la verdadera cuestión ética a nivel interpersonal.

La estructura y la sustancia de su respuesta hacen que el efecto de la propia conducta sobre los demás sea el criterio de la ética.[189] No actuamos en el vacío. En defensa de su práctica de la libertad moral, los corintios parecen haber sido aficionados al *"refranismo".*[190]

Citaban refranes de filósofos y de la literatura. Como parte de su retórica para persuadir a los corintios de que tomaran en serio su conducta moral, Pablo comparó estas citas con otras.[191] Los siguientes son ejemplos del argumento:

Muchos de los argumentos presentados por los miembros de la iglesia de Corinto parecían ser racionalizaciones para escapar de todos los límites morales.[192] El apóstol Pablo confrontó tales argumentos señalando la responsabilidad del cristiano por el bienestar de otros miembros de la congregación. Pablo no permitiría que la libertad individual fuera equiparada a la libertad que se concede en Cristo.[193]

---

187 Garland, *1 Corinthians,* 347.
188 Coutsoumpos, *Paul and the Lord's Supper.* 79.
189 Coutsoumpos, *Paul and the Lord's Supper,* 92ss.
190 Garland, *1 Corinthians,* 44-50.
191 Furnish, *The Theology of the First Letter,* 70.
192 Coutsoumpos, *Paul and the Lord's Supper,* 92-94.
193 Garland, *1 Corinthians,* 551. "La tercera prueba requiere 'discernir el cuerpo' (11:29). Aquellos que no discernen el cuerpo se ponen en peligro por 'comer y beber condenación sobre sí mismos".

los Corintios:	Pablo:
1. Todo es lícito.	**1.** Pero no todas las cosas son provechosas y no todas las cosas edifican. (10: 23).
2. Todos poseemos conocimiento.	**2.** El conocimiento envanece, pero el amor edifica (8:1).
3. Pero la comida no nos llevará cerca a Dios.	**3.** Tened cuidado de que esta libertad vuestra llegue a ser piedra de tropiezo al débil. (1 Cor. 8:8-9).
4. Ningún ídolo en el mundo realmente existe (8:4)	**4.** No son todos, sin embargo, los que tienen este conocimiento (8:7).
5. El alimento está hecho para el estómago y el estómago para el alimento.	**5.** Dios destruirá a los dos. Sin embargo, el cuerpo no es para la fornicación, sino para el Señor, y el Señor es para el cuerpo (6:13).

Los cristianos de Corinto quedaron libres de la obligación de la conducta prescrita para obtener la salvación de Dios, pero no estaban libres de la responsabilidad de sus hermanos y hermanas en Cristo y del bienestar de la comunidad cristiana.[194] El apóstol Pablo insistió en que el posible efecto de las elecciones y decisiones de uno respecto a otros miembros debe siempre ser un factor preponderante en las elecciones y decisiones de uno. Arguye en 1 Co. 8:7, 13, y 1 Co. 10:23-24 y 1 Co. 32-33 y se refiere a aquellos que ejercían su recién descubierta libertad espiritual con sus compañeros de la comunidad.[195] Así, él trata la pregunta cambiando el enfoque al asunto del amor cristiano, en lugar de simplemente dar una respuesta a la pregunta.

Al hacer esto, presenta el principio de que el amor y el respeto a los demás, trascienden la corrección o la incorrección del comer de los alimentos ofrecidos a los ídolos y participar en las comidas sagradas que formaban parte de la práctica común de la sociedad en la que los corintios vivían.

194 Charles K. Barrett, *Paul: An Introduction to His Thought* (Louisville: Westminster John Knox Press, 1994), 140.

195 Watson, *The First Epistle*, 83.

Pablo y el cuerpo humano como templo

Grabado 19. Figura humana, el cuerpo como templo.

Un tema adicional de moralidad que Pablo enseñó a los corintios fue que el cuerpo es el templo del Espíritu Santo. Fue a la iglesia de Corinto que él presentó primero la metáfora de la iglesia como el cuerpo de Cristo. Vio al miembro individual de la iglesia como la encarnación de Cristo mismo.[196] Este concepto exigía una pureza moral especial por parte de los cristianos. ¿Cómo el apóstol Pablo podía hacer que este punto fuera claro y vívido para los corintios?

Presentó la metáfora de la iglesia como el cuerpo de Cristo. Veía a los miembros individuales de la iglesia como la encarnación de Cristo mismo.[197] Por lo tanto, debían abstenerse de algunas de las actividades a su alrededor, como auspiciar las muchas prostitutas que estaban tan fácilmente disponibles.[198] Está claro que el apóstol Pablo estaba en contra de la unión con prostitutas (o varón prostituido) y otras inmoralidades sexuales, porque el cuerpo es el templo del Espíritu Santo.

Con el templo de Afrodita prestando respaldo religioso y un aura de aceptabilidad para tener relaciones sexuales con prostitutas,[199] Pablo tuvo que esforzarse mucho para aclarar un caso de abstinencia. Participar

196 Horsley, *1 Corinthians*, 91.
197 Coutsoumpos, *Paul and the Lord's Supper*, 94.
198 Furnish, *The Moral Teaching of Paul*, 31-33.
199 Garland, *1 Corinthians*, 230.

en tales prácticas (la fornicación) va en contra de todos los principios cristianos que él enseñó a los corintios cuando fundó la iglesia. Para los griegos y los romanos, el alma estaba separada del cuerpo y afirmaban que las actividades corporales carecían de sentido. Lo que le ocurría al cuerpo no era importante, y por lo tanto la pureza moral personal no era un concepto muy importante para ellos. Pablo mismo salió de una tradición que no distinguía entre *"alma"* y *"cuerpo"*, sino que veía el cuerpo y el alma como una sola entidad.

Cuando incluyó en esto la idea de que el Espíritu de Dios vive en el mundo a través de la existencia corporal de los cristianos, forjó un fuerte argumento en favor de la necesidad de la pureza moral.[200] Definir su propio cuerpo era definir a Cristo mismo.[201] Su mensaje y la advertencia es clara, entregarse a porneia y a la idolatría es impensable porque separa a uno de Cristo y renuncia a su señorío.

Opositores de Pablo en Corinto

Otro tema en el que se ha enfocado la investigación es la clasificación de la historia de las religiones de los oponentes de Pablo en 1 Corintios. Los intérpretes (especialistas en las cartas a los Corintios) han dedicado un esfuerzo considerable a identificar a sus oponentes.

Hay un consenso entre los eruditos de que, incluso, en el momento de escribir 1 Corintios, ya tenía muchos oponentes cuando estaba predicando el evangelio a los gentiles. Dahl sostiene que la mayoría de la congregación de Corinto era hostil hacia Pablo.[202] Sin embargo, los eruditos más recientes han tendido a ver la oposición a Pablo como procedente de un pequeño grupo de la iglesia (1 Corintios 4:18-19), aunque es especialmente poderoso

---

200 Grant. *Paul in the Roman,* 123. "Algunos corintios se habían unido a Diógenes el Cínico para argumentar que el sexo era tan natural como comer, y afirmó que, así como varios alimentos eran para el vientre y el vientre para los alimentos, por lo tanto, el sexo es para el cuerpo y el cuerpo para el sexo. Pablo se negó a aceptar la analogía. Dios destruirá el vientre y los alimentos, y el cuerpo no es para la fornicación sino para el Señor, mientras que el Señor es para el cuerpo, un templo del Espíritu Santo dentro". (6:13-17)

201 E. A. Judge. *Social Distinctive of the Christians in the First Century.* Editor David M. Scholer. (Peabody: Hendrickson Publishers, 2008), 111.

202 C. K. Barrett., *Paul's Opponents in II Corinthians,* New Testament Studies 17 (1971): 233-54. Nils A. Dahl. *Paul and the Church at Corinth* en *Christianity at Corinth: The Quest for the Pauline Church.* Eds. E. Adams and David G. Horrell (Louisville: Westminster John Knox Press, 2004), 86. Para un estudio detallado de los oponentes de Pablo ver también a S. E. Porter, ed. *Paul and His Opponents.* (Leiden: Brill, 2005). Ver también Michael D. Goulder, *Paul and the Competing Mission in Corinth* (Peabody: Hendrickson Publishers, 2001), 1-15.

e influyente. Tan vital es la cuestión de la identidad de los oponentes en 2 Corintios que C. K. Barrett, con razón, señala que *"esta es una de las preguntas cruciales para la comprensión del Nuevo Testamento y los orígenes del cristianismo".*[203] Estamos de acuerdo con el punto de vista de Barrett. Sin embargo, como se señaló antes, hay un consenso general de que, incluso en el momento de escribir la carta, el apóstol también se enfrentaba a un grado de oposición en Corinto y que su autoridad también estaba siendo impugnada, al menos, por algunos dentro de la congregación.[204]

Es interesante observar que sus oponentes afirmaban que él jamás había visto al Señor. No está claro si se referían al Jesús terrenal o al resucitado.[205] Pablo también afirmó que había visto al Señor resucitado en el camino a Damasco. Para él lo que sucedió en Damasco fue la confirmación de Dios de su apostolado. En su declaración, *"Pablo: Apóstol de los gentiles"*, Jürgen Becker ha sugerido que él nunca menciona el incidente en el camino a Damasco; plantea el tema solo cuando es provocado por sus oponentes. Becker añade que todos los pasajes demuestran que Damasco debe ser explicado en términos cristo-soteriológicos y se basa en el hecho de la revelación de que Jesucristo es Dios y que Jesús llamó a Pablo para ser un apóstol.[206] Del incidente de Damasco, el apóstol Pablo derivó su derecho a pertenecer al círculo de los primeros discípulos (apóstoles) de Jesús en Jerusalén.[207]

Stanley E. Porter, en la introducción de su libro editado, Paul and His Opponents, comenta que *"hay tres asuntos principales que emergen fácilmente en la discusión de Pablo y sus oponentes: definiendo lo que uno quiere decir con oponentes de Pablo; determinar el mejor método de discusión de tales oponentes y diferenciando y describiendo a los oponentes".*[208] La última pregunta trata de quiénes son los oponentes y si es un solo grupo o un grupo de más de una persona. Para comprender los antecedentes de los oponentes de Pablo, es necesario determinar, en la medida de lo posible, la identidad de los que se oponían a él en Corinto.

---

203 Barrett, *Paul's Opponents,* 236.

204 Dahl, *Paul and the Church,* 85.

205 Schnelle, *Apostle Paul,* 88. "Pablo habla por primera vez acerca de su experiencia en Damasco en 1 Cor. 9:1. No lo hace por iniciativa propia; es claramente la disputa corintia sobre su apostolado lo que lo obliga a hacerlo".

206 Jürgen Becker, *Paul: Apostle to the Gentiles.* (Louisville: Westminster John Knox, 1993), 65-75. For Becker the Damascus event is the center of Paul's authority and apostleship.

207 Schnelle, *Apostle Paul,* 88.

208 Porter, *Paul and His Opponents,* 1.

Pablo y el partido de Pedro en Corinto

La investigación moderna de los opositores de Pablo comenzó con la escritura de Fernando C. Baur, que clasificó a sus opositores en dos partidos: Paulino-Apolonino y Petrino-Christino, y caracterizó a los opositores como judaizantes que afirmaban lealtad al apóstol como medio al contacto directo con Cristo.[209] En todo caso, no hay muchos intérpretes del Nuevo Testamento que sigan las ideas de Baur en la actualidad.

En su mayor parte, los partidos de Cefas como los que niegan el apostolado de Pablo, saltan entonces a la vista como titulares de la crítica cristiana judía del apóstol Pablo en Corinto. Por el contrario, una visita de Pedro (Cefas) a Corinto fue enfatizada por Charles K. Barrett y es apoyada por Vielhauser.[210] A pesar de que Pedro (Cefas) aparentemente fue conocido en la comunidad de Corinto, no hay ninguna indicación obvia de que había visitado Corinto.[211]

La evidencia, sin embargo, no es fuerte, y si Cefas hubiese estado allí en persona, podríamos haber anticipado una respuesta del apóstol menos delicada, como en Gál. 2.[212] Más reciente, sin embargo, Jerry L Sumney ha argumentado que *"la tendencia a seguir a F. C. Baur es más pronunciada en estudios que investigan la forma más amplia de la oposición a Pablo que en estudios que investigan a los opositores de cartas particulares"*.[213] Parece que F. C. Baur ha influido en algunos estudiosos que todavía siguen su punto de vista, pero, por otro lado, hay muchos estudiosos que están distanciándose de su teoría.[214] Aunque Baur ha sido una figura influyente, no muchos estudiosos siguen hoy sus teorías y conclusiones.

---

209 F. C. Baur, *Paul the Apostle of Jesus Christ: His Life and Works, his Epistle and Teaching* (Peabody: Hendrickson Publishers, 2003), 5-25. Ver también J. Sumney, *Studying Paul's Opponents: Advances and Challenges*, en *Paul and His Opponents,* ed. S. E. Porter. (Leiden: Brill, 2005), 7-59. "La identificación de Baur de los opositores de Pablo y la reconstrucción de la primera Iglesia asumió la Filosofía de la Historia de Hegel. Baur identificó el cristianismo petrista o judío como la tesis y el cristianismo paulino o gentil como la antítesis. Estos se fundieron en el cristianismo católico temprano en el segundo siglo y el ciclo comenzó otra vez". Así, el esquema de dos partidos de Bauer y su identificación específica de los opositores constantes de Paul como Judíes continúan ejerciendo una enorme influencia sobre las reconstrucciones de la iglesia primitiva.

210 Barrett, *Essay on Paul,* 28-39.

211 Perkins, *First Corinthians,* 55.

212 Goulder, *Paul and the Competing,* 20.

213 S. Summey, *Studying Paul's,* 11.

214 Elmer, *Paul, Jerusalem,* 169. "La tesis de Baur ha sido objeto de constantes críticas a lo largo de los últimos dos siglos, y se han ofrecido diversas interpretaciones de las facciones corintias. Sin embargo, muchos comentaristas están de acuerdo con la premisa básica de Baur de que las consignas que aparecen en 1 Corintios 1:10-16 no deben tomarse como una referencia a cuatro facciones distintas en Corinto, sino más bien a dos partes, Petrina y Paulina".

De acuerdo con Porter, Baur ha tenido muchos seguidores, y más recientemente eruditos como Gerd Lüdermann y Michael Goulder.[215] Para Goulder, la oposición entre Pablo y Pedro, el cristianismo da las explicaciones que el apóstol Pablo debe tener, cubre una amplia gama de temas, incluyendo cristología, pneumatología (estudio de los seres espirituales) y el lugar de la sabiduría en la teología cristiana.

Pablo y los opositores gnósticos en Corinto

En Inglaterra, el eminente erudito británico J. B. Lightfoot rechazó la idea principal de Baur, pero siguió adelante para diferenciar entre los tipos farisaico y gnóstico. Una ruptura significativa con la asunción de Baur de judaizantes surgió en Alemania con W. Lügert que identificó el *"partido de Cristo"*[216] como entusiastas del espiritualista que eran una forma temprana de gnósticos liberales en Corinto. Además, Walther Schmithals arguye y defiende la teoría de que los oponentes del apóstol Pablo eran gnósticos cristianos. Esta teoría considera la oposición a él en 2 Corintios como una extensión de las tendencias gnósticas encontradas en 1 Corintios.

Por otra parte, este grupo gnóstico en Corinto siente que ha sido liberado de todas las restricciones terrenales por sus nuevos conocimientos y está orientado exclusivamente al Espíritu-Cristo.[217] La reconstrucción de Schmithals de la teología gnóstica es de tradiciones patrísticas que están fechadas por lo menos medio siglo más tarde que la epístola a los Corintios. La visión de Schmithals de los elementos gnósticos en 1 Corintios es cuestionable, y no muchos eruditos están de acuerdo con su punto de vista.

Contrariamente a Schmithals, R.M. Wilson en su Gnosis y el Nuevo Testamento, (1968)[218] ha argumentado firmemente que las similitudes en terminología y concepto entre los libros del Nuevo Testamento y el gnosticismo desarrollado, no son suficientes para concluir por un gnosticismo del primer siglo.

---

215 Porter, *Paul and His Opponents*, 4.
216 Childs, *The New Testament as Canon,* 270.
217 Walter Schmithals, *Paul and the Gnostics* (Nashville: Abingdon Press, 1972), 94-95.
218 R. M. Wilson, *How Gnostic were the Corinthians?* in *New Testament Studies* 19 (1972); 65-74; Ver también *Gnosis at Corinth*, en *Paul and Paulinism.* Eds. M. D. Hooker & S. G. Wilson (London: SPCK Press, 1982), 102-14. El argumenta por la desemejanza entre el gnóstico y el gnosticismo.

Oponentes en 2ª Corintios

No todos los eruditos consideran a los oponentes de Pablo en 1 Corintios como los mismos detrás de 2 Corintios. La idea de que los oponentes de Pablo en 2 Corintios eran judíos cristianos con propaganda helenista, se ha propuesto recientemente,[219] pero si esto fuera así, su creencia no permitiría la explicación de ellos como gnósticos. W. G. Kümmel observa que los oponentes de Pablo en 2 Corintios no eran judaizantes sino palestinos que mantenían la superioridad sobre el apóstol con respecto al contacto con el Jesús terrenal, su herencia judía espiritual y cartas de recomendación.[220] El ministerio de Pablo (la predicación del Evangelio a los gentiles) y su autoridad, fueron siempre desafiadas por muchos de sus oponentes, y esto es obvio en la mayoría de las epístolas que escribió.

Parece que siempre había alguien que estaba en contra de las ideas y teología de Pablo. La proclamación de la cruz era su mensaje principal dondequiera que entraba en el mundo grecorromano.[221] Parecería, entonces, que sus oponentes lo seguían a doquiera que iba.[222] Los oponentes de Pablo podían encontrarse en diferentes frentes y lugares en Asia Menor. Además, algunos de ellos parecían cuestionar su apostolado y autoridad en la iglesia de Corinto[223] ¿Cómo podría Pablo afirmar que estaba asociado con una persona que nunca había conocido?

Apostolado de Pablo en Corinto

Pablo se identificó a sí mismo como apóstol de los gentiles al comienzo de la carta (1 Corintios 1:1). Desarrolla el punto de que, voluntariamente, se hace esclavo de todos en su servicio a Cristo (1 Corintios 7:21-22), y explica que es su libertad en el Señor lo que le obliga a limitar su uso, su libertad y su autoridad como apóstol. Menciona, por primera vez, acerca de su experiencia en Damasco en 1 Corintios 9:1. En su lenguaje, *"apóstol"* representa una función más que un título (1 Co. 9:5). *"Un apóstol es alguien que ha sido enviado. Ser apóstol es una cuestión de ser enviado*

219 Dieter Georgi, *The Opponents of Paul in Second Corinthians* (Philadelphia: Fortress Press, 1986), 84-91.

220 W. G. Kümmel, *Introduction to the New Testament* (London: SCM Press, 1975), 209.

221 Garland, *1 Corinthians*, 56.

222 Roetzel, *The Letters of Paul*, 93.

223 Coutsoumpos, *Comunidad, Conflicto*, 99-100.

a una misión".[224] Por lo tanto, él se consideraba como el que fue enviado a predicar a los gentiles.

Según Schnelle, *"no lo hace por iniciativa propia; es claramente la disputa de los corintios acerca de su apostolado lo que lo obliga a hacerlo"*.[225] La visión de Pablo del Señor Jesús es el mérito inicial de su apostolado y la libertad que ello conlleva.[226] Algunos piensan que se estaba defendiendo contra los vientos de las críticas que sacudían la confianza del corintio en su apostolado. Si no se estaba defendiendo, ¿por qué querría decir que "a otros no se refería a un apóstol?"[227] La pregunta es: ¿quiénes eran los otros? Algunos podrían suponer que Pablo tenía en mente un grupo no identificado que lo atacaba; podrían ser extraños de otra congregación cristiana, como la de Jerusalén.[228] Esta suposición es cuestionable.

Sin embargo, *"el ataque al apostolado de Pablo parece ser el resultado de la competencia por el honor dentro de la iglesia por parte de, al menos algunos y, tal vez incluso, de muchos de sus miembros; y con ello, una preferencia por el liderazgo que mejor ejemplifica las cualidades de la sabiduría y la elocuencia"*.[229] Plutarco también observa que el sabio tiene la *"superioridad y la influencia tan codiciada"* por otros, y esta *"superioridad"* en estatus y honor trae "celos en hombres de personalidad ambiciosa".[230] Era muy común que en la época de Pablo los estudiantes se reunieran alrededor de maestros famosos y retóricos. Dio Chrysoston menciona que mientras visitaba una ciudad fue *"escoltado con mucho entusiasmo y respeto, los destinatarios*

---

224 Collins, *First Corinthians,* 330. "Por lo tanto, el apostolado siempre incluye, al menos implícitamente, una referencia a aquellos a quienes él es enviado. En ese sentido, el apostolado es específico de la comunidad. La misión de Pablo como lo proclama en esta carta es a la iglesia de Dios en Corinto". (1 Co. 1:1-2). Ver también Álvaro Pereira, *De Apóstol a Esclavo: El Exemplum de Pablo en 1 Corintios* Analecta Biblica (Roma: Gregorian & Biblical Press, 2010), 65-115.

225 Schnelle, *Apostle Paul,* 88.

226 Collins, *First Corinthians,* 329. "Paul presenta su apología *pro vita sua* con una serie de cuatro preguntas retóricas".

227 Garland, *1 Corinthians,* 404.

228 P. Richardson, *Temples, Altars, and the Living from the Gospel (1 Corinthians 9:12-18), in Gospel* en *Paul: Studies on Corinthians, Galatians and Romans.* Edited by L. A. Jervis and P. Richardson (Sheffield: Sheffield Academic Press, 1994), 96. Against Richardson's. Ver también Garland, *1 Corinthians,* 405. "Es cuestionable si los corintios eran conscientes de cualquier ataque a su apostolado de otras comunidades; y si Pablo tenía en mente a algunos que se habían infiltrado en la comunidad y sembrado semillas venenosas de sospecha acerca de él, es más probable que se refiera a ellos con sus términos habituales".

229 Finney, *Honor, Rhetoric,* 34. "Corinto ciertamente habría estado atrapada en el patrón de conducta que elevaba a los que eran excepcionales en oratoria y elocuencia, y tal vez, algunos en la ciudad se esforzaban por convertirse en estudiantes del renombrado sofista y otros retóricos".

230 Plutarch, *Moralia,* 485 A-486D.

de mis visitas agradecieron mi presencia y comenzaron a dirigirme a ellos y aconsejarles y a rodear mi puerta desde la madrugada".[231]

Como se ha dicho, la elocuencia y la sabiduría eran consideradas como uno de los elementos principales que debe tener un buen líder y maestro. Pablo, también, varias veces explica a sus iglesias que deben su existencia al hecho de él traer el evangelio a ellos. Como fundador de las iglesias y su ejemplo a seguir, es el modelo de lo que significa ser un seguidor de Cristo.[232]

Es interesante observar que hay algunas similitudes entre el filósofo del tiempo de Pablo, el maestro que trajo el conocimiento a los discípulos y les ayudó a organizar su escuela.[233] Una escuela o grupo que se conectaba con un maestro en particular (Rhetor) se podría representar como secta, y la lealtad a tales profesores y oradores podría ser intensa, incitando rivalidades violentas.[234]

Es muy probable que una rivalidad similar sobre los maestros y oradores operara en la comunidad en Corinto. Por otra parte, como se señala en la siguiente sección, el apóstol Pablo afirma que la experiencia en el camino a Damasco es crítica para su autoridad, apostolado y ministerio a los gentiles. Pablo es un participante en la proclamación del Evangelio (1 Corintios 9:23). Algunos en la iglesia de Corinto habían cuestionado si él tenía la autoridad apostólica apropiada para descartar la comida ofrecida a los ídolos.[235] Pablo no creía que las demandas cristianas fundamentales y únicas fueran negociables, dependiendo de las circunstancias.[236] En esencia, nunca modificó el mensaje de Cristo crucificado para hacerlo menos un escándalo a los judíos o menos insensato a los griegos. La predicación y enseñanza de Pablo eran el mismo mensaje que enseñó a los corintios desde el principio.

Se piensa que este desafío a su autoridad apostólica proviene de su negación a aceptar su patrocinio, en lugar de hacerse una vida escasa trabajando con sus manos.[237] Dada esta situación, podemos concluir simplemente, que el énfasis único de Pablo en apostólica implica que él estaba tratando de mantenerse alejado de una trampa que le habían tendido

---

231 Dio Chrysostom, *Orations*, 47.22.

232 Schnelle, *Apostle Paul*, 159.

233 Xenophon, *Mem.* 1.6.3.

234 Dio Chrysostom, *Orations*, 55.4.

235 Horsley, *1 Corinthians*, 124.

236 Garland, *1 Corinthians*, 435. "Él no comió comida sacrificada a los ídolos para llegar a ser 'como alguien sin la ley'. No disminuyó su asalto a la idolatría para evitar ofender a los idólatras o para ganar favor con ellos. Su acomodación no tiene nada que ver con diluir el mensaje del evangelio, pedaleando suavemente sus exigencias éticas, o comprometiendo su monoteísmo absoluto".

237 Garland, *1 Corinthians*, 396.

y de la crítica por sus oponentes corintios.[238] Claramente, Pablo supone que, independientemente de las opiniones de sus oponentes acerca de su autoridad apostólica, fue comisionado por Dios (en el camino a Damasco) para ser el apóstol a los gentiles. ¿Era importante la experiencia de Damasco en la formación, enseñanza y teología de Pablo?

Pablo y la revelación del Señor en Damasco

¿Qué le sucedió al apóstol Pablo en el año 33 d.C. en el camino a Damasco?[239] Varios estudiosos han considerado a Damasco como el comienzo de toda su teología, especialmente de su doctrina de la justificación. Hengel identifica su nueva decisión con respecto a Cristo con una nueva decisión concerniente a la Torá.[240] Vale la pena señalar que Pablo afirma haber visto a Jesús el Señor en el camino a Damasco.[241] Además, según Hechos, fue el sumo sacerdote, quien era un saduceo (Hechos 5:17), quien autorizó a Pablo a ir y perseguir a los primeros cristianos en Damasco.[242] Después de su conversión, predicó a Jesús en la sinagoga local como el Hijo de Dios, el Mesías prometido (Hechos 9:20, 22).[243]

Evidentemente, los corintios ya sabían acerca de la experiencia de Pablo en el camino a Damasco. Sin embargo, él sostiene que es un apóstol, sobre la base de haber visto al Señor resucitado en el camino a Damasco.[244] Este hecho lo hace como cualquier otro apóstol en la iglesia primitiva, particularmente, en la congregación corintia donde algunos de los miembros dudaban de sus credenciales como apóstol.[245] Sin embargo, Pablo nunca dudó que el Señor Jesucristo lo nombró para predicar a los gentiles.

Su apostolado se valida por dos argumentos: 1) que ha visto a Jesús nuestro Señor; 2) que la iglesia de Corinto es su obra en el Señor.[246] El primer argumento

---

238 Elmer, *Paul, Jerusalem*, 153.

239 Schnelle, *The Apostle Paul*, 87-102, "Sin embargo, Damasco es sin duda, el punto de partida fundamental para la formación del significado paulino. Mientras que antes podía entender la proclamación del Mesías crucificado solo como provocación, la experiencia de Damasco lo llevó a la intuición de que la cruz estaba llena del potencial inherente para un significado inesperado".

240 Martin Hengel, *Die Stellung des Paulus zum Gesetz in den unbekannen Jahren zwischen Damaskus und Antiochien*, en *Paul and the Mosaic Law*. Ed. D.G. Dunn (Grand Rapids: Eerdmans, 2001), 33.

241 Hengel and Schwemer, *Paul*, 35.

242 Sanders, *Paul*, 9.

243 Schnabel, *Paul the Missionary*, 59.

244 Horrell, *An Introduction*, 29.

245 Bruce, *I & II Corinthians*, 83. "Su afirmación de haber visto a Jesús nuestro Señor es una pretensión de ser un testigo de la resurrección, y se refiere a la experiencia del camino a Damasco" (Hechos 22: 14 y 26: 15ss).

246 Witherington, *The Paul Quest*, 74.

apunta al fundamento de su apostolado, el segundo a su manifestación visible. Esta experiencia o encuentro con el Señor Jesucristo lo convirtió en el apóstol de los gentiles (1 Corintios 9:1-2, 15:8, Gálatas 1:1). Claramente, la experiencia vial de Damasco es el fundamento principal de su enseñanza y predicación.[247] Obviamente, el Señor lo llamó para ser el apóstol de los gentiles.

Él consideró esto como una señal especial del Señor. Como los otros apóstoles, fue llamado por Dios para predicar el Evangelio a los gentiles.[248] Pablo no se vio a sí mismo desobedeciendo un decreto del Señor, sino que lo interpretó como un derecho que estaba en libertad de aceptar o rechazar. Cuando fue llamado en el camino a Damasco, Dios le dio una misión específica.

Como veremos en la siguiente sección, la experiencia de Damasco fue fundamental para dar a Pablo un sentido de autoridad y apostolado en la iglesia cristiana primitiva. Sus opositores, de muchas maneras estaban tratando de cuestionar su autoridad como predicador del Evangelio a los gentiles. El apóstol Pablo no vino a Corinto para mostrar sus propios logros como retórico u orador profesional, pues su mensaje se centraba solo en Jesucristo,[249] y en el crucificado y exaltado Señor.

Después de la experiencia con Jesús en el camino a Damasco, el apóstol Pablo fue impulsado por una renovada conciencia de la presencia divina y con un deseo de testificar a los gentiles. Es interesante observar que, antes de la experiencia en el camino a Damasco, los cinco libros de Moisés eran el centro de su teología.[250] Obviamente, después del incidente de Damasco, Jesús y la Torá representaron la parte central de la teología y la enseñanza de Pablo. Su teología fue fundamentalmente Cristo-céntrica. Por lo tanto, su epístola no era solo un esfuerzo para traer la unidad a una congregación dividida, sino también, para recuperar su honor[251] y, lo más importante, su autoridad como apóstol a los gentiles. Por lo tanto, la experiencia del camino a Damasco le ayudó a dar forma a su propia teología y creencia.

---

247 Schnabel, *Paul the Missionary,* 58. "Pablo declara en una de sus primeras cartas que después de su conversión predicó el evangelio de Jesucristo en Arabia y después de una breve estancia en Jerusalén, en Cilicia y en Siria".

248 Garland, *1 Corintios,* 415.

249 F. F. Bruce, *Paul: Apostle of the Heart Set Free* (Grand Rapids: Eerdmans, 1986), 116.

250 Brad H. Young, *Paul the Jewish Theologian* (Peabody: Hendrickson Publishers, 1997), 96. "Jesús y Pablo eran ambos dedicados al judaísmo. Tenían opiniones similares de la Torá, pero Pablo trabajaba entre los gentiles en la Diáspora, mientras que Jesús vivía entre su propio pueblo en Israel".

251 Finney, *Honor, Rhetori,* 28.

Capítulo VII

CONTRIBUCIONES TEOLÓGICAS DE 1ª CONRINTIOS

Grabado 20. Algunos miembros ricos en Corinto romana.

Introducción a la teología de Pablo

Al estudiar la teología de Pablo y sus puntos de vista, normalmente se supone que hay, por lo menos, un cuerpo principal de material para ser entendido. Sin embargo, *"a la luz de los últimos doscientos* años de interpretación crítica de la carta de Pablo, es difícil saber qué es ese cuerpo material y cuáles son sus implicaciones para su teología".[1]

---

1 Stanley E. Porter, *Is there a Center to Paul's Theology? An Introduction to the Study of Paul and His Theology* en *Paul and His Theology.* Edited by S. E. Porter (Leiden: Brill, 2006), 14.

Una cosa es cierta: el apóstol Pablo es uno de los más grandes teólogos del primer siglo. Sin duda, fue el mayor pensador misionero y teológico de la iglesia primitiva. Para entender su teología, especialmente su contribución teológica en 1 Corintios, necesitamos considerarlo como teólogo judío.

Por otra parte, fue también el primer teólogo cristiano en el primer siglo.[2] ¿Fue Pablo el primer teólogo o misionero, fundador de la iglesia y pastor? Pablo fue un hombre cómodo en tres mundos, no dudaba que, también era considerado como un gran teólogo judío, un buen misionero y un pastor dedicado. El hecho de que fuera judío debe alertarnos sobre el significado de las Escrituras judías, el Antiguo Testamento, para comprender sus epístolas, entre las que 1 Corintios es un ejemplo principal.[3]

Pablo el teólogo judío

Sin embargo, surge otra pregunta: ¿es posible considerar al apóstol como un teólogo judío?[4] En su libro de 1997 sobre Pablo, Brad H. Young, observa que a veces su herencia judía se ha ocultado debido a su obra entre los gentiles. Añade que *"después de todo, él es primeramente recordado como un apóstol judío para los gentiles"*.[5]

En la comunidad académica ahora, ningún erudito duda de su educación ni de sus antecedentes judíos y cómo usó su conocimiento del judaísmo y las enseñanzas de la tradición de los padres. Está claro que fue enviado a predicar a las naciones gentiles.[6] Además, hay algo que debe tenerse en cuenta, que es el trasfondo de Pablo. ¿Estaba él más influenciado por la educación que recibió en Tarso o en Jerusalén? Es un hecho conocido que nació en Tarso; que vivió y estudió en Jerusalén bajo la supervisión del rabino Gamaliel, uno de los más destacados maestros de Palestina.[7] Pablo era judío en su método de enseñanza religiosa (su enfoque teológico

---

2 James D. G. Dunnn, *The Theology of Paul the Apostle* (Grand Rapids: Eerdmans, 1998), 2. "Esto no quiere decir que la autoridad de Pablo como teólogo haya sido meramente formal. Porque lo que ha sido más notable a lo largo de los siglos no es tanto el respeto a Pablo —el fundador de la iglesia canonizada— como el impacto de la teología de Pablo mismo".

3 Ciampa and Rosner, *The first Letter*, 7-9.

4 E. P. Sanders, *Paul and Palestinian Judaism: A Comparison of Patterns of Religion* (Minneapolis: Fortress Press, 1977), 1-12; 512.

5 Young, *Paul The Jewish Theologian*, 6.

6 Udo Schnelle, *Theology of the New Testament*. Translated by M. Eugene Boring (Grand Rapids: Baker Academic, 2007), 198.

7 Ciampa and Rosner, *The First Letter*, 7.

también), y en su esfuerzo por testificar de su experiencia. Evidentemente, su trabajo entre los gentiles y nuestra falta de familiaridad con el judaísmo palestino del primer siglo, hacen que la comprensión de su teología judía sea un poco difícil.[8] El judaísmo de Pablo debe ser el punto de partida para cualquier análisis serio de sus escritos y teología. Esta es la razón por la cual, gran parte de la controversia se deriva de preguntas relacionadas con sus propios antecedentes.

¿Fue el apóstol Pablo un judío helenizado de Tarso? ¿O fue un fariseo entrenado por el rabino Gamaliel en Jerusalén? Cuando escribió a los filipenses, les dijo quién era antes de ser cristiano: circuncidado al octavo día de nacido, pertenecía al pueblo de Israel, de la tribu de Benjamín, hebreo nacido hebreo (Filipenses 3:5-6). También es descrito en la carta a los Filipenses como un fariseo justo, con celo por la ley.[9] Que pertenecía a la secta de los fariseos en Jerusalén, y que era un discípulo de Gamaliel, nadie lo duda. Dentro de la secta de los fariseos, vivía según la Torá, y fue su celo por preservar la ley que lo hizo perseguidor de la iglesia primitiva.[10]

¿Fue llamado y convertido en el camino a Damasco, o solamente llamado o convertido?

Llamado o conversión en el camino a Damasco

Venía de una familia religiosa judía que formaba parte del partido farisaico en Palestina.[11] Su familia pertenecía a la tribu de Benjamín. Su propia declaración de que es *"un hebreo nacido de hebreos"* implica que sus padres lo criaron hablando hebreo y arameo.[12]

George E. Ladd señala que es difícil evaluar hasta qué punto los diversos antecedentes de Pablo han influido en su teología. Incuestionablemente, su conversión no vació su mente de todas sus creencias religiosas anteriores y

---

8 Young, *Paul the Jewish Theologian*, 7.

9 Dieter Lührmann, "Desde el tiempo del celo de los Macabeos pretendía luchar por la ley; la justicia era vivir conforme a la ley. Tal había sido su confianza, y no una falsa confianza por ningún medio".

10 Schnelle, *Apostle Paul*, 64. "Los orígenes del movimiento farisaico están escondidos en la oscuridad. La mayoría de los eruditos han visto su comienzo dentro del contexto más amplio de la rebelión macabea, en el curso de la cual el grupo de Hasidim emerge primero".

11 Jerome Murphy-O'Connor, *Paul: A Critical Life* (Oxford: Oxford University Press, 1996), 32-70.

12 Eckhard J. Schnabel, *Paul the Missionary: Realities, Strategies and Methods* (Downers Grove: InterVarsity Press, 2008), 41.

las reemplazó con una nueva teología completa y preparada.[13] Pablo afirmó que había sido separado antes de nacer para servir a Dios (Gálatas 1:15). Martin Hengel y A. M. Schwemer observan que necesitamos interpretar el punto de vista de Pablo en un contexto muy diverso, si queremos entender las influencias históricas que lo moldearon como el primer teólogo cristiano.[14] ¿Recibió Pablo un llamado o se convirtió en el camino a Damasco? Esta es una pregunta muy importante y esencial que debe considerarse.

La manera tradicional de entender su experiencia en el camino a Damasco es que fue como una conversión.[15] Sin embargo, en las últimas décadas, este punto de vista (el evento de Damasco) ha sido objeto de serio escrutinio. K. Stendahl, afirma que la comprensión occidental de Pablo se debe más a las lecturas reflexivas de Agustín y Lutero que al texto del Nuevo Testamento.[16] Los puntos de vista de Stendhal de que su experiencia de Damasco y su desafío a la comprensión tradicional de su conversión, han creado una nueva serie de preguntas para los eruditos.[17] Las preguntas que se plantean son: ¿Permaneció Pablo como judío o cambió de religión? ¿Se entiende mejor su experiencia como un llamado o como una conversión? Para algunos estudiosos, sin embargo, parece que sufrió un cambio completo de su propia opinión y creencia con respecto al judaísmo. Según Allan Segal, *"Pablo fue convertido y llamado"*.[18] Hans Dieter Betz dice en su artículo, *"Pablo"*, publicado en el Anchor Bible Dictionary que, según su testimonio en Gá. 1:1; 11-12, 15 - 16; 1 Co. 9:1; 15:8; Flp. 3:5-6, el cambio en su opinión y enseñanza fue parte de la experiencia en el camino a Damasco.[19] Pablo agrega que cuando Jesús se le apareció en esta visión en Damasco, le encargó ser el apóstol a los gentiles. El cambio más

---

13 George E. Ladd, *A Theology of the New Testament*. Rev. Edition (Grand Rapids: Eerdmans, 1998), 399. "El historiador se preocupa de analizar las influencias que moldearon el pensamiento de Pablo en su contexto histórico para comprender la mente de Pablo; esta tarea histórica es inusualmente difícil porque Pablo era un hombre de tres mundos: judío, helenista y cristiano".

14 Martin Hengel and Anna Maria Schwemer. *Paul Between Damascus and Antioch* (Louisville: Westminster John Knox Press, 1997), 38-42. "Es evidente que los corintios ya conocían esta historia de 'visto al Señor' (1 Corintios 15: 8) y Pablo simplemente les afirmaba lo que ya sabían, a saber, que él, al igual que los otros testigos oculares, era un apóstol porque había visto al Señor".

15 Alan F. Segal, *Paul the Convert: The Apostolate and Apostasy of Saul the Pharisee* (New Haven: Yale University Press, 1990), 7.

16 K. Stendahl, *Paul Among Jews and Gentiles* (Philadelphia: Fortress Press, 1976), 1.

17 Stendahl, *Paul Among Jews*, 2-4.

18 Segal, *Paul the Convert*, 6.

19 Hans Dieter Betz, *Paul* in *Anchor Bible Dictionary* vol. 5 (New York: Doubleday Press, 1992), 194. "El compromiso de Pablo con el fariseísmo llegó a un fin abrupto, al él pasar del fariseísmo al judaísmo cristiano".

importante en el camino a Damasco fue su reconocimiento y su confesión de Jesucristo como *"Señor"*.

Además, W.D. Davies ha sugerido que la capacitación y el pensamiento rabínicos de Pablo son similares al modo rabínico de pensar y de capacitarse de sus tiempos.[20] Pablo se describe a sí mismo como un fariseo educado en Jerusalén. Otros eruditos han rechazado su presunta capacitación rabínica, en gran parte debido a lo que ellos llaman *"visión pesimista"* de la ley. La comprensión del apóstol de la ley ha sido representada como si él estuviera predicando y enseñando contra ella. Según Ladd, han tratado de explicar la teología de Pablo en contra de una diáspora en lugar de la formación judía palestina, bajo el supuesto de que los judíos de la Diáspora tenían una actitud más legalista hacia la ley, una evaluación más pesimista de la naturaleza humana y la ley.[21] Pablo no tenía problemas con la ley (Torá) ni con los requisitos. Para él, la manera farisaica de ver la Torá era inadecuada porque estos resumían la Torá de la manera equivocada. En este aspecto farisaico,[22] Dios reveló su voluntad en las formas de muchas leyes, las cuales debían ser observadas en su totalidad. Aunque el apóstol Pablo tuvo una revelación especial de Jesús, que era independiente de la comunión de los discípulos de Jerusalén, todavía escribió sobre la tradición que recibió y la pasó a la comunidad en Corinto.[23] Evidentemente, recibió enseñanzas acerca de Jesús. En Corintios, menciona al apóstol Pedro y a los doce. No debemos verlo como un libre pensador que se aisló de los líderes en el movimiento de Jesús.

Por lo tanto, el judaísmo de Jerusalén, más que los puntos de vista paganos sobre Tarso, parece ser el fundamento de su método y teología para los problemas que afectaban a la comunidad cristiana en Corinto, a quien dirigía su correspondencia.

Temas teológicos en 1ª Corintios

Ian Howard Marshall señala que las cartas de Pablo a los corintios abarcan muchos temas teológicos, éticos y pastorales.[24] Evidentemente,

---

20 W. D. Davies, *Paul and Rabbinic Judaism* (London: SPCK Press, 1980), 17.
21 Ladd, *A Theology,* 400.
22 Betz, *Paul,* 195.
23 Young, *Paul the Jewish Theologian,* 55.
24 I. Howard Marshall, *New Testament Theology: Many Witnesses, one Gospel* (Downers Grove: InterVarsity Press, 2004), 252.

en 1 Corintios y en la iglesia de Corinto podemos ver una variedad de temas (unidad de la iglesia, ídolos y resurrección, etc.)[25] dirigidas por él y traídas a discusión por los lectores con él. Su preocupación pastoral fue el bienestar de la iglesia y de los miembros en general.

El producto final es una epístola profundamente teológica en su aplicación de la doctrina de Cristo crucificado y resucitado. Si la fuente de sus oponentes en Corinto no puede ser encontrada con precisión, es innegable que él tuvo que lidiar con diferentes grupos de cristianos con tendencias y puntos de vista que conducían a un enfoque inadecuado del cristianismo. Posiblemente, la mayor contribución teológica del apóstol Pablo es su comprensión de la naturaleza de la unidad y la vida de la iglesia.[26] Su principal preocupación es con la verdadera naturaleza y vida de la congregación, haciendo de la eclesiología el tema teológico más importante de 1 Corintios. La iglesia como la *"iglesia de Dios"* es entendida por él como todos los que pertenecen y son miembros de la comunidad fundada en Jesucristo.[27]

Pablo y la iglesia como cuerpo de Cristo

Pablo introduce la idea de la iglesia como cuerpo de Cristo para dejar claro que no es la posesión del Espíritu por numerosos individuos lo que garantiza su unidad, sino que esto es algo (la unidad de la congregación) que solo puede hacerse por su fundador, Jesucristo.[28] Para Pablo, el diverso número de dones espirituales (dones que edifican la congregación), es una manifestación de la unidad real en la congregación. su preocupación es que los corintios sean la comunidad santa que Dios les ha llamado a ser. Desde este punto de vista, muchos temas principales que se repiten en toda la epístola, pueden ser organizados. Era importante que los cristianos se dieran cuenta de que pertenecían al único Dios. Puesto que pertenecían a Dios (los cristianos corintios), su preocupación era, también, que evitaran por todos los medios, la idolatría; especialmente la cuestión de la carne sacrificada a los ídolos (1 Co. 8,10).[29] Antes de poder entender el debate principal en el que el apóstol Pablo se ocupó, y sus respuestas a los corintios,

---

25 Schnelle, *Apostle Paul,* 192.
26 Fee, *The First Epistle,* 18.
27 Collins, *First Corinthians,* 25-29.
28 Schnelle, *Apostle Paul,* 563.
29 Collins, *First Corinthians,* 25.

debemos mencionar que él heredó del judaísmo dos creencias teológicas principales: que hay un Dios; que Dios controla el mundo.[30] Para él, estos dos principios fueron parte de toda su vida y de sus enseñanzas.

Victor P. Furnish en la serie, New Testament Teología (Teología Nuevo-Testamentaria), publicada por Cambridge University Press, escribió un libro sobre la primera teología de Corintios y comenta que el apóstol comienza la cuestión de la carne de los templos paganos con dos declaraciones de importancia teológica crítica; una sobre el conocimiento del verdadero Dios (1 Corintios 8: 1-3), y otra sobre pertenecer a un solo Dios y Señor (1 Corintios 8: 4-6).[31] Por lo tanto, las cuestiones más importantes eran evitar la participación en los banquetes paganos donde se ofrecía la carne a los ídolos. Y esta era, precisamente, la cuestión por la que él se preocupaba por ellos, y los corintios necesitaban entender la implicación de la misma. Claramente, en ambos asuntos, el apóstol Pablo estaba en diálogo abierto con aquellos miembros de la iglesia en Corinto que no tenían escrúpulos acerca de comer carne ofrecida a los ídolos.[32] En 1 Corintios 8, él considera si los miembros de la iglesia deben comer carne sacrificada a un ídolo en un templo pagano. Ellos eran conscientes de que había un solo Dios, por lo que no había problema con la carne sacrificada en los templos paganos porque no tenía ningún significado religioso. Parece que aceptaban su visión del monoteísmo más radicalmente que, incluso, el mismo apóstol Pablo.

El apóstol responde que, aunque los ídolos no existen realmente y aunque solo hay un Dios, hay varias así llamadas divinidades y señores.[33] Su advertencia es que los corintios debían evitar comer carne ofrecida a ídolos por todos los medios. Claramente, la cuestión de la comida cristiana que se ofrecía a los ídolos es la primera en 1 Corintios 8 y 10. Es más probable que la cuestión de la carne ofrecida a ídolos fuera planteada por los corintios en una carta que le enviaron. Su respuesta no fue solo pastoral, sino que, también, tenía una dimensión teológica.[34] La respuesta del corintio fue una sorpresa para el apóstol, porque él les enseñó y sabían su opinión sobre la cuestión de la idolatría.

---

30 Sanders, *Paul*, 34-43. "Todo esto se puede ver en la carta de Pablo: creía en un solo Dios: pensaba que había otros poderes en el universo además de Dios; pensó que Dios estaba ejerciendo un gran plan en la historia y pensó que los individuos podían decidir estar con o en contra de él".

31 Furnish, *The Theology*, 69-75.

32 Furnish, *The Theology*, 69.

33 Sanders, *Paul*, 34-35.

34 Malherbe, *Social Aspects*, 77.

También afirmaban que tenían *"conocimiento"*, lo cual Pablo cita en 1 Co. 8:1 a 4, y este conocimiento de alguna forma les daba la libertad de elegir qué hacer sin considerar el bienestar o preocuparse por el otro miembro de la iglesia. Algunos de los miembros de la iglesia de Corinto querían hacerlo, argumentando que los ídolos paganos no eran dioses reales.[35] Según Pablo, el conocimiento real no comprometería las creencias y enseñanzas de la iglesia. Cuando los miembros de la iglesia en Corinto subordinaran la acción amorosa de Dios a su propio conocimiento, se engañarían a sí mismos acerca del verdadero conocimiento de la salvación misma, porque solo Jesucristo es el fundamento principal de la fe y de la iglesia.[36] Desde el principio les enseñó el evangelio correcto (buenas nuevas de salvación para judíos y gentiles) según la revelación de Jesucristo. Siempre fue consciente al predicar y enseñar el evangelio a los corintios.

Sin embargo, el llamado de los Corintios como la santa congregación de Dios requiere su completa lealtad y una conducta apropiada. Podían asistir a cualquier banquete social normal, pero debían evitar cualquier cosa que les disuadiera del compromiso de la iglesia con el único Dios de Israel. Pablo, por supuesto, estaba de acuerdo con la creencia de ellos en un solo Dios, que les llegó de su propia predicación misionera a los gentiles, especialmente, a la congregación corintia.[37] Usaba las Escrituras, especialmente como justificación de sus muchas exhortaciones al corintio, y les ayuda a entender su visión sobre la idolatría.

Pablo, el bautismo y los corintios

Otro tema teológico discutido en 1 Corintios, referente a los grupos motivados teológicamente, es el relacionado con una visión particular sobre el bautismo que había llevado a divisiones entre los miembros de la iglesia de Corinto.[38] Pablo enfáticamente decía que no vino a Corinto para bautizar a nadie, sino a predicarles el evangelio. C. K. Barrett observa que, sin duda, sabía y daba por sentado la práctica del bautismo y la cena del Señor. Asumía su significado; que todos ellos (los miembros de la iglesia

---

35 Sanders, *Paul*, 34.
36 Schnelle, *The History and Theology*, 70.
37 Furnish, *The Theology*, 70. "Las dos expresiones del monoteísmo que Pablo cita, una de los creyentes más fuertes en Corinto (v.4) y una de un credo (v. 6a), ambas se hacen eco del *Shemá Yisrael* de la tradición judía: 'Oye, oh Israel, el Señor Nuestro Dios es un solo Señor' (Deuteronomio 6: 4)".
38 Schnelle, *Apostle Paul*, 196.

de Corinto) sabían de este rito; que podía argumentar de ellos como hechos dados.[39] De hecho, la mayoría era bautizada por alguien más, pero no por Pablo. Por lo tanto, esta era la razón por la cual algunos reaccionaban contra su predicación y enseñanza.

Sin embargo, Pablo conoció, aceptó y practicó el bautismo y la cena del Señor, pero su aceptación fue crítica.[40] Especialmente, criticó el entendimiento y la práctica del bautismo y de la cena por la congregación de Corintios. Parece que algunos miembros no compartían su opinión sobre el bautismo y la cena del Señor. Claramente les indicó a los corintios que aprendieran acerca de la experiencia del antiguo Israel (1 Co. 8:1 a 4, 1 Corintios 10:1-12).[41] Cualquier comportamiento o acto erróneo hacia cualquier miembro, no solo afectaba al individuo, sino también a toda la comunidad. Pablo también estaba preocupado por el bienestar y la unidad de la iglesia en Corinto. Por lo tanto, estaba apelando a los corintios a ejercer buen juicio mientras que participaban de la cena del señor. Es posible participar en el bautismo y en la cena del Señor, y comer y beber alimentos espirituales, y aún caer en el pecado y ser castigados por hacerlo: *"Por lo tanto, aquel que piensa estar firme, mire que no caiga"* (10: 12). Obviamente, como se mencionó antes, su preocupación era el decoro de ellos en la mesa del Señor.[42] Observamos primero que él no inventó con respecto a la Cena del Señor.[43] Lo que dio a los Corintios, él mismo lo había *"recibido del Señor"* (1 Corintios 11:23). En 1 Corintios prestó especial atención a establecer la tradición (la tradición de la santa cena)[44] en detalle, para que se pudiera ver que estaba de acuerdo con las formas que se observaban comúnmente en la iglesia de Corinto. Como hemos visto, todos los asuntos que el apóstol Pablo comenzó en 1 Corintios surgieron del hecho de que aquellos que pertenecían a Cristo necesariamente seguían

39 Barrett. *Paul,* 28.

40 Barrett, *Paul,* 129.

41 Witherington, *Conflict & Community,* 251.

42 Panayotis Coutsoumpos, *Paul, the Corinthians Meal, and the Social Context* en *Paul and His Social Relations.* Edited by S. E. Porter and C. D. Land (Leiden: Brill, 2013), 286.

43 Donald Guthrie, *New Testament Theology* (Downers Grove: InterVarsity Press, 1970), 757. "Cuando dice que 'recibió del Señor', seguramente no está sugiriendo que fue una revelación sobrenatural; más bien, había recibido las tradiciones a través de otros, pero los había reconocido como auténticos relatos de lo que el Señor mismo había instituido. Esto es de suma importancia para una correcta comprensión de su doctrina".

44 Guthrie, *New Testament,* 758. "Aunque hay algunas diferencias entre el registro de Pablo y los evangelios sinópticos, el acuerdo sustancial entre ellos muestra tanto la consistencia de la tradición, como también el hecho de que Pablo continuaba lo que se había convertido en la ordenanza establecida".

estando involucrados de diferentes maneras con la sociedad incrédula. Era normal que algunos de los creyentes de Corinto aceptaran la invitación a banquetes y fiestas sociales en el hogar de un amigo pagano y socio comercial. Para Pablo, la cena del Señor era una reunión muy diferente a las reuniones y banquetes del pagano. Vale la pena señalar que, incluso antes de que él entrara en escena, la comunidad cristiana ya había centrado sus reuniones comunales en la cena del Señor.[45]

La cena del Señor en Corinto

En 1 Co. 11:20, Pablo llama a la cena que era tomada por los miembros de la iglesia corintia, *"La cena del Señor",* (κυριακὸν δεῖπνον), pero la frase que se utilizaba con frecuencia era *"Eucaristía"* (κυριακὸν δεῖπνον), lo que significa *"dar gracias".* Este término se encuentra en el Didache. Ignacio y Justino indican claramente que en el Didache (enseñanza) las oraciones se recitaban en la celebración de la cena y luego en toda la celebración sacramental.[46]

Además, Ignacio conocía el nombre 'Agape' (Sm. 8:2, Romanos 7:3 ἀγαπᾶν, Sm 7:1 = 'sostenga el Ágape') que también ocurre en Jd. 12.[47] De los comentarios de Pablo sobre la práctica de la cena del Señor en la iglesia de Corinto podemos tener una idea de que la cena se celebraba continuamente a intervalos, posiblemente, semanales y no solo como un recuerdo anual de la muerte del Señor durante la Pascua cristiana.

En la iglesia de Corinto había dos secciones del servicio cultual: una cena colectiva, tomada con el propósito de alimento (véase Didaché x.1: *"después de que se llenen"*...), seguida de un servicio solemne de la cena de la eucaristía.[48] Pablo consideraba la conducta de los corintios en la Cena del Señor como un acto desordenado que lo llevó a mencionarla en su carta.[49] El problema en la iglesia surgió, obviamente, de un desacuerdo

---

45 Smith, *From Symposium to Eucharist,* 174. "La forma en que se desarrolló esta práctica se ha explicado de varias maneras, que van desde alguna forma de comida judía a un tipo específico de comida grecorromana".

46 Coutsoumpos, *Paul and the Lord's Supper,* 104.

47 Ignatius, *Letter to the Smyrnaeans* 8:2; 7:3. Ver también R. Bultmann, *Theology of the New Testament* vol. 1, trans. K. Grobel (London: SCM Press, 1952), 144.

48 Didache X. 1. Ver también Ralph P. Martin, NBD, 751.

49 B. J. Oropeza, *Jews, Gentiles, and the Opponents of Paul: The Pauline Letters* (Eugene: Cascade Books, 2012), 102.

social dentro de la congregación.[50] El comportamiento de los corintios parecía ser bastante normal con los estándares sociales corrientes; aunque algunos miembros de la iglesia estaban actuando de acuerdo a la regla de la sociedad, no estaban actuando de acuerdo a la regla y los estándares de la comunidad cristiana en general.[51] La práctica y la tradición de la iglesia era un entorno completamente diferente al de los otros banquetes paganos comunes en la sociedad grecorromana.

También es posible deducir algo sobre la estratificación social de varios de los conflictos encontrados en las comunidades paulinas. Las reprensiones de Pablo en 1 Co. 11:17-34 aclaran las divisiones que aparecían cuando los cristianos corintios se reunían para la cena del Señor.[52] Hubo una división entre los miembros de la iglesia en Corinto romana que causó varios conflictos y resultó en una fricción cuando participaban en la cena del Señor. Con su actitud, los corintios despreciaban el sacramento, posiblemente por motivos de espiritualismo, y lo veían como un mero símbolo. La conmemoraban como una comida común.[53] Por lo tanto, podemos asumir que la cena del Señor se celebraba como una comida donde todos los miembros participaban y se celebraba de una manera egoísta.

Esto es por lo que Pablo les advirtió que fueran a casa y comieran y luego se reunieran alrededor de la mesa del Señor con reverencia y conducta ordenadas (1 Corintios 11:22, 30-34). Si el problema, como el apóstol Pablo lo ve, se encontraba en aquellos que *"poseían casas"*, entonces las prácticas grecorromanas podrían arrojar algo de luz sobre la situación,

---

50 I. Howard Marshall, *Last Supper and Lord's Supper* (London: The Paternoster Press, 1980), 109.

51 Theissen, *The Social Setting,* 147. Observa que "el análisis de las condiciones sociales que rodean el comportamiento humano presupone que este comportamiento se describirá con la mayor precisión, pero en nuestro caso queda muy claro. Cuatro preguntas requieren una respuesta. 1) ¿Hubo diferentes grupos en la celebración de la cena del Señor, o es una cuestión de conflicto entre la congregación y algunos de sus miembros individuales? 2) Hubo varios puntos en los que comenzó la comida, y cuál es la secuencia de las diversas acciones mencionadas en 1 Co. 11: 17ss? 3) ¿Hubo diferencias cuantitativas en las porciones servidas en la cena? o 4) ¿comidas cualitativamente diferentes para diferentes grupos? Para responder a estas preguntas también debemos basarnos en otros textos contemporáneos para entender mejor qué tipo de comportamiento era posible en este momento".

52 W. A. Meeks, *The First Urban Christians* (New Haven: Yale University Press, 1983), 67. Añade que estas divisiones sobre las cuales Pablo "oye" (v.18) pueden estar conectadas de alguna forma con las facciones incipientes reportadas por la gente de Cloé (1:10 s.), Pero nada de lo que se dice aquí sugiere que ni los celos entre seguidores de Apolo y partidarios de Pablo o la "escatología realizada" del pneumatikoi están involucrados.

53 Hans Conzelmann, *1 Corinthians* (Philadelphia: Fortress Press, 1975), 194.

especialmente, en relación con la celebración por la congregación de la cena del Señor, y dónde ocurría.[54]

Sin embargo, los prominentes jefes de familia podrían haber determinado un cierto tono en la comida sagrada de la congregación, simplemente siguiendo el estándar correcto de los patrones grecorromanos de la vivienda y la cena.[55] Obviamente, los patrones grecorromanos eran completamente diferentes de las tradiciones que Pablo les enseñó a los corintios.[56] Según él, la tradición sagrada de la última cena se recitaba, específicamente, para fomentar la igualdad social y superar el faccionalismo creado por la estratificación. En la mente de Pablo, el propósito principal de reunirse en la cena del Señor era crear unidad y armonía en la asamblea.

La comida de la iglesia y su contexto social

La iglesia de Corinto estaba compuesta por personas de diferentes estratos sociales: los ricos y los pobres, así como esclavos y los que habían sido esclavos. Era costumbre de los participantes en la cena del Señor traer de su propia comida y bebida. Los ricos traían tanta comida y bebida que podían disfrutar de la gula y la embriaguez.[57] Los pobres que llegaban más tarde, sin embargo, tenían poco o nada que traer, con el resultado de que pasaban hambre y no podían disfrutar de una comida decente.[58]

Este conflicto en la cena del Señor se ve en el comentario de Pablo: *"Cuando os unís, eso no es comer la cena del Señor, porque al comer, cada uno se adelanta a su propia comida, sin esperar a los demás. Y uno queda con hambre, y el otro se embriaga"* (1 Co. 11:20-21). La acusación podría ser tomada para significar que una gula distorsionada y la embriaguez de los grupos era la causa principal del conflicto, como si cada individuo hubiera comido independientemente de los otros.[59] La cena de los corintios

---

54 Horsley, *1 Corinthians*, 158. Como se explicó en la introducción, la asamblea en Corinto aparentemente consistió en varios subgrupos o "asambleas domésticas" basadas en ciertos hogares. Cuando "toda la asamblea" se reunía para la cena del Señor y otros asuntos (14:23), presumiblemente se reunían en uno de esos hogares.

55 Horsley, *1 Corinthians*, 160.

56 Schnelle, *Apostle Paul*, 68-69.

57 Oropeza, *Jews, Gentiles*, 103.

58 Marshall, *Last Supper*, 109.

59 Theissen, *The Social Setting*, 147.

"eranos"[60] se había convertido en un problema social para la comunidad cristiana: (1) La comida hecha de antemano, aparentemente, difería en cantidad y calidad; (2) Algunos miembros comenzaban a comer antes de que los otros llegaran y antes de que la cena del Señor tuviera lugar; (3) Murphy-O'Connor[61] observa que el que llegaba tarde no encontraba sitio en el *triclinium*, que era el comedor donde regularmente solo doce podían sentarse para la cena. El problema con el espacio y la discriminación contra los provistos de instalaciones de segunda clase preparaba el ambiente para las tensiones que aparecen en el relato de Pablo de la cena de la eucaristía en Corinto (1 Corintios 11:17-34).

Sin embargo, la afirmación de Pablo de que *"uno tiene hambre mientras que otro está borracho"* (v.21) nos dice que esas tensiones fueron presumiblemente provocadas por otro posible factor, claramente, el tipo y la calidad de los alimentos ofrecidos.[62] La práctica de servir diferentes tipos de alimentos a las diferentes categorías de invitados era la costumbre popular romana. Estas comidas privadas tenían que ser comidas en casa de acuerdo con los comentarios de Pablo en 1 Co. 11:22-34. También les recordó que la cena del Señor estaba destinada a conmemorar la muerte sacrificial del

60 Homer, *Odyssey* 1.226-227. Ver también Aelius Aristides, *Sarapis* 54.20- 28., and Lucian, *Lexiphanes* 6,9,13. La práctica "éranos" existía desde la época de Homero y también en el siglo II C.E. Los invitados traían dinero o cestas de comidas. "Aristófanes describe esta costumbre bien (Acharnenses 1085-1149): Venga a cenar, invita a un mensajero, y trae su cántaro y su cajón de la cena.

Los anfitriones proporcionan guirnaldas, perfumes y dulces, mientras que los huéspedes traen su propia comida que se cocinará en la casa del anfitrión. Empacan pescado, varios tipos de carne y productos horneados en sus cestas de comida antes de salir de casa. También Jenofonte (Mem 3.14.1) describe cómo los participantes de una cena traen *opson*, por ejemplo, pescado y carne de casa. Cada vez que algunos de los que se reunían para la cena traían más carne y pescado que otros, Sócrates le diría al camarero que pusiera las pequeñas contribuciones en la población común o que las distribuyera por igual entre los comensales. Así que los que traían mucho se sentían obligados no solo a tomar su parte del total traído por todos, sino del total de sus propios suministros a cambio; y así también ponían su propia comida en la población común. Así, no obtenían más que los que traían poco con ellos". Aquí tenemos un paralelo cercano a los problemas de Corinto. Véase también *la Afirmación de Peter Lampe*, 4. Parece que el apóstol Pablo y Sócrates estaban protegiendo la práctica comunitaria (eranos) de tal abuso. Esta práctica no debía llevar a algunos a comer en exceso, mientras que otros se quedaban con hambre

61 Murphy-O'Connor, *St. Paul's Corinth*, 158ss.

62 Pliny The Younger, *Letters* 2:6. Plinio cuenta la siguiente experiencia: "Yo estaba comiendo con un hombre, aunque no amigo particular suyo, cuya economía elegante, como él lo llamó, me pareció una especie de extravagancia tacaña. Los mejores platos estaban en frente de sí mismo y unos pocos selectos, y trozos baratos de comida antes que el resto de la compañía. Incluso había puesto el vino en pequeños frascos, divididos en tres categorías, no con la idea de dar a sus invitados la oportunidad de elegir, sino para hacerles imposible negar lo que les dieron. Un lote era para él y para nosotros, otro para sus amigos menores (todos sus amigos eran calificados), y el tercero para él y nuestros libertos...".

Señor.[63] Sin embargo, al intentar ser más específico, ¿qué comportamiento es el que, en opinión de Pablo, perturbaba la cena del Señor? ¿Consideraba la iglesia de Corinto la forma en que la práctica (su comportamiento), en la Santa Cena estaba equivocada? La raíz del dilema parece estar v. 22 en una lista de preguntas retóricas. Esta forma, por supuesto, se utiliza cuando el escritor quiere que los lectores saquen conclusiones por sí mismos. Aquí Pablo parece querer que reconozcan ciertas inferencias inaceptables de su propio comportamiento. Su comportamiento implica que rechazan la congregación de Dios, porque humillan a los que tienen poco.[64]

Si añadimos a la escena la advertencia de Pablo al final del capítulo 11 *"Así pues, hermanos míos, cuando os reunáis para comer la cena del Señor, esperad unos a otros"*, entonces llega a ser obvio que los desatendidos son especialmente los pobres y los esclavos.[65] Ninguno de los dos grupos podía fácilmente dejar su trabajo para asistir a la cena; esto era verdad, especialmente, de los esclavos porque no eran los amos de su tiempo.[66]

Sin embargo, a partir del texto podemos asumir aún más acerca la degeneración de esta celebración corintia. Surge la pregunta: ¿Qué habían hecho los corintios de la cena del Señor? Según el punto de vista común, los corintios habían abolido el concepto de recibir el cuerpo de Cristo.[67] Para ellos, el pan bendito ya no era el cuerpo y comían la comida eucarística como alimento ordinario. Para Pablo esta era una noción errónea por parte de ellos. Él argumentaba que la eucaristía, no venía al principio de la ceremonia ni después de alguna comida ordinaria. Venía después de la cena privada (llamada comida eranos) la cual Pablo no aprobaba. Pero los corintios continuaban con esta práctica.

Theissen ha intentado explicar toda la cuestión social. Explica que cuando Pablo dice, en el v. 21, *"durante la cena cada uno toma su propia comida"*, significa que, en el proceso de la cena de comunión real, los

---

63 I.Marshall, *Lord's Supper* en DPL eds., R. P. Martin, G. Hawthorne and D. Reid (Downers Grove: InterVarsity Press, 1993), 1.

64 Meeks, *The First Urban*, 68. El καὶ aquí es epexegético, esto es, que la segunda cláusula explica la primera.

65 G. Bornkamm, *Early Christian Experience*. Trans. P. L. Hammer (London: SCM Press, 1969), 126. Theissen, *The Social Setting*, 153.

66 Garland, *1 Corinthians*, 540. "El problema no es que algunos coman antes de que todos lleguen y que Pablo debe responder insistiendo en que se refrenen y esperen educadamente a que lleguen los demás. El problema es que ellos devoran sus propias cantidades de comida en la presencia de sus compañeros cristianos que tienen poco o nada que comer".

67 Theissen, *The Social Setting*, 155.

ricos se suponía que dieran el pan y el vino y mantuvieran algo para sí mismos. Las distinciones sociales se reflejaban en la cantidad de alimentos consumidos.[68] También se argumentaba que había una separación en el tipo de alimento traído y consumido. Los ricos traían carne, pescado u otras exquisiteces; sin embargo, Theissen piensa que no veían la necesidad de compartir estos bienes porque las instrucciones de Pablo en la cena del Señor mencionaban solamente el pan y el vino como parte de la cena de la eucaristía. Theissen también afirma que para Pablo la manera en que los ricos celebraban la cena del Señor creaba un conflicto socio-teológico descrito en 1 Corintios 11.[69] Tal falta de preocupación por las necesidades de los pobres parecía angustiar a Pablo. Dice que cuando los miembros de la iglesia de Corinto se reunían, no debían empezar a comer, uno tras otro a medida que llegaban, sino que los miembros debían esperar hasta que todos llegaran para celebrar la cena de la comunidad.[70]

Plutarco, el filósofo moralista, demuestra que el problema era bastante común en los banquetes paganos. *"Donde parece que cada huésped tenía su porción privada".*[71] Exactamente, esta era la situación entre los creyentes en Corinto, excepto que los grupos y no los individuos, estaban involucrados y la división estaba entre los ricos y los pobres. Malherbe observa que *"el miembro afluente suplía la comida para la cena del Señor, pero conservaba algo para él, lo cual comenzaba a comer antes de la cena del Señor y continuaban comiendo después de que empezaba la cena común".*[72] Los miembros ricos no veían nada incongruente en retener más para sí mismos. Como se señaló antes, no era raro en los banquetes paganos en la asociación greco-romana que algunos miembros fueran favorecidos sobre otros.[73]

---

68 Theissen, *The Social Setting,* 155-160. Malherbe, *Social Aspects,* 81.

69 Gerd Theissen, *Soziale Integration und sacramental Handeln: Eine Analyse von 1 Kor.* 11:17-34, *Novum Testamentun,* 16 (1974): 179-206. "Theissen analiza las declaraciones más importantes en 1 Corintios 11: 17-34 para determinar los problemas. Pablo encarga a los corintios que no coman de hecho la cena del Señor".

70 Malherbe, *Social Aspects,* 82-83. "La acción de los ricos, según Pablo, equivale a despreciar y humillar a los de menores recursos. La situación se agravó aún más cuando los que traían sus propias cenas comían sin esperar el resto".

71 Plutarch, *Table Talk* 644C.

72 Malherbe, *Social Aspects,* 82.

73 Witherington, *Conflict & Community,* 243. "Probablemente algunas personas vieron reuniones cristianas como reuniones de algún tipo de asociación o colegios, especialmente teniendo en cuenta que el cristianismo primitivo no tenía templos, ni sacerdotes ni sacrificios. Además, al igual que una reunión cristiana, una reunión de asociación podría involucrar a una variedad de personas de arriba y abajo del estrato social".

No es que la iglesia fuera idéntica a tal asociación, sino más bien que las similitudes eran lo suficientemente parecidas como para que algún cristiano en Corinto pudiera haber visto a la congregación cristiana como una especie de asociación.[74] Pero en la comunidad de la iglesia en Corinto no se hacía según el orden regular en la asociación o banquetes paganos. En suma, Pablo condenó las acciones de los corintios con respecto a la cena porque comprometían la verdadera comunión y hacían imposible una verdadera cena comunal.[75] Esta fue la crisis que lo hizo apelar a la tradición original de la cena del Señor. Además de los asuntos sociales de la cena del Señor, también había un elemento importante que debemos tener en cuenta: el significado teológico de la cena del Señor.

Los corintios y el significado teológico de la cena del Señor

Además del bautismo, el argumento de Pablo de la Cena del Señor (1 Corintios 11:17-34) no es solo una exposición teológica, sino también un análisis práctico de las cuestiones sociales que involucraban la celebración de la cena del Señor.[76] Las propias palabras de Pablo acerca de la tradición autorizadora de la cena del Señor como relato de la última cena de Jesús con sus discípulos, que el mismo Pablo recibió y transmitió a los corintios en la fundación de su iglesia. T. Newberg-Pedersen observa que el apóstol Pablo es bastante claro, en el asunto inmediato al que se está dirigiendo.

Cuando los miembros de la iglesia se reunían *"como comunidad de creyentes"* (1 Corintios 11:18), es decir, para las reuniones formales en la iglesia, y especialmente, para celebrar la Cena del Señor,[77] se dividían en grupos en desacuerdo y participaban de manera desordenada en la cena del Señor. En adición, el conflicto parecía ser causado por un individualismo excesivo de parte del miembro de la iglesia en Corinto romana.[78] La cuestión socio- teológica y práctica que el apóstol Pablo estaba enfrentando era

---

74 Meeks, *The First Urban,* 78f. Meeks también observa la similitud de los grupos de la iglesia con las asociaciones voluntarias. Ambos eran pequeños e implicaban una intensa interacción cara a cara, con una membresía decidida por decisión libre en lugar de nacimiento, aunque las asociaciones comerciales tenían el requisito previo de participar en un determinado comercio.

75 Malherbe, *Social Aspects,* 80.

76 Furnish, *The Theology,* 78.

77 Troles Engberg-Pedersen, *Proclaiming the Lord's Death: 1 Corinthians 11:17- 34 and the Forms of Paul's Theological Argument* en *Pauline Theology.* Vol. II. 1 & 2 Corinthians. Ed. David M. Hay. (Minneapolis: Fortress Press, 1993), 109.

78 Malherbe, *Social Aspects,* 81-84.

(como era la práctica común entre los griegos y romanos) que cada persona trajera su propia comida y bebida para compartir con otros participantes en la cena.

De hecho, algunos de los miembros de la iglesia no veían nada malo con este comportamiento porque era parte de la práctica corriente en la sociedad grecorromana de la época.[79] Pero para el apóstol Pablo este comportamiento era inaceptable porque iba en contra del principio principal de la tradición de la cena del Señor. Sin embargo, el problema principal era que algunos tomaban por sí mismos lo que habían traído de su propia casa[80] y lo comían como una cena privada durante la cena del Señor, cuando la idea era que la cena claramente destinada a ser una cena compartida con todo el mundo.

La manera correcta de hacerlo era esperar a los demás y participar juntos en la comida y también en la cena del Señor. La sugerencia del apóstol Pablo es clara e inconfundible; no hay lugar para la división y el comportamiento incorrecto (de no esperar a otro) dentro de la congregación.[81] Además, Pablo estaba tratando de mostrar a los corintios la práctica correcta de la cena del Señor como un cuerpo unido con un propósito en mente, el cuerpo de Cristo y para erradicar los elementos divisivos en la comunidad en la cena eucarística.[82] Sin embargo, algunos en la congregación de los corintios no veían nada malo en su comportamiento en la cena.

Hay quienes sostienen que la tradición de Pablo era una revelación directa a él; otros observan que no solo estaba corrigiendo un problema sociológico en Corinto romana, sino que estaba preocupado por las causas y consecuencias sociales del mal comportamiento en la cena de la iglesia y también con el significado teológico de lo que estaba ocurriendo en la cena del Señor. Consideraba el comportamiento de los corintios en la cena del Señor como un acto desordenado que lo llevó a mencionarlo en su epístola. En su libro *La última cena y la cena del Señor*, I. Howard Marshall señala

---

79 Witherington, *Conflict & Community*, 241. "Pablo está preocupado por al menos dos facetas sociales del problema, a saber: el desorden y la desigualdad de los procedimientos. Ninguna de estas características era inusual en los banquetes grecorromanos seguidos por las fiestas de beber. Incluso los comedores más grandes de los hogares estaban equipados para contener solo de nueve a veinte personas, y ciertamente había más cristianos corintios que eso". Ver también S. Pogoloff, *Logos and Sophia: The Rhetorical Situation of 1 Corinthians* (Atlanta: Scholars Press, 1992), 239.

80 Coutsoumpos, *Paul and the Lord's Supper*. 99-108. Ver también G. Theissen, *The Social Setting*, 145-74.

81 Murphy-O'Connor, *Keys to First Corinthians*, 218. "Aunque los corintios tenían la intención de celebrar la eucaristía, y sin duda repetían con precisión las palabras de la institución, sin embargo, Pablo afirmó que lo que intentaron hacer no era la cena del Señor".

82 Coutsoumpos, *Paul and the Lord's Supper*, 100.

que el problema en la congregación surgió, obviamente, de un desacuerdo social dentro de la comunidad.[83]

El comportamiento de los corintios parece ser bastante normal con los estándares sociales de la época (las costumbres sociales grecorromanas); aunque algunos miembros de la iglesia estaban actuando de acuerdo con el gobierno de la sociedad,[84] no estaban actuando de acuerdo con la regla y los estándares de la congregación cristiana en general. Con su actitud, los corintios despreciaban el sacramento, posiblemente por motivos de espiritualismo, y lo veían como un mero símbolo. Hans Conzelmann comenta, con razón, que lo conmemoraban como una cena corriente.[85] Pero para el apóstol Pablo era más que una cena comunitaria; era la cena del Señor. Por lo tanto, podemos suponer que la cena del Señor se celebraba como una comida en la que participaban todos los miembros y se celebraba de una manera egoísta.

Por lo tanto, el problema no es que hubiera algo malo con la cena del Señor; más bien, lo que Pablo criticaba era la actitud incorrecta y el comportamiento de los corintios hacia ella. Esta fue la razón por la cual él les aconsejó (a los miembros de la iglesia de Corintios) ir a casa y comer y luego reunirse alrededor de la mesa del Señor con reverencia y conducta ordenadas. (1 Corintios 11: 22, 30-34)[86] En la opinión de Pablo, la tradición sagrada con respecto a la última cena se recitaba específicamente para fomentar la igualdad social, para superar el faccionalismo creado por la estratificación. En su mente, el objetivo principal de reunirse en la cena del Señor fue crear unidad y armonía en la asamblea.

Como se señaló antes, era una práctica común para los participantes en la cena del Señor traer de su propia comida y bebida. Los miembros ricos traían tanta comida y bebida que podían disfrutar de la glotonería y la embriaguez.[87] Esta conducta desordenada de los corintios era contraria al comportamiento apropiado enseñado y esperado por el apóstol Pablo. Por el contrario, los miembros pobres llegaban más tarde, y tenían poco o nada que traer, con el resultado de que algunos pasaban hambre y no podían disfrutar de una cena decente.[88] Para Pablo, esta práctica de los miembros

---

83 Marshall, *Last Supper*, 109.
84 Theissen, *The Social Setting*, 147.
85 Hans Conzelmann, *1 Corinthians* (Philadelphia: Fortress Press, 1975), 194.
86 Coutsoumpos, *Paul and the Lord's Supper*, 101.
87 Theissen, *The Social Setting*, 153.
88 Marshall, *Last Supper*, 109ss.

de la iglesia de Corinto estaba causando muchas tensiones y problemas en la congregación y especialmente en la celebración de la cena del Señor.

Pablo y el problema de la cena del Señor

Este problema en la cena del Señor se ve en los comentarios de Pablo: *"Cuando te reúnas, no comerás la cena del Señor porque al comer, cada uno va con su propia comida, y uno tiene hambre y otro está borracho"* (1 Corintios 11:20-21). Comer y beber aparece cinco veces en 1 Corintios 11:26-29, y esto es lo que el apóstol Pablo deseaba señalar más que la repetición oral de la historia de la muerte de Jesús.[89] No es lo que se menciona durante o después de la cena que concierne a Pablo, pero lo que se menciona en la acción de comer y beber. Él estaba interesado solo en el hecho de que *"cuando los cristianos coman este pan y beban esta copa, estén proclamando la muerte del Señor"*.[90] Creía que las acciones de los Corintios en la Cena del Señor no proclamaban su muerte (1 Corintios 11:20). La acusación podría verse como la gula distorsionada y la embriaguez del grupo era la causa principal del problema, como si cada individuo hubiera comido independientemente de los demás. Por lo tanto, el principal dilema parecía haber surgido del conflicto en la congregación entre la riqueza y la pobreza.[91] Como no había edificios de iglesias, las comidas eran compartidas en las casas de creyentes. Los hogares-iglesia eran el lugar donde los creyentes se reunían para la adoración y la comunión en Corinto.

Abraham J. Malherbe observa que los primeros cristianos no tenían edificios especialmente construidos para la adoración. Se reunían principalmente en las casas de algunos de sus miembros.[92] La actividad misionera de Pablo implicaba la evangelización de hogares completos después de que fue rechazado por las sinagogas y luego usó las casas como base para su ulterior alcance misionero. La principal diferencia entre

---

89 Garland, *1 Corinthians*, 548ss.

90 Engberg-Pedersen, *Proclaiming the Lord's Death*, 116.

91 Marshall, *Lord's Supper*, 569. "Los creyentes se reunían en grupos de un tamaño máximo dictado por el tamaño de las casas a su disposición".

92 Malherbe, *Social Aspects*, 60-91. "Este hecho es significativo porque en los tiempos del Nuevo Testamento la casa fue considerada como una unidad política básica. Además, se incluían miembros de la familia inmediata, esclavos, libertos, sirvientes, obreros y, a veces, asociados de negocios e inquilinos. La lealtad del miembro del hogar hacia el interés de la familia era tan fuerte que podía rivalizar con la lealtad a la república".

la congregación y el hogar-iglesia cristiana y esas sociedades era que el cristiano se reunía para la adoración y el compañerismo, no comúnmente socializando con elementos religiosos.[93]

Para algunos de los miembros de Corinto era difícil hacer una diferencia entre las cenas del Señor con cualquiera de los otros banquetes, porque solo participaban como un miembro normal de la sociedad grecorromana. Y el apóstol Pablo quería que los corintios entendieran que había una gran diferencia entre una comida social pagana y la cena del Señor.[94] Como se señaló antes, en su reciente libro, Roger W. Gehrig, la conmemoración de la cena, como el apóstol la presentó en Corinto se sostuvo, posiblemente, como una comida real con raíces en la comunión total: la cena del Señor.[95]

El hogar-iglesia era el lugar donde la congregación se reunía para celebrar y participar de la cena del Señor. La *kononia* entre los creyentes en la mesa del Señor estaba siendo destruida por el comportamiento incorrecto de algunos de los miembros de la iglesia y los dueños de hogar.[96] El comportamiento de los corintios y la forma en que actuaban en la cena del Señor era corriente. Entonces, ¿qué sucedía en la cena del Señor que causó la respuesta de Pablo? Para él la cena del Señor era más que una simple comida o banquete; era una nueva experiencia que creaba un nuevo vínculo entre los miembros de la iglesia y el Señor mismo.

Esto lleva a una observación importante. Los recién llegados, de acuerdo con J. Murphy-O'Connor, que llegaban tarde, no encontraban sitio en el *triclinium*, que era el comedor donde, regularmente, solo doce podían sentarse para la cena a la vez.[97] Esta cuestión del espacio y la discriminación contra esos provistos de instalaciones de segunda clase, preparó el ambiente para las tensiones que aparecen en el relato de Pablo de la cena del Señor en Corinto (1 Corintios 11: 17-34).[98] En el versículo 21, él menciona que *"unos tienen hambre mientras otros están borrachos"*. Este

---

93 Witherington, *Conflict & Community*, 32. "Los romanos llevaron algunas actividades religiosas a su hogar".

94 Malherbe, *Social Aspects*, 83.

95 Gehring, *House Church and Mission*, 173. "Al establecer la iglesia en Corinto, Pablo enseñó a los cristianos allí (1 Corintios 11:2) a celebrar la cena del Señor (11:20) de cierta manera".

96 Garland, *1 Corinthians*, 477-78.

97 Murphy-O'Connor, *St. Paul's Corinth*, 158-59. Los que llegaban tarde tenían que sentarse en el atrio o en el porche, lo cual era otro inconveniente para ellos. "El mero hecho de que todos no podían ser acomodados en el *triclinium* significaba que tenía que haber un desbordamiento en el atrio. Se hacía imprescindible que el anfitrión dividiera a sus invitados en dos categorías: los creyentes de primera clase eran invitados al triclinio mientras los demás permanecían afuera".

98 Coutsoumpos, *Paul and the Lord's Supper*, 102.

versículo nos dice que esas tensiones fueron presumiblemente provocadas por otro factor posible, obviamente, el tipo y la calidad de los alimentos ofrecidos.[99] Estas comidas privadas tenían que ser comidas en casa, según el apóstol Pablo en 1 Corintios 11:22-34.

La enseñanza de Pablo en 1 Corintios iba dirigida contra estas prácticas (la glotonería y la embriaguez entre algunos de los miembros de la iglesia en Corinto) lo que significaba que la cena había perdido su carácter sagrado como cena del Señor. La raíz del problema parece estar enunciado en el v. 22 en una lista de preguntas retóricas. Esta forma, por supuesto, se utiliza cuando el que habla quiere que los oyentes saquen conclusiones por sí mismos. Aquí Pablo parece querer que reconozcan ciertas inferencias inaceptables de la conducta equivocada cuando participaban en la mesa del Señor.[100] Su comportamiento significa que rechazaban la comunidad de Dios, porque humillaban a los de pocos recursos.

Coutsoumpos afirma también que este comportamiento era una conducta común entre los griegos y romanos cuando se reunían para sus orgías y banquetes.[101] Para el apóstol, este comportamiento no era aceptable cuando se reunían para adorar y participar de la cena del Señor. La costumbre social fuera de la iglesia no debía ser tomada como la norma para la cena cristiana entre los miembros de la iglesia. Es interesante para los observadores que Pablo no estaba aconsejando que la reunión debería ser cancelada.[102] Pablo desafió a su audiencia (la congregación de los corintios) a demostrar que eran dignos de alabanza cuando se reúnen en la mesa del Señor.[103]

Por otra parte, su intención era que la cena continuara como era normal y que se permitiera a todos compartir la comunión y la Cena del Señor. La gula y las borracheras estaban fuera de lugar en una cena de la iglesia.

---

99 Pliny the Younger, *Letters* 2.6. La práctica de servir diferentes tipos de alimentos a diferentes categorías de invitados era la costumbre romana popular. Plinio menciona también lo siguiente: "Yo estaba cenando con un hombre, aunque no amigo particular suyo, cuya economía elegante, como él lo llamó, me pareció una especie de extravagancia tacaña. Los mejores platos se ponían frente a sí mismo y escogían pocos, y trozos baratos de comida antes que el resto de la compañía".

100 Murphy-O'Connor, *Keys to First Corinthians,* 195.

101 Coutsoumpos, *Paul and the Lord's Supper,* 46-48. "Desde el comienzo de la iglesia, las reuniones cristianas en los hogares sirvieron como base del movimiento. Los primeros centros de culto cristiano eran casas propiedad de miembros de la iglesia. En el primer siglo d.C. y durante mucho tiempo después, el cristianismo no fue reconocido como una religión, por lo que no había tal cosa como un lugar de reunión público, como la sinagoga. Por lo tanto, los primeros cristianos tenían que usar las únicas instalaciones disponibles, es decir, las casas de algunos de los creyentes".

102 Marshall, *Lord's Supper,* 572.

103 Perkins, *First Corinthians,* 136.

El mal comportamiento en la cena y las divisiones sociales arruinaban el propósito de la cena del Señor y su verdadero significado.

Los corintios y el significado escatológico de la cena del Señor

La naturaleza escatológica y teológica de la cena del Señor se destaca en la epístola corintia. Gordon Fee en su comentario sobre 1 Corintios también menciona que, para Pablo este punto de vista tenía su foco en el acontecimiento de Cristo, su muerte y resurrección y el subsiguiente don del Espíritu.[104] La cena del Señor era una de acción de gracias que esperaba el regreso de Cristo. Esta participación del pan y del vino era para el apóstol Pablo la proclamación de la muerte y resurrección del Señor *"hasta que él venga"*.[105] Asumía —de acuerdo con la opinión de la iglesia cristiana primitiva— que comer y beber en el Señor la cena en comunión con Cristo es una anticipación de la mesa de la comunión con el Señor en el banquete mesiánico.

Además, es en esta línea que Pablo llamó la celebración, un beber de la copa del Señor y comer en la mesa del Señor (1 Corintios 10: 21). Celebrar la cena del Señor es también proclamar juntos, como comunidad de creyentes. La proclamación se hace cuando los creyentes se reúnen y participan de los elementos de acuerdo con el mandato del Señor.[106] Sin embargo, había circunstancias en que la cena del Señor se convertía en personal, y esto era una inversión completa de su significado. El verdadero significado de la cena del Señor estaba relacionado con la comunión de unos con otros. El apóstol Pablo animaba esta comunión cuando escribió a los corintios sobre la cena del Señor.

Por otra parte, Chow explica que el hecho de que el apóstol Pablo mencione, en particular, el testimonio del hogar-iglesia de Cloé sobre la diferencia de opiniones y luchas en Corinto es interesante.[107] De hecho, de otra fuente, incluyendo la de la iglesia de Cloé, se le dice a Pablo que había divisiones en la mesa del Señor cuando los que no tenían eran humillados por los que tenían (1 Corintios 11: 17-34). Por otra parte, es importante

---

104 Fee, *The First Epistle,* 16.

105 Coutsoumpos, *Paul and the Lord's Supper.* 120-126.

106 Barrett, *Paul,* 129ss.

107 Chow. *Patronage and Power,* 94. Desde Cloe, el apóstol Pablo fue informado de que había contiendas o disputas en la Iglesia de Corinto.

señalar, como E. A. Judge ha observado, que la diferencia jerárquica en una casa habría sido preservada en un hogar-iglesia.[108] ¿Qué podría haber dado lugar a la cuestión de las divisiones en la cena del Señor? Es importante notar, como lo dice W. A. Meeks,[109] que el problema de las divisiones en el hogar-iglesia en Corinto parecía ser celos entre las partes de la diferencia y las luchas sobre puntos de vista teológicos.

Además, la cena, tal como se llevaba a cabo en la iglesia de Corinto, no daba honra ni pertenecía al Señor, sino a los miembros de la iglesia.[110] El apóstol Pablo estaba censurando y cuestionando el tipo de celebración que los miembros de la iglesia celebraban y que ellos llamaban y describían como la cena del Señor. Los creyentes de Corinto violaban la naturaleza de la cena del Señor por la forma en que se comportaban durante la celebración. La cena del Señor, por lo tanto, era de alguna forma, una forma de compartir (como se observó antes) en el sacrificio de Cristo. Esta forma de compartir no solo tenía una connotación presente, sino también futura (escatológica) para todos los creyentes que participaban de la cena del Señor.

Pablo y el motivo escatológico en Corinto

Por consiguiente, este motivo y proclamación escenográficos, es lo que el apóstol Pablo tenía en mente cuando el pan se partía y la copa se compartía. Los corintios eran culpables porque habían perdido de vista el propósito principal de esto en su celebración de la cena del Señor. Para Pablo, este era el rito que se centraba en la celebración de la muerte de Jesús en la cruz por nosotros.[111] En efecto, al Señor se le consideraba vivo y los creyentes esperaban su regreso.

Por lo tanto, el punto principal y central de la preocupación del apóstol Pablo era el significado de la cena como proclamación de la muerte de Cristo, un punto que la conducta de los corintios, obviamente, invalidaba.[112] Gordon Fee comenta también que la cena, en sí, es la proclamación. Hay una proclamación verbal de la muerte de Cristo.[113] Es muy probable que sea

---

108 Judge. *The Social Pattern*, 60.
109 Meeks, *The First Urban Christians*, 67.
110 Coutsoumpos, *Paul and the Lord's Supper*, 113.
111 Coutsoumpos, *Paul and the Lord's Supper*, 123.
112 Fee, *The First Epistle*, 556.
113 Fee, *The First Epistle*, 557.

precisamente así como el apóstol llega a concluir ahora sobre las dos cosas que se decían sobre el pan y la copa. Al mismo tiempo, sin embargo, era plenamente consciente del escenario escatológico en el que la cena del Señor se estableció por primera vez.[114] Enseñó la importancia para los corintios de lo escatológico y la proclamación de la muerte de Cristo en relación con la cena del Señor. Su enseñanza sobre el significado escatológico de la cena es parte de la tradición transmitida a él como tradición de la iglesia cristiana primitiva. Por otra parte, Xavier Léon-Dufour también observa que el miembro de la iglesia de Corinto tenía el *"deber"* de proclamar, por el hecho de que se reunía en el nombre del Señor.[115]

La expresión de alegría y gratitud en 1 Corintios 11:26 se describe mediante el uso del verbo *"proclamar"*. La proclamación se hace cuando los miembros de la iglesia se reúnen y participan de los elementos de acuerdo con los mandamientos del Señor.[116] Aunque el apóstol Pablo no registró exactamente las palabras de Jesús en 1 Corintios 11:26, *"...porque cuando comes este pan y bebes este vaso, proclamas la muerte del Señor hasta que él venga"*, revelan que la tradición de Pablo de la última cena mantuvo su carácter escatológico. También debe observarse que había un aspecto futuro en el relato de Pablo de la cena del Señor, porque la expresión *"hasta que venga"* muestra que el rito solo tiene relevancia en la actualidad. Cuando el Señor venga por segunda vez no habrá más necesidad de ella.[117] Sin embargo, Conzelmann afirma que *"no hay tal cosa como un sacramento sin acompañar la proclamación"*.[118] El valor del papel de Pablo para la comprensión de la Cena del Señor no puede ser sobrestimado. El apóstol no era un innovador, pero tenía una profunda comprensión del significado teológico de lo que otros habían preservado acerca de la cena del Señor instituida por Jesús mismo. Sin embargo, es difícil imaginar que se refiriera a la venida del Señor como un simple plazo.[119]

La mayoría de las veces, cuando el apóstol menciona la expectativa de la venida del Señor, lo hace en conexión con el triunfo de Dios (1 Corintios 15:24-28) o la vida de los conversos junto con la venida del Señor (1 Tesalonicenses 4:14-18). Beverly R. Gaventa plantea la pregunta: ¿cómo podemos entender la frase *"hasta que él venga"* si no es un plazo o una

---

114 Ciampa and Rosner, *The First Letter,* 554.
115 X. Léon-Dufour, *Sharing the Eucharist Bread* (New York: Paulist Press, 1987), 224ss.
116 Coutsoumpos, *Paul and the Lord's Supper,* 124.
117 Garland, *1 Corinthians,* 548.
118 Conzelmann, *1 Corinthians,* 201.
119 Coutsoumpos, *Paul and the Lord's Supper,* 125.

manera de instar a Dios a acelerar el regreso de Jesús?[120] En otras palabras: Pablo en esta ocasión estaba tratando de enseñar a los corintios a comprender la importancia de la segunda venida de Jesús. En consecuencia, explicar que la menciona correctamente, no significa que también entendía su punto de vista correctamente. Sin embargo, Pablo les entregó la tradición de la cena del Señor de la manera en que la obtuvo del Señor. Fue de forma similar que los corintios comprendieron y explicaron el tema de la resurrección. La cuestión en sí misma es clara: *"¿Cómo pueden algunos de ustedes decir que no hay resurrección de los muertos?"* (1 Corintios 15:12).[121] En la siguiente sección trataremos esta cuestión y también la respuesta de Pablo al tema de la resurrección.

Los corintios y el tema de la resurrección

En general, 1 Corintios 15 plantea la cuestión de la forma en que Pablo ve la naturaleza del cuerpo de la resurrección. La situación histórica que dio lugar a que él escribiera este capítulo, sin embargo, es difícil de localizar con absoluta convicción.[122] El tema en 1 Corintios 15, como se conoce comúnmente, es la futura resurrección de los muertos.[123] Es evidente, sin embargo, que el apóstol considera la resurrección de los muertos como un componente esencial de la fe de la comunidad. Los cristianos de Corinto creían lo que querían creer. Ellos se sentían libres para seleccionar y tomar del evangelio como les era predicado por el apóstol Pablo y otros líderes. Aparentemente, había cristianos en la Corinto romana que consideraban el asunto de la resurrección y la vida después de la muerte como puramente simbólica. Pero Pablo afirma que Cristo murió por el pecado de los creyentes.[124] Su comprensión teológica de la muerte de Jesús indica que fue por una razón positiva y un buen efecto. Los creyentes de Corinto, o al menos algunos, negaban la resurrección futura (1 Corintios 15: 3).[125] En

---

120 Beverly R. Gaventa, *You Proclaim the Lord's Death: 1 Corinthians 11:26 and Paul Understanding of Worship*, Review Expositor 80 (1983): 383.

121 Fee, *The First Epistle*, 713.

122 Ciampa and Rosner, *The First Letter*, 739.

123 Joseph Plevnik, *Paul and the Parousia: An Exegetical and Theological Investigation* (Peabody: Hendrickson Publishers, 1997), 122.

124 Witherington, *Conflict & Community*, 299.

125 Watson, *The First Epistle*, 157. "El capítulo 15 comienza abruptamente, sin ninguna fórmula introductoria como 'Ahora en cuanto a la resurrección de los muertos'. Evidentemente, por lo tanto, Pablo no está respondiendo a una pregunta dirigida a él por la comunidad corintia".

su comentario, C. K. Barrett menciona que los corintios estaban actuando *"como si la era venidera ya estaba consumada..."* Para ellos no había un *"todavía no"* para calificar el *"ya"* de la escatología realizada.[126]

Sin embargo, E. Earle Ellis pregunta con razón: ¿Acaso el apóstol Pablo atacaría un punto de vista escatológico que él mismo parecía adoptar?[127] Parece claro que Pablo era consciente de una enseñanza errónea sobre la teología de la resurrección y la venida del Señor de algunos miembros de la iglesia de Corinto. Todo el argumento de su respuesta es corregir esta idea errónea que los corintios tenían respecto al estado de los muertos. Por otra parte, algunos de sus lectores estaban inclinados a dudar de su enseñanza sobre la resurrección y la parusía. ¿Acaso no entendía bien a los Corintios? ¿Negaba el corintio la resurrección de Cristo y los sacramentos? Parece que malinterpretaban al apóstol y, en algunos casos, negaban la resurrección de los muertos y estaban confundidos acerca de la verdadera cuestión. Al parecer, algunos miembros de la iglesia estaban diciendo que no había resurrección de los muertos (1 Corintios 15:12).[128] Obviamente, estos miembros en Corinto eran los que malinterpretaban la enseñanza del apóstol Pablo acerca de la resurrección.

Ademas, L. J. Kreitzer comenta que 1 Corintios 15:12 da una indicación importante para el argumento en su totalidad: *"Ahora bien, si Cristo es predicado como resucitado de entre los muertos, ¿cómo pueden algunos de ustedes decir que no hay resurrección?"* Se obtiene una idea muy significativa de la naturaleza del debate en Corinto y de la identidad de la llamada "doctrina herética corintia".[129] Claramente, en este pasaje el apóstol Pablo estaba confrontando una escatología exagerada dentro de la iglesia corintia. Además, su defensa inicial de una escatología futurista implicaba recordar a los corintios su enseñanza anterior sobre la resurrección de los muertos (1 Corintios 15: 3-7).[130]

En otras palabras: los creyentes de Corinto crían que la aceptación del apóstol de la resurrección de Cristo era introductoria a su creencia cristiana, pero diferían en cuanto a su comprensión de su importancia para su esperanza. Según algunos eruditos, había algunos creyentes en

---

126 C. K. Barrett, *The First Epistle to the Corinthians* (New York: Harper & Row, 1968), 109.

127 E. Earle Ellis, *Christ Crucified in Reconciliation and Hope*. Edited by Robert Banks (Exeter: The Paternoster Press, 1974), 73-74.

128 Coutsoumpos, *Paul and the Lord's Supper*, 122.

129 J. L. Kreitzer, *Eschatology* en *Dictionary of Paul and His Letters*. Ed. G. H. Hawthorne, R. P. Martin and Daniel G. Reid (Downers Grove: InerVarsity Press, 1993), 258-259.

130 Bruce, *I & II Corinthians*, 137-38.

la congregación de corinto que negaban la resurrección de los muertos y Pablo se preocupó por ello.[131] Algunos de los creyentes de los corintios decían: no hay resurrección de la muerte (1 Co. 15:12). Sin embargo, A.J.M. Wedderburn, en su influyente artículo publicado en Novum Testamentum, observa que "implícita o explícita, consciente o inconscientemente, sus partidarios *están diciendo que Pablo malinterpreta o malentiende a los corintios".*[132] Parece que los que negaban la resurrección mencionados en el versículo 12 eran algunos miembros de la iglesia que aceptaron la idea gnóstica de la resurrección. No eran incrédulos, ya que eran miembros de la iglesia (1 Corintios 15:12). Quiénes eran estos negadores de la resurrección, es muy difícil de establecer con precisión. Sin embargo, también es difícil ver cómo el apóstol Pablo malinterpreta o malentiende a los corintios; es más probable que viera el problema al revés.[133] Además, Pablo enseñó en Corinto durante unos dieciocho meses, y los miembros de la iglesia en la Corinto romana, por lo tanto, habrían estado muy conscientes del propio énfasis escatológico de Pablo. Por contraste, Anthony C. Thiselton señala que los corintios habían malinterpretado el mensaje escatológico cristiano creyendo que la escatología se había *"realizado".*[134] Incluso después de casi un año y medio acompañándose mutuamente, parece posible que ambos, miembros de la iglesia y el apóstol Pablo, no podían entenderse unos a otros, de modo que el verdadero mensaje acerca de la resurrección no estaba claro para los corintios.[135]

Ralph P. Martin menciona que los corintios, al hacer hincapié en una escatología consumada, sentían que estaban desarrollando verdaderamente la idea de Pablo sobre la resurrección.[136] Sin embargo, también se podría preguntar cuán bien entendía Pablo su posición cuando escribió a los miembros de la iglesia en la Corinto romana. Surgen las siguientes preguntas: ¿Malinterpretó realmente el apóstol Pablo a los corintios sobre

131 Horsley, *1 Corinthians,* 197. "En su argumento para la resurrección de los muertos, Pablo intenta atraer a la gente espiritual de Corintios hacia su propia orientación escatológica para fijar sus ojos en el mismo objetivo hacia el cual toda su misión es conducida. Su argumento se desarrolla con una estrategia retórica definida".

132 A. J. M. Wedderburn, *The Problem of the Dead of the Resurrection in 1 Corinthians XV. Novum Testamentum* 23 (1981): 230.

133 Coutsoumpos, *Paul and the Lord's Supper.* 123.

134 A. C. Thiselton, *Realizad Eschatology at Corinth. New Testament Studies* 24 (1978): 512. Ver también *1 Corinthians: A Shorter Exegetical & Pastoral Commentary* (Grand Rapids: Eerdmans, 2006), 269-70.

135 Perkins, *First Corinthians,* 171.

136 Ralph P. Martin, *The Spirit and the Congregation: Studies in 1 Corinthians 12-15* (Grand Rapids: Eerdmans, 1984), 93.

el tema de la resurrección?[137] ¿No fue Pablo quien les enseñó acerca de la tradición de la resurrección? A modo de conclusión, podemos añadir que los detalles históricos de la enseñanza de Jesús, los acontecimientos de la Semana Santa, las apariciones de la resurrección, etcétera, eran relacionados con el apóstol Pablo por aquellos que habían tenido conocimiento de ellos y su experiencia.[138]

La enseñanza de Pablo sobre la resurrección

A los Corintios, el apóstol Pablo les enseñó relatos específicos de las apariciones de Jesús posteriores a su resurrección (1 Corintios 15: 5-7), como si normalmente fueran conocidos entre los primeros cristianos y pudieran ser atestiguados por otros creyentes todavía vivos en el tiempo en que Pablo les escribió la carta. Para él, el dilema de la iglesia acerca de la resurrección era claro. Algunos de ellos lo creían, otros parecían rechazar sus enseñanzas respecto a la resurrección corporal de Jesús. Por el contrario, Wedderburn argumenta que el apóstol malinterpretó a los Corintios sobre el tema de la resurrección de la muerte.[139] Incluso si hubiese entendido mal lo que los corintios creían, este malentendido sería importante como parte del fondo contra el cual él expuso sus propios puntos de vista sobre la resurrección.[140] *"Un asunto es claro; Pablo no perdió tiempo en llegar al fondo del problema. Parece probable que algunos de los miembros de la iglesia en Corinto romana eran sincretistas en sus creencias".* Se argumenta además por *F.F. Bruce* que "pensaban que la creencia griega respetable en la inmortalidad *del alma,... era perfectamente adecuada, y la resurrección del cuerpo era una embarazosa desventaja judía".*[141] Esto no es una *"escatología realizada"*, tal como fue entendida entre los que negaban la resurrección en la iglesia en Corinto romana.

Claramente, según Gerald L. Borchert, algunos de los que negaban la resurrección argumentaban en contra de la enseñanza de Pablo sobre esta en la Corinto romana. Los puntos de vista de los corintios sobre la nueva vida y el más allá eran, por lo tanto, una confusión cristiana, aunque con una enseñanza helenista de la inmortalidad. El corintio

---

137 Coutsoumpos, *Comunidad, Conflicto,* 178-79.
138 Bruce, *I & II Corinthians,* 138.
139 Wedderburn, *The Problem of the Dead,* 230ss.
140 Watson, *The First Epistle,* 163ss.
141 Bruce, *1 and 2 Corinthians,* 144.

estaba actuando y enseñando como si el triunfo sobre la muerte hubiese sido una realidad presente. El apóstol Pablo no tenía nada que ver con este énfasis escatológico. Acusó a estos corintios de ser ilógicos.[142] ¿Cómo podían afirmar el Evangelio y negar la realidad de la futura resurrección? (1 Corintios 15:12) Además, si Cristo no había sido resucitado, la situación implicaba más que mala lógica por parte de los corintios. David E. Garland menciona también que la tendencia entre algunos de los miembros de la Iglesia de Corinto era considerar el premio como ya ganado (1 Co. 9:24).

Pero la muerte de los creyentes antes del regreso de Cristo se convirtió en un grave problema para los corintios.[143] Esto es evidente por el hecho de que el apóstol Pablo explica los casos de muerte en la iglesia de Corinto como un castigo de Dios por el comportamiento indigno y la celebración de la cena del Señor (1 Corintios 11:29-32). Esto no quiere decir que tales muertes antes de la segunda venida de Cristo fueran interpretadas en la iglesia primitiva (especialmente en el caso de los corintios) como significando que a aquellos que murieron temprano se les negó la bendición mesiánica,[144] a pesar de su creencia en Cristo.

La primera epístola de Pablo a los corintios está estructurada por la crucifixión y resurrección de Cristo. Aunque parece que hubo algunos miembros de la iglesia que negaban la resurrección de Cristo.[145] Pablo enfatizó la crucifixión de Cristo al comienzo del capítulo y también concluye el cuerpo principal con una amplia discusión sobre esta. ¿Negaban algunos de los corintios la resurrección?

Los corintios y los que negaban la resurrección

En esencia, su negación de la resurrección estaba, probablemente, relacionada con su conocimiento dualista de la naturaleza humana, según el cual, el cuerpo y el alma se relacionan entre sí como oponentes.[146] Otro

---

142 Gerald L. Borchert, *The Resurrection: 1 Corinthians 15*. Review and Expositor 80 (1983): 406.

143 Garland, *1 Corinthians,* 678-680. "El error de los corintios no estaba enraizado en alguna rebelión doctrinal deliberada, sino en una confusión honesta, dada su cosmovisión griega. No comprendían cómo un cuerpo primitivo que es físico y perecedero podía ser adecuado para un reino celestial que es espiritual e imperecedero".

144 Coutsoumpos, *Paul and the Lord's Supper.* 124.

145 Ciampa and Rosner, *The First Letter,* 736-42.

146 Watson, *The First Epistle,* 163.Watson también afirma que "hemos visto evidencias de este dualismo en capítulos anteriores, tanto en pasajes que revelan tendencias al libertinaje (1 Co. 5:1, 6:12-20) como en aquellas que revelan tendencias al ascetismo (1 Co. 7:1-7). No es difícil ver cómo la gente que sostenía tal entendimiento dualista habría oído lo que se les proclamó como buenas nuevas".

problema es el hecho de que el asunto era más complicado para los corintios por la idea de que la resurrección del cuerpo debía entenderse simplemente como la reanimación del cadáver para continuar la existencia corporal en su forma actual.[147] El punto más interesante que generalmente se omite es que estos grupos que negaban la resurrección no tenían ninguna duda acerca de la resurrección de Jesús.[148]

Habiendo demostrado que el argumento de los corintios de que no hay resurrección de los muertos es falso e inaceptable, el apóstol Pablo continuó con el segundo paso en su argumento para la resurrección. Su propio argumento es el evangelio fundamental de la resurrección de Cristo, testificado y predicado por todos los apóstoles y la iglesia cristiana primitiva. ¿Qué, específicamente, es lo que algunos cristianos en Corinto no creen o rechazan?[149] Probablemente había algunos malentendidos con la enseñanza sobre la resurrección de los muertos que Pablo les enseñó.[150] Además, era muy probable que fueran los miembros acaudalados de la comunidad de la iglesia en Corinto, los que tenían una posición social considerable y mantenían fuertes relaciones con la sociedad pagana, los que negaba la resurrección.

Esta es la razón por la que el apóstol los refuta por el argumento de que, si no hay resurrección de la muerte, Cristo mismo no pudo haber resucitado. En otras palabras: la resurrección de Jesús es un evento único en la historia.[151] No es como lo que le sucedió a Lázaro y a otros cuyos cuerpos terrenales fueron resucitados. En sus casos, la muerte se pospuso por un tiempo. Además, fueron resucitados solo para enfrentar la muerte de nuevo en un momento posterior. Pero en la resurrección de Jesús ocurre un momento único. Es la creación del nuevo orden del ser. Es el poder de la salvación eterna para todos los que responden con fe. Esta es la razón por la cual la resurrección de Jesús crucificado es el primer evento significativo que la iglesia tiene que aprender sobre ello. La comprensión

---

147 Bruce, *I & II Corinthians*, 144.

148 Bassler. *Navigating Paul*, 90.

149 Anthony C. Thiselton, *1 Corinthians: A Shorter Exegetical & Pastoral Commentary* (Grand Rapids: Eerdmans, 2006), "Se han dado tres tipos de respuestas: 1) Negaron la existencia humana después de la muerte en cualquier forma; 2) Insistieron en que la resurrección (en algún sentido espiritual), ya había ocurrido sin dejar ningún otro acontecimiento que esperar (2 Tim. 2:18); 3) No podían ni creer ni concebir la resurrección del 'cuerpo' (griego σωμα).

150 Horsley, *1 Corinthians*, 203.

151 Witherington, *Conflict & Community*, 295. "Los más acomodados pudieron haber sostenido alguna forma de escatología realizada por los romanos. Esta escatología imperial promulgó bendiciones especiales para los de rango social, y para aquellos que apoyaban el *statu quo* jerárquico del imperio, con una visión de cómo los de menor categoría se beneficiaron de la pax Romana".

de Pablo de la naturaleza de nuestros futuros cuerpos de resurrección se basa principalmente en el modelo del cuerpo de resurrección de Cristo.[152] Él sentía que cuestionar la historicidad de la resurrección golpeaba en el corazón del evangelio. Si debemos espiritualizar o declarar ser solo un símbolo de la conversación sobre la vida después de la muerte, ¿debemos también hacer lo mismo con la resurrección de Cristo? Para Pablo la resurrección de Cristo es más que un simple acontecimiento espiritual.[153]

Además, ¿salió Cristo realmente de la tumba y vivió otra vez? Si no, entonces todo el evangelio cristiano se basa en una ilusión, dijo el apóstol Pablo. Pero este no es el caso, ya que Cristo realmente resucitó de entre los muertos y se convirtió en los primeros frutos de todos nosotros que esperamos la vida eterna.[154] Pero, ¿cómo puede Pablo confirmar que Cristo es *"los primeros frutos de la cosecha de los muertos"*? Para comprender este asunto, es importante darse cuenta de que, en la creencia judía,[155] la noción de resurrección era tanto escatológica como colectiva.

Así que, para Pablo, el acontecimiento de la resurrección fue muy significativo: Jesucristo triunfó sobre la muerte, y al hacerlo triunfó sobre el pecado que acosa a los seres humanos y nos arrastra al polvo. Además, los corintios no negaban el futuro de la resurrección asumiendo que ya había sucedido, pero habían llegado a creer que hay vida después de la muerte sin una resurrección.[156] El apóstol Pablo rechaza la lógica de tal argumento,[157] o de tal resultado de su propia enseñanza; la resurrección de Cristo no es un fenómeno aislado sino integral de la obra de Dios de resucitar a los muertos.

Respuesta de Pablo a los que negaban la resurrección

Pablo había oído que algunos miembros de la iglesia en Corinto negaban que los muertos resucitaran (1 Corintios 15:12). Es interesante notar que él

---

152 Ciampa and Rosner, *The First Letter*, 736.

153 Bruce, *I & II Corinthians*, 137.

154 Horsley, *1 Corinthians*, 203ss. "En la metáfora apocalíptica judía del cumplimiento final, una vez que los primeros frutos están maduros, entonces el resto de la cosecha es absolutamente segura y pronto seguirá. Desde que Cristo resucitó, la resurrección de los muertos ha comenzado y su terminación seguirá inevitablemente en una secuencia de acontecimientos finales".

155 Walton, *The First Epistle*, 166. Añade: "Es decir, la resurrección es algo que Dios hará cuando establezca su reino glorioso y cumpla su propósito de salvación hacia su creación. Es parte necesaria del establecimiento del reino, porque la muerte es una intrusa en la creación de Dios".

156 Garland, *1 Corinthians*, 712.

157 Bruce, *I & II Corinthians*, 144-145.

no estaba tratando de probar la resurrección de Jesús, sino de argumentar que los cristianos serán resucitados. Así como Jesucristo resucitó de entre los muertos, también los que están en Cristo y modelan sus vidas según la de él, pueden esperar ser resucitados por Dios.[158] ¿Con qué clase de cuerpo serán los muertos resucitados? El corintio no entendía, entonces, cómo la resurrección de los muertos tenía sentido, dada esta polaridad inherente entre lo terrenal y las esferas celestiales.[159] La explicación de Pablo de su punto de vista sobre la resurrección de los muertos está enraizada en la creencia apocalíptica judía, más que en paralelos e ideas helenistas.[160] Pablo predicó y enseñó a los corintios acerca de la resurrección del cuerpo como un triunfo sobre la muerte. La diferencia de opinión de Pablo parece adaptar la forma retórica grecorromana de acrecentamiento.[161] Su argumento se desarrolla con una estrategia retórica específica.

Sin embargo, no compartió la visión de los griegos en la inmortalidad del alma, ni creyó en el concepto egipcio de la reunión del cuerpo físico con el alma. Más bien, trazando como hemos mencionado antes, de su propio origen judío[162], afirmó que el cuerpo y el alma juntos constituyen el ser humano completo. Pablo creyó que la persona espiritual eterna será una continuación de la misma persona física que una vez vivió en la tierra. Es la persona completa, no el cuerpo físico que sobrevive a la tumba. A la persona se le da un nuevo cuerpo cuya figura y forma solo puede ser imaginada por nosotros en nuestra existencia mortal.

Pablo usó otras imágenes para hablar en relación con nuestra resurrección en Cristo.[163] Habló de dormir en la tumba hasta que seamos despertados por una trompeta que nos llamará a la inmortalidad.[164] Todas estas imágenes que usó buscan agitar la imaginación para captar la gran verdad del evangelio. El verdadero evangelio fue que Jesucristo resucitó de entre los muertos para dar salvación y vida eterna a aquellos que aceptan y creen en la resurrección. El apóstol deja claro, probablemente por primera vez, una nueva línea de pensamiento sobre la base de sus presuposiciones judías,

---

158 Thiselton, *1 Corinthians*, 232.

159 Garland, *1 Corinthians*, 678.

160 Plevnik, *Paul and the Parousia*, 128.

161 Horsley, *1 Corinthians*, 197. También afirma que "tanto el tema de la resurrección de los muertos como gran parte de la explicación de Pablo están arraigados en el pensamiento apocalíptico judío y no tienen paralelo en la retórica helenística".

162 Goulder, *Paul and the Competing*, 185.

163 Horrell, *An Introduction*, 72.

164 Horsley, *1 Corinthians*, 197-98.

pero contraria a las visiones helenistas. Su objetivo principal es mostrar tanto la necesidad como la plausibilidad de que los corintios aceptaran la resurrección de los muertos porque es parte de la tradición y las enseñanzas de la iglesia.

Sostiene su argumento de que es razonable aceptar la resurrección de los muertos con paralelismos de la naturaleza, así como un llamamiento a la Biblia. La evidencia de la naturaleza de la confusión de los Corintios[165] puede estar en la forma aclaratoria de Pablo en 1 Co. 15:35 sobre que la resurrección de los muertos significa un cuerpo diferente al actual.[166]

Pablo y la tradición de la iglesia primitiva sobre la resurrección

Sin embargo, desde el principio el apóstol Pablo les enseñó la tradición (una fórmula del credo apostólico)[167] sobre la resurrección como un elemento clave del evangelio. Cada parte de esta fórmula del credo apostólico cumple los requisitos mediante una breve expresión que sirve para mostrar cómo se debe entender la realidad.[168] La fórmula del credo es que Cristo murió por nuestros pecados y resucitó al tercer día. En esencia, los cuatro principales asuntos de la tradición enseñados por él sobre la resurrección son: 1) Cristo murió, 2) fue sepultado, 3) fue resucitado, 4) apareció a muchos ya resucitado.[169]

Independientemente de las diferencias que podría haber en la iglesia primitiva y la predicación, había unidad en estas doctrinas esenciales. Este credo enseñado por Pablo a los corintios al principio era fundamental para su creencia en la resurrección de Jesús.[170] Pablo insistió en que había dado a los corintios, no sus propias ideas, sino la revelación de Jesucristo, con la tradición, pasada a él por los apóstoles y la iglesia cristiana primitiva.

165 Walter Schmithals, *Gnosticism in Corinth: An Investigation of the Letters to the Corinthians* (Nashville: Abingdon Press, 1971), 148-50. Observó que los corintios estaban contaminados con una idea gnóstica. La proposición de Schmithals, sin embargo, no recibió apoyo académico.

166 Fee, *The First Epistle*, 741.

167 Collins, *First Corinthians*, 529. "El primer elemento en el credo de dos partes es la simple afirmación de que Cristo murió y fue resucitado. La resurrección de Cristo es un acto de Dios".

168 Watson, *The First Epistle*, 158. "Pablo comienza recordando a los corintios, a partir de su preocupación pastoral, del evangelio que les había predicado, cita en su totalidad un credo que había transmitido a ellos que él mismo también había recibido, y al parecer lo extiende nombrando otros testigos del Señor resucitado".

169 Bruce, *I & II Corinthians*, 138-40.

170 Barrett, *Paul*, 126.

Por lo tanto, estos negadores de la resurrección no eran escépticos,[171] sino que habían sido llamados representantes de la *"visión escatológica ultraconservadora que decía que no había resurrección"*.[172] ¿Qué soluciona el problema de los moribundos entre los creyentes en la Corinto romana? En general, no sabemos, pero la idea de los corintios de la resurrección es confusa.[173] Es evidente que Pablo enseñó la tradición de la iglesia sobre la resurrección de Jesucristo. También es evidente, por lo tanto, que no estaba respondiendo a una pregunta dirigida a él por la congregación de Corinto.[174] Tampoco estaba introduciendo el tema sin una buena razón.

Pablo pasó la tradición de la iglesia a los corintios

Una cosa es clara: que Pablo en dos ocasiones enfatizó que había pasado a los corintios la tradición de la resurrección que recibió de los apóstoles, con toda probabilidad, de Jerusalén (1 Corintios 11:23, 15:3). Esta tradición apostólica le fue dada por el principal apóstol y testigo ocular de la resurrección de Jesús.[175] Desde el mismo comienzo, el apóstol Pablo también sostiene que negar la resurrección de Jesús golpea el fondo de un elemento esencial de la fe cristiana.[176] La resurrección de Jesús fue el elemento clave que formó parte del fundamento de la fe cristiana. A través de la fe en Cristo, el cristiano obtiene acceso a la dimensión de la eternidad. La muerte es superada. El cristiano vivirá para siempre con Dios y con Cristo y con los otros de nosotros que entren en la eternidad. Como ya se mencionó anteriormente, un punto importante que Pablo también enfatizó fue que Cristo murió por los pecados de los creyentes. Su comprensión teológica de la muerte de Jesús muestra que fue por una razón positiva y un buen resultado.[177]

Pablo no entra en detalles acerca de una teología de la expiación, ni explica por qué Cristo tuvo que morir por los pecados. Sin embargo, está

171 Martin, *The Spirit and the Congregation*, 93.

172 Davies. *Paul and Rabbinic Judaism*, 292.

173 Garland, *1 Corinthians*, 683. "La resurrección es la piedra angular que integra la encarnación y la muerte expiatoria de Cristo. Si se elimina, todo el evangelio se derrumbará. Si no hay resurrección de los muertos (15:12), los seres humanos permanecen bajo la tiranía del pecado y la muerte, y sus ataques de duda y desesperación están plenamente justificados".

174 Watson, *The first Epistle*, 157.

175 Ciampa and Rosner, *The First Letter*, 743.

176 Thiselton, *1 Corinthians*, 265.

177 Witherington, *Conflict & Community*, 299.

aludiendo a Isaías 53 y así piensa en Jesús muriendo como un sustituto. Es interesante notar que, según él, Cristo murió en nuestro lugar, no solo por nosotros. Usó cuatro verbos principales para resumir el evangelio: Cristo murió, fue sepultado, fue resucitado y pronto vendrá.[178] Consideró a Jesús como de los *"primeros frutos"* de la resurrección (1 Corintios 15:20) y pensó que todos los cristianos se convertirían a él. Afirma que Jesús fue sepultado y resucitado; también deja muy claro que Jesús murió una muerte real. Que Cristo murió y que resucitó al tercer día, son hechos innegables.[179] Como conclusión, queremos enfatizar que ninguna otra verdad es más enfática y explicada de manera clara por el apóstol Pablo que el hecho de la resurrección. La resurrección de Cristo de los muertos fue el mensaje predicado por el apóstol a la iglesia corintia.[180]

Pablo menciona claramente que Jesucristo murió por el pecado de los miembros de la iglesia cristiana; este era, de hecho, el mensaje que quería que ellos supieran y entendieran.[181] Esperaba que su lector comprendiera su alusión, pero no sabemos exactamente de qué se trataba. Aunque no todos los corintios lo entendían, el mensaje les fue predicado de forma muy clara. Por lo tanto, la resurrección de Cristo es la piedra angular de la fe cristiana predicada por Pablo a la congregación de Corinto.[182] Para él, nuestra resurrección está unida inseparablemente a la resurrección de Cristo. Sin embargo, cuando se vio que la muerte era la regla, si la esperanza cristiana no había de fracasar, entonces la idea de la escatología de Pablo y su solución era la que debía aceptarse: que los muertos en Cristo se levantarán en su segunda venida. No se puede imaginar el impacto que este concepto habría tenido en los oyentes y lectores originales del Apóstol Pablo en la comunidad de Corinto.[183]

---

178 Ciampa and Rosner, *The First Letter*, 746. "Los verbos más prominentes son el primero y el tercero (muerto y resucitado) —los dos modificados 'de acuerdo con las Escrituras'. El segundo y cuarto verbo (fue sepultado y visto) cada uno parece reforzar el hecho de que realmente murió. El hecho de que Cristo fue visto por testigos después de su resurrección confirma el hecho de que realmente había sido resucitado de entre los muertos".

179 Garland. *1 Corinthians*, 684-5. "El evangelio no es simplemente una letanía de hechos, sino mucho más. Es el mensaje de que, por gracia, Dios ha actuado decisivamente para salvar a todos los humanos, judíos y gentiles, solo por Jesucristo, aparte de la ley y la actuación humana".

180 Witherington, *Conflict & Community*, 299.

181 Watson, *The First Epistle*, 158.

182 Witherington, *The Paul Quest*, 13. "Pablo nos muestra que el corazón del evangelio es la buena nueva acerca de Jesucristo crucificado, resucitado y próximo a venir, una impresión que solo es confirmada por los Evangelios".

183 Coutsoumpos, *Comunidad, Conflicto*, 180.

Pablo estaba bastante seguro de que, a causa de la resurrección de Jesús, todos los que tienen fe en él también serán resucitados en la vida eterna que comienza ahora y continúa sin fin.[184] El apóstol decidió trazar la tradición normal del evangelio con respecto a la muerte, resurrección, y las apariciones de Jesús para confirmar la realidad de su resurrección.

Según Caimpa y Rosner, Pablo había usado el lenguaje de *"recibir"* y *"transmitir"* tradiciones en 11:23 con respecto a la cena del Señor.[185] Defiende la posición central de la resurrección en el mensaje evangélico principalmente a través de la descripción de varios episodios, incluyendo la muerte de Cristo, la resurrección y las apariciones (vv. 3b-8).

De hecho, todos estos acontecimientos mencionados por Pablo eran parte de la tradición que enseñó a la iglesia en Corinto. Era una tradición a la que los corintios debían mantenerse firmes. De lo contrario, los creyentes en la comunidad de la iglesia en Corinto habrían creído en vano. Por lo tanto, para Pablo no hay salvación sin la resurrección corporal de Jesucristo. Para él este es el mensaje principal conectado a la predicación del Evangelio de Jesucristo.

---

184 Watson, *The First Epistle,* 170.
185 Ciampa and Rosner, *The First Letter,* 755.

BIBLIOGRAFÍA

Adams, Edward and David G. Horrell, *Christianity at Corinth: The Quest for the Pauline Church*. Louisville: Westminster John Knox Press, 2004.

Agosto, Efrain. *Servant Leadership: Jesus & Paul*. St. Louis: Chalice Press, 2005.

Alexander, L. C. A. *Chronology of Paul*, en *Dictionary of Paul and His Letters*. Editors: G. F. Hawthorne, R. P. Martin, and D. G. Reid. Downers Grove: InterVarsity Press, 1993.

Aune, David E. *New Testament & Early Christian Literature & Rhetoric*. Louisville: John Knox Press, 2003.

_____, *The New Testament in Its Literary Environment*. Philadelphia: The Westminster Press, 1987.

Banks, Robert. *Paul's Idea of Community*. Revised Edition. Peabody: Hendrickson Publishers, 2007.

Barrett, C. K. *Paul's Opponents in II Corinthians, New Testament Studies* 17, 1971.

_____, *Paul: An Introduction to His Thought*. Louisville: Westminster John Knox Press, 1994.

_____, *Essay on Paul*. London: SPCK, 1982.

Baur, F. C. *Paul the Apostle of Jesus Christ: His Life and Works, his Epistle and Teaching*. Peabody: Hendrickson Publishers, 2003.

Bassler, Joutte, M. *Navigating Paul: An Introduction to Key Theological Concepts*. Louisville: Westminster John Knox Press, 2007.

Bradley, Keith. *Slavery and Society at Rome*. Cambridge: Cambridge University Press, 1994.

Becker, Jürgen. *Paul: Apostle to the Gentiles*. Louisville: Westminster John Knox, 1993.

Betz, Hans Dieter, *Paul in Anchor Bible Dictionary* vol. 5 New York: Doubleday Press, 1992.

Blue, Bradley. *Acts and the House Church* en *The Book of Acts in Its First Century Setting*. Vol. 2. Edited by David W. J. Gill and Conrad Gemph Grand Rapids: Eerdmans, 1994.

Borchert, Gerald L. *The Resurrection: 1 Corinthians 15*. Review and Expositor 80, 1983. Brodd Jeffrey and Jonathan L. Reed, Editors. Rome and Religion: A Cross-Disciplinary Dialogue on the Imperial Cult. WGRSS. Atlanta: Society of Biblical Literature, 2011.

Broneer, Oscar, *Paul and the Pagan Cults at Isthmia*, Harvard Theological Review 64 1971.

_____, *The Isthmian Sanctuary of Poseidon*, en *Neue Forschungen in Grieschischen Heiligtümern*. Tübingen: Verlarg Ernst Wasmuth, 1976.

Bruce, F. F. *1 and 2 Corinthians*. Grand Rapids: Eerdmans, 1971.

_____, *Paul: Apostle of the Heart Set Free*. Grand Rapids: Eerdmans, 1986.

Brunt, J. C. *Rejected, Ignored or Misunderstood? The Fate of Paul's Approach to the Problem of Food Offered to idols in Early Christianity*. New Testament Studies 31 1985.

Carter, Warren, *The Roman Empire and the New Testament: An Essential Guide*. Nashville: Abingdon Press, 2006.

Ciampa, R. E. and Brian S. Rosner. *The Structure and Argument of 1 Corinthians: A Biblical/Jewish Approach*. New Testament Studies 52 2006.

_____, *The First Letter to the Corinthians*. Grand Rapids: Eerdmans, 2010.

Childs, Brevard, S. *The New Testament as Canon: An Introduction*. *Valley Forge:* Trinity Press International, 1994.

Chow, John, *K. Patronage and Power: A Study of Social Networks in Corinth*. Sheffield: Sheffield Academic Press, 1992.

Clark, Gillian *The Social Status of Paul*, Expository Times 96 1984-85.

Clarke, Andrew. D. *Rome and Italy*, en *The Book of Acts in Its First Century Setting: Greco- Roman Setting*. Vol 2. Edited by D. W. J. Gill and Conrad Gempf. Grand Rapids: Eerdmans, 1994.

Collins, Raymond, F. *First Corinthians*. Sacra Pagina Series. Collegeville: The Liturgical Press, 1999.

Conzelmann. Hans. *1 Corinthians*. Philadelphia: Fortress Press, 1975.

Coutsoumpos, Panayotis. *Paul and the Lord's Supper: A Socio-Historical Investigation*. New York: Peter Lang, 2005.

_____, *The Social Implication of Idolatry in Revelation 2:14: Christ or Caesar?* Biblical Theology Bulletin 23 1997.

_____, *Paul, the Corinthians Meal and the Social Context* en *Paul and His Social Relations*. Edited by S. E. Porter and C. D. Land. Leiden: Brill, 2013.

_____, *Paul, the Cults in Corinth, and the Corinthian Correspondence* en *Paul's World.* Edited by Stanley E. Porter. Leiden: Brill, 2008.

_____, *Comunidad, Conflicto y Eucaristía en La Corinto Romana: Entorno Social de la Carta de Pablo.* Barcelona: Editorial Clie, 2010.

Crossan, J. D, and J. L. Reed, *In Search of Paul: A New Vision of Paul Words & World.* New York: HarperCollins Publishers, 2004.

Dahl, Nils, A. *Paul and the Church at Corinth* en *Christianity at Corinth: The Quest for the Pauline Church.* Eds. E. Adams and David G. Horrell Louisville: Westminster John Knox Press, 2004.

Davies, W. D. *Paul and Rabbinic Judaism.* London: SPCK Press, 1980.

Drane, John W. Paul: Libertine or Legalist? London: SPCK, 1975.

Deissmann, Adolph. *Paul: A Study in Social and Religion History.* New York: Harper and Row, 1957.

De Boer, M. C. *The Composition of 1 Corinthians*, New Testament Studies 40 1994. Deming, Will. *Paul and Indifferent Things*, en *Paul in the Greco-Roman World: A Handbook.* Edited by J. Sampley. Harrisburg: Trinity Press International, 2003.

DeSilva, David A. *An Introduction to the New Testament: Contexts, Methods & Ministry Formation.* Downers Grove: InterVarsity Press, 2004.

Doohan, Helen. *Leadership in Paul. Good News Studies 11.* Wilmington: Michael Glazier, Inc, 1984.

Dunn, D. G. James, *The Theology of Paul the Apostle.* Grand Rapids: Eerdmans, 1998. Elliott, Neil and Mark Reasoner, Documents and Images for the Study of Paul Minneapolis: Fortress Press, 2011.

Ellis, Earle, E. *Christ Crucified* en *Reconciliation and Hope.* Edited by Robert Banks. Exeter: The Paternoster Press, 1974.

_____, *Pauline Theology: Ministry and Society.* Grand Rapids: Eerdmans, 1989. Elmer, Ian, J. Paul, Jerusalem and the Judaisers. Tübingen: Mohr Siebeck, 2009.

Engels, D. *Roman Corinth: An Alternative Model for the Classical City. Chicago: University of Chicago Press, 1990.*

Engberg-Pedersen, Troles. *Proclaiming the Lord's Death: 1 Corinthians 11: 17-34 and the Forms of Paul's Theological Argument,* en *Pauline Theology.* Vol. II. 1 & 2 Corinthians. Ed. David M. Hay. Minneapolis: Fortress Press, 1993.

Evans, A. Craig. & Stanley E. Porter, *Dictionary of New Testament Background.* Downers Grove: InterVarsity Press, 2000.

Fee, Gordon. *The First Epistle to the Corinthians.* Grand Rapids: Erdmans, 1987.

_____, *Once Again: An Interpretation of 1 Corinthians 8-10,"* Biblica, 1980.

Finney, Mark T. *Honor, Rhetoric and Factionalism in the Ancient World: 1 Corinthians 1-4 in Its Social Context*. Biblical Theology Bulletin 40 2010.

Fitzmyer, Joseph, A. *The Languages of Palestine in the First Century AD* en *The Languages of the New Testament: Classic Essays*. Edited by S. E. Porter. Sheffield: Sheffield Academic Press, 1991.

Forbes, Christopher. *Paul and Rhetorical Comparison* en *Paul in the Greco-Roman World: A Handbook*. Harrisburg: Trinity Press International, 2003.

Ferguson, E. *Backgrounds of Early Christianity*. Grand Rapids: Eerdmans, 1987.

Fotopoulos, John. *Food Offered to Idols in Roman Corinth*. Tübingen: J. C. B. Morh, 2003.

Friesen, S. J., D. N. Schowalter and J. C. Walter. *Corinth in Context: Comparative Studies on Religion and Society*. Leiden: Brill, 2010.

Furnish, Victor. P. *Corinth in Paul's Time: What Can Archaeology Tell Us?* Biblical Archaeology Review Vol. XV 1988.

————, *The Theology of the First Letter to the Corinthians*. Cambridge: Cambridge University Press, 1999.

————, *The Moral Teaching of Paul: Selected Issues*. Nashville: Abingdon Press, 1999.

Garland, David, E. *1 Corinthians*. BECNT. Grand Rapids: Baker Academic, 2003.

Gaventa, Beverly R. *You Proclaim the Lord's Death: 1 Corinthians 11: 26 and Paul Understanding of Worship*. Review Expositor 80 1983.

Gehring, Roger, W. *House Church and Mission: The Importance of Household Structures in Early Christianity*. Peabody: Hendrickson Publishers, 2004.

Gill, David, W. J. and Gempf, Conrad. *The Book of Acts in Its First Century Setting*. Grand Rapids: Eerdmans, 1994.

————, *Acts and the Urban Elites* en *The Book of Acts in Its First Century Setting*. Grand Rapids: Eerdmans, 1994.

————, *Trapezomata: A neglected Aspect of Greek Sacrifice*, HTR 67 1974. Goulder, Michael, D. J. Paul and the Competing Mission in Corinth. LPS Peabody: Hendrickson Publishers, 2001.

Grant, Robert, M. *Paul in the Roman World: The Conflict at Corinth*. Louisville: Westminster John Knox Press, 2001.

Haenchen, Ernst, *The Acts of the Apostle: A Commentary*. Philadelphia: Westminster Press, 1971.

Hafemann, S. J. *Letters to the Corinthians* en *Dictionary of Paul and His Letter*. Downers Grover: InterVarsity, Press, 1993.

Harrill, J. Albert. *Slaves in the New Testament: Literary, Social, and Moral Dimensions*. Minneapolis: Fortress Press, 2006.

Hay, David. M, *Pauline Theology: Volume II 1 & 2 Corinthians*. Minneapolis: Fortress Press, 1993.

Hengel, Martin and Anna Maria Schwemer. *Paul Between Damascus and Antioch*. Louisville: Westminster John Knox Press, 1997.

_____, and R. Deines, *The Pre-Christian Paul*. Valley Forge: Trinity Press International, 1991.

Hill C. S., *The Sociology of the New Testament Church to A.D. 62: An Examination of the Early New Testament Church in Relation to Its Contemporary Social Setting*. Unpublished Ph.D. diss., Nottingham University, 1972.

Hock, Ronald, F. *Paul's Tentmaking and the Problem of His Social Class*. Journal of Biblical Literature 97 1978.

_____, *Paul and Greco-Roman Education* en *Paul in the Greco-Roman World: A Handbook*. Edited by J. Paul Sampley. Harrisburg: Trinity Press International, 2003.

_____, *The Problem of Paul's Social Class: Further Reflections*, en *Paul's World*. Edited by Stanley E. Porter. Leiden: Brill, 2008.

Horrell, David, G. *An Introduction to the Study of Paul*. Second Edition. London: T & T Clark, 2006.

_____, *The Social Ethos of the Corinthian Correspondence: Interest and Ideology from 1 Corinthians to 1 Clement*. Edinburgh: T & T Clark, 1996.

Horsley, Richard, A. *1 Corinthians*. Abingdon New Testament Commentaries. Nashville: Abingdon Press, 1998.

_____, *Paul and Empire: Religion and Power in Roman Imperial Society*. Harrisburg: Trinity Press International, 1997.

_____, *Paul and Politics: Ekklesia, Israel, Imperium, Interpretation*. Harrisburg: Trinity Press International, 2000.

Hurd, J. C. *The Origin of 1 Corinthians*. Macon: Mercer University Press, 1983.

Jeffers, James. S, *The Greco-Roman World of the New Testament Era: Exploring the Background of Early Christianity*. Downers Grove: InterVarsity Press, 1999.

Jewett, Robert. *Paul, Shame, and Honor* en *Paul in the Greco-Roman World: A Handbook*. Edited by J. Paul Sampley. Harrisburg: Trinity Press International, 2003.

Judge, E. A, *Social Distinctive of the Christians in the First Century*. Ed. David M. Scholer. Peaboy: Hendrickson Publishers, 2008.

Kee, Howard C. *Christian Origins in Sociological Perspective*. London: SCM Press, 1980. Kennedy, G. A. *Classical Rhetoric and Its Christian and*

Secular Tradition Form Ancient to Modern Times. Chapel Hill: University of North Carolina Press, 1980.

Kent, J. H. *The Inscriptions, 1926-1950*. Princeton: American School of Classical Studies, 1966.

Kim, Seyoon, *Christ and Caesar: The Gospel and the Roman Empire in the Writings of Paul and Luke*. Grand Rapids: Eerdmans, 2008.

Kugelman, R. *The First Letter to the Corinthians*, The Jerome Biblical Commentary. Englewood: Cliffs, 1968.

Kümmel, Werner, G. *Introduction to the New Testament London:* SCM Press, 1975. Kreitzer, J. L. *Eschatology* en *Dictionary of Paul and His Letters*. Ed. G. H. Hawthorne, R. P. Martin and Daniel G. Reid. Downers Grove: InerVarsity Press, 1993.

Ladd, George, E. *A Theology of the New Testament*. Rev. Edition Grand Rapids: Eerdmans, 1998. Lampe, Peter, *Paul, Patrons, and Clients* en *Paul in the Greco-Roman World*. Edited by J. Paul Sampley. Harrisburg: Trinity Press International, 2003.

La Piana, G. *Foreign Groups in Rome during the First Centuries of the Empire*, Harvard Theological Review 20 1927.

Litfin, A. D, St. *Paul's Theology of Proclamation: An Investigation of 1 Cor. 1-4 in Light of Greco-Roman Rhetoric*. Cambridge: Cambridge University Press, 1994.

Lüderman, Gerd, *Paul, Apostle to the Gentiles: Studies in Chronology*. London: SCM, 1984. Lührmann, Dieter. *Paul and the Pharisaic Tradition*, Journal for the Study of New Testament 36, 1989.

Malherbe, Abraham, J. *Social Aspects of Early Christianity*. Philadelphia: Fortress Press, 1983.

Marshall, Howard, I. *Last Supper and lord's Supper*. London: The Paternoster Press, 1980.

_____, *Lord's Supper* en *DPL*. Eds. G. F. Hawthorne and R. P. Martin. Downers Grove: InterVarsity Press, 1993.

Martin, Ralph P. *The Spirit and the Congregation: Studies* en *1 Corinthians 12-15*. Grand Rapids: Eerdmans, 1984.

_____, *Meats Offered to Idols* en *The New Bible Dictionary*. London: InterVarsity Press, 1972.

_____, *The Setting of 2 Corinthians*, TynB 13 1986.

Marrou, H. I. *Education in Antiquity*. Madison: University of Wisconsin Press, 1982.

Murphy-O'Connor, J. St. *Paul's Corinth: Texts and Archaeology*. Collegeville: The Liturgical Press, 2002.

_____, *Corinth. Anchor Bible Dictionary*. Vol.1 New York: Doubleday, 1992.

_____, *Paul: A Critical Life*. Oxford: Oxford University Press, 1996.

_____, *Becoming Human Together: The Pastoral Anthropology of St. Paul* Wilmington: Michael Glazier, 1982.

_____, *Keys to First Corinthians: Revisiting the Major Issues*. Oxford: Oxford University Press, 2009.

MacMullen, C. F. R. *Roman Social Relations 50 B.C. to A.D.* 284. New Haven: Yale University, 1974.

McRay, J. R. *Corinth* en *Dictionary of New Testament Background*. Edited by C. A. Evans & S. E. Porter. Downers Grove: InterVarsity Press, 2000.

Meeks. W. A. *The First Urban Christians: The Social World of the Apostle Paul*. New Haven: Yale University Press, 1983., The Moral World of the First Christians. London: SPCK, 1987.

Meier, Elisabeth, T. *Women and Ministry in the New Testament: Called to Serve*. Lanham: University Press of America, 1980.

Meggitt, Justin, *Meat Consumption and Social Conflict in Corinth*. JTS 45 1994. Mitchell, A. C. *Rich and Poor in the Courts of Corinth: Litigiousness and Status in 1 Cor. 6:1-11* en *New Testament Studies* 39, 1993.

Oropeza, B. J. *Jews, Gentiles and the Opponents of Paul: The Pauline Letters*. Eugene: Cascade Books, 2012.

Overman, Andrew, J. *The God-Fearers: Some Neglected Features,* JSNT 32, 1988. Pereira, Álvaro, *De Apóstol a Esclavo: El Exemplum de Pablo en 1 Corintios 9*. Roma: Gregorian & Biblical Press, 2010.

Perkins, Pheme. *First Corinthians. Paideia Commentaries on the New Testament*. Grand Rapids: Baker Academic, 2012.

Plevnik, Joseph. *Paul and the Parousia: An Exegetical and Theological Investigation*. Peabody: Hendrickson Publishers, 1997.

Pitts, Andrew W. *Hellenistic Schools in Jerusalem and Paul's Rhetorical Education* en *Paul's World*. Edited by Stanley E. Porter. Leiden: Brill, 2008.

Price, S. R. F. *The Imperial Cult and Asia Minor*. Cambridge: Cambridge University Press, 1984.

Pogoloff, S. M. *Logos and Sophia: The Rhetorical Situation of 1 Corinthians*. Atlanta: Scholars Press, 1992.

Porter, Stanley, E. ed. *Paul and His Opponents*. Leiden: Brill, 2005.

_____, *Paul of Tarsus and His Letters* en *Handbook of Classical Rhetoric in the Hellenistic Period 330 B.C.-A.C 400*, ed. S. E. Porter. Leiden: Brill, 1997.

_____, *The Languages that Paul did not Speak* en *Paul's World*. Edited by S. E. Porter. Leiden: Brill, 2008.

_____, *Paul and His Bible: His Education and Access to the Scriptures of Israel* en *as it is Written: Studying Paul's Use of Scripture*. Edited by S. E. Porter and C. D. Stanley. Atlanta: Society of Biblical Literature, 2008.

_____, *Is There a Center to Paul's Theology: An Introduction to the Study of Paul and His Theology* en *Paul and His Theology*. Edited by S. E. Porter. Leiden: Brill, 2006.

Puskas, Charles B., and Reasoner M. *The Letters of Paul: An Introduction*. Second Edition. Collegeville: Liturgical Press, 2013.

Ramsaran, Rollin A. *Liberating Words: Paul's Use of Rhetorical Maxims in 1 Corinthian 1-10*. Valley Forge: Trinity Press International, 1993.

Reicke, Bo. *The New Testament Era: The World of the Bible from 500 B.C. to A. D. 100,* Philadelphia: Fortress Press, 1968.

Rice, Joshua, *Paul and Patronage: The Dynamics of Power in 1 Corinthians,* Eugene: Pickwick Publications, 2013.

Roetzel, Calvin, J. *The Letters of Paul: Conversations in Context*. Louisville: Westminster John Knox Press, 2009.

Rowlandson, Jane. *Women and Society in Greek and Roman Egypt*. Cambridge: Cambridge University Press, 1998.

Salmon, J. B. *Wealthy Corinth: A History of the City to 338 B.C.* Oxford: Clarendon Press, 1984.

Sanders, E. P. *Paul*. Oxford: Oxford University Press, 1991. *Paul and Palestinian Judaism: A Comparison of Patterns of Religion*. Minneapolis: Fortress Press, 1977.

Segal, Alan, F. *Paul the Convert: The Apostolate and Apostasy of Saul Pharisee*. New Haven: Yale University Press, 1990.

Simon, Marcel. *From Greek Hairesis to Christian Heresy* en *Early Christian Literature and the Classical Intellectual Tradition*. Edited by W. Schroedel & R. Wilken Paris: Edtions Beauchesne, 1979.

Schmithals, Walter. *Paul and the Gnostics*. Nashville: Abingdon Press, 1972, *Gnosticism in Corinth: An Investigation of the Letters to the Corinthians*. Nashville: Abingdon, 1971.

Schnabel, J. Eckhart, *Paul the Missionary: Realities, Strategies and Methods*. Downers Grove: InterVarsity Press, 2008.

Schnelle. Udo. *The History and Theology of the New Testament Writings*. Minneapolis: Fortress Press, 1998.

_____, *Apostle Paul: His Life and Theology*. Grand Rapids: Baker Academic, 2005. Scholer, D. M. *Women* en *Dictionary of Jesus and the Gospels*. Ed. Joel B. Green, et al. Downers Grove: InterVarsity Press, 1992.

Smith, Dennis E. *From Symposium to Eucharist: The Banquet in the Early Christian World*. Minneapolis: Fortress Press, 2003.

Stambaugh, John E, and David L. Balch, *The New Testament in Its Social Environment*. Philadelphia: The Westminster Press, 1986.

Stegemann, Wolfgang, *War der Apostel Paulus ein römischer Bürger?"* ZNW 78 1987.

Still, Todd, D. *Did Paul Loathe Manual Labor? Revisiting the Work of Ronald F. Hock on the Apostle's Tentmaking and Social Class,* Journal of Biblical Literature 125 2006.

Stroud, S. R. *The Sanctuary of Demeter on Acrocorinth in the Roman Period,* ed., T. E. Gregory, The Corinthians in the Roman Period, Journal of Roman Archaeology Mono. Supp. 8 Ann Arbor: Cushing-Malloy, 1994.

Stowers, Stanley, K. *Social Status, Public Speaking and Private Teaching: The Circumstances of Paul's Preaching Activity*. NT 26 1984.

Sumney, J. L. *Studying Paul's Opponents: Advances and Challenges* in *Paul and His Opponents,* ed. S. E. Porter. Leiden: Brill, 2005.

Talbert, Charles H, *Reading Corinthians: A Literary and Theological Commentary on 1 and 2 Corinthians*. New York: Crossroad, 1987.

Theissen, Gerd. *The Social Structure of Pauline Communities: Some Critical Remarks on J. J. Meggit. Paul, Poverty and Survival,* Journal for the Study of New Testament 84 2001.

_____, *The Social Setting of Pauline Christianity: Essays on Corinth*. Philadelphia: Fortress Press, 1988.

_____, *Soziale Integration und sakramentale Handeln: Eine Analyse* von 1 Kor. 11:17- 34. Novum Testamentun, 16, 1974.

Tidball, D. J. *Social Setting of Mission Churches* en *Dictionary of Paul and His Letters*. Eds. G. F. Hawthorne, R. P. Martin, and D. G. Reid. Downers Grove: InterVarsity Press, 1993.

_____, *An Introduction to the Sociology of the New Testament*. Exeter: The Paternoster Press, 1983.

Thiselton, Anthony, C. *The First Epistle to the Corinthians*. NIGTC. Grand Rapids: Eerdmans, 2000.

_____. *1 Corinthians: A Shorter Exegetical & Pastoral Commnetary*. Grand Rapids: Eerdmans, 2006.

_____, *Realizad Eschatology at Corinth* en *New Testament Studies* 24, 1978.

_____, *1 Corinthians: A Shorter Exegetical & Pastoral Commentary*. Grand Rapids: Eerdmans, 2006. Tomson, Peter, J. *Paul and the Jewish Law*. Minneapolis: Fortress Press. 1990.

Van Unnick, W. C. *Tarsus or Jerusalem: The City of Paul's Youth* en *Sparsa Collecta*. NovTSup. Leiden: Brill, 1973.

Yamauchi, Edwin M. *Pre-Gnosticism*. London: Tyndale Press, 1973. Yerkes, R. K. *Sacrifice in Greek and Roman Religions and Early Judaism*. London: Adam & C. Black, 1953.

Young, Brad, H. *Paul the Jewish Theologian*. Peabody: Hendrickson Publishers, 1997.

Watson, D. F. and A. J. Hauser, eds. *Rhetorical Criticism of the Bible: A Comprehensive Bibliography with Notes on History and Method*. Leiden: Brill, 1994.

_____, *Roman Empire* en *Dictionary of New Testament Background*. Editors: C. Evans & S. E. Porter. Downers Grove: InterVarsity Press, 2000.

Watson, Nigel. *The First Epistle to the Corinthians*. London: Epworth Press, 1992.

Wedderburn, A. J. M. *The Problem of the Dead of the Resurrection in 1 Corinthians XV*.

Weiss, J. *Beiträge zur Paulinischen Rhetorik* en *Theologische Studien Professor D. Bernhard Weiss zu seunen 70*. Göttingen: Vanderhoeck & Ruprecht, 1897.

Welborn, L. L. *On the Discord in Corinth: 1 Corinthians 1-4 and Ancient Politics* en *Journal of Biblical Literature*, 106, 1987.

Willis, W. L. *Idol Meat in Corinth: The Pauline Argument in 1 Corinthians 8 and 10*. Chico: Scholars Press, 1985.

Wilson, R. M. *How Gnostic Were the Corinthians?* en *New Testament Studies* 19, 1972. Winter, W. Bruce. *After Paul Left Corinth. The Influence of Secular Ethics and Social Change*. Grand Rapids: Eerdmans, 2001.

_____, *Rhetoric* en *Dictionary of Paul and His Letters*. Eds. G. F. Hawthorne, R. P. Martin and D. G. Reid. Downers Grove: InterVarsity Press, 1993.

_____, *Roman Wives, Roman Widows: The Appearance of the New Women and the Pauline Communities*. Grand Rapids, 2003.

_____, *The Imperial Cult* en *The Book of Acts in its First Century Setting: Graeco-Roman Setting*. Edited David W. J. Gill and Conrad Gempf. Grand Rapids: Eerdmans, 1994.

Witherington, Ben. *Conflict & Community in Corinth: A Socio-Rhetorical Commentary on 1 and 2 Corinthians*. Grand Rapids: Eerdmans, 1995.

_____. *Women in the Earliest Churches*. Cambridge: Cambridge University Press, 1991.

_____, *The Paul Quest: The Renewed Search for the Jew of Tarsus*. Downers Grove: InterVarsity Press, 1998.

Wright, N. T. *Paul in Fresh Perspective*. Minneapolis: Fortress Press, 2005.

_____, *Paul's Gospel and Caesar's Empire* en *Paul and Politics: Ekklesia, Israel, Imperium, Interpretation*. Harrisburg: Trinity Press International, 2000.

Woodbridge, Paul. *Did Paul Change His Mind? An Examination of Some Aspects of Pauline Eschatology*. Themelios 28 (2003): 5-19.

Wuellner, W. *The Sociological Implications of 1 Corinthians 1:26-28 Reconsidered*. Studia Evangelica 43, 1973.

Zahl, Paul, F. M. *Mistakes of the New Perspective on Paul*. Themelios 27, 2001.

ÍNDICE DE TEMAS Y AUTORES